HACKERS IELTS Speaking BASIC 200% 활용법

교재 MP3

교재 MP3로 시험에 나오는
영국식/미국식 발음에
모두 대비하기!

해커스인강(HackersIngang.com) 접속 >
상단 메뉴 [IELTS → MP3/자료 →
문제풀이 MP3] 클릭하여 이용

[부록] 위기 상황 대처 표현

시험장에서 맞닥뜨릴 수 있는
위기 상황에 대응하는
표현 학습하기!

교재 262 페이지에서 확인!

[부록] 답변 셀프 체크 포인트

내 답변이 채점 기준에
맞는지 확인하고 보완하기!

교재 266 페이지에서 확인!

부록+추가자료까지
200% 활용하고

실력 UP!

라이팅/스피킹 첨삭 게시판

IELTS 라이팅/스피킹
무료 첨삭 게시판을 통해
자신의 답변을 첨삭받고 보완하기!

고우해커스(goHackers.com) 접속 >
상단 메뉴 [IELTS → 라이팅 게시판
또는 스피킹 게시판] 클릭하여 이용

← 스피킹 첨삭 게시판 바로가기

리딩/리스닝 실전문제

무료 제공되는 IELTS
리딩/리스닝 실전문제를
풀고 복습하면서 실전 감각 키우기!

고우해커스(goHackers.com) 접속 >
상단 메뉴 [IELTS → IELTS 리딩/리스닝
풀기] 클릭하여 이용

리딩 실전문제 바로 풀어보기 →

스피킹 실전모의고사 프로그램

원어민 시험관과
인터뷰하는 프로그램으로
실전 미리 경험하기!

해커스인강(HackersIngang.com) 접속 >
상단 메뉴 [IELTS → MP3/자료 → 온라인 모의고사] 클릭하여 이용

아이엘츠 입문자를 위한 맞춤 기본서

HACKERS IELTS Speaking BASIC

HACKERS IELTS SPEAKING BASIC

최신 IELTS 출제 경향을 반영한 『Hackers IELTS Speaking Basic』을 내면서

IELTS 시험은 더 넓은 세상을 향해 꿈을 펼치려는 학습자들이 거쳐가는 관문으로서, 지금 이 순간에도 많은 학습자들이 IELTS 시험 대비에 소중한 시간과 노력을 투자하고 있습니다. 이에, IELTS 학습자들에게 목표 달성을 위한 가장 올바른 방향을 제시하고자 **『Hackers IELTS Speaking Basic』**을 출간하게 되었습니다.

스피킹의 기초를 잡아 목표점수 달성!
『Hackers IELTS Speaking Basic』은 정확한 발음과 문법을 사용하여 유창하고 논리적으로 말하는 방법을 연습함으로써 목표 점수 달성을 위한 기초 스피킹 실력을 탄탄히 할 수 있도록 구성하였습니다.

체계적인 4주 학습으로 실전까지 대비!
4주 안에 IELTS 스피킹 영역 대비를 위해 필요한 모든 것을 기초부터 실전까지 체계적으로 학습할 수 있습니다. 1주에서는 발음, 2주에서는 문법을 학습하고, 3, 4주에서는 IELTS 스피킹에 활용할 수 있는 다양한 표현과 파트별 답변 전략을 익힌 후, 최신 경향을 반영한 빈출 문제와 그에 대한 모범답변을 통해 자신의 답변을 보완·개선하며 실전에 철저히 대비할 수 있습니다. 또한, 실제 시험과 유사한 환경에서 문제를 풀어볼 수 있는 온라인 실전모의고사 프로그램을 이용하여 Actual Test를 풀어보며 실전 감각까지 키울 수 있습니다.

『Hackers IELTS Speaking Basic』이 여러분의 IELTS 목표 점수 달성에 확실한 해결책이 되고, 나아가 **여러분의 꿈을 향한 길**에 믿음직한 동반자가 되기를 소망합니다.

CONTENTS

3rd Week 스피킹 실전 대비하기 1

4th Week 스피킹 실전 대비하기 2

목표 달성을 위한 지름길,
Hackers IELTS Speaking Basic!

01. 4주 완성으로 IELTS 스피킹 영역 목표 점수 달성!

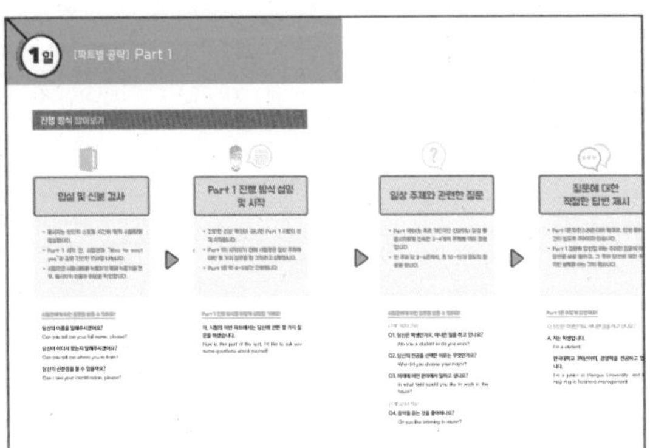

기초부터 실전까지 IELTS 스피킹 완전 정복

IELTS 최신 출제 경향에 대한 철저한 분석을 바탕으로, 4주 동안 **영어 말하기에 필요한 발음과 문법, 표현부터 파트별 문제 풀이 전략과 실전 대비 문제까지** 이 한 권으로 학습할 수 있습니다. 목표 점수를 달성하기 위한 훌륭한 발판이 될 수 있도록 IELTS 스피킹 영역에 필요한 모든 것을 이 한 권에 담았습니다.

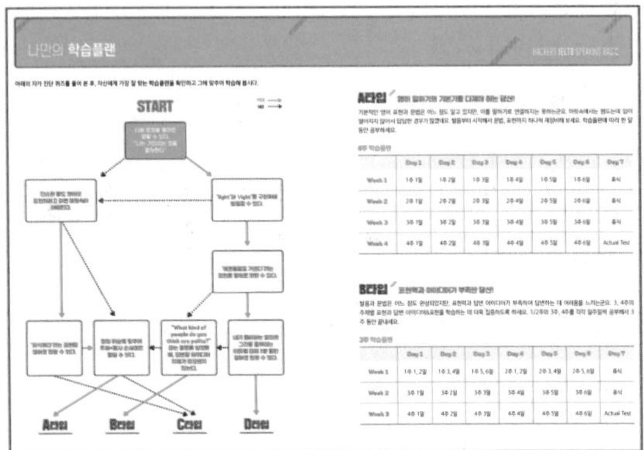

맞춤형 학습플랜

자가 진단 퀴즈를 통해 자신의 실력을 미리 파악하고, **4가지 학습플랜 중 자신에게 가장 잘 맞는 학습플랜을 선택하여 효과적으로 학습할 수 있습니다.**

02. 발음, 문법에서 실전까지, 체계적인 스피킹 학습!

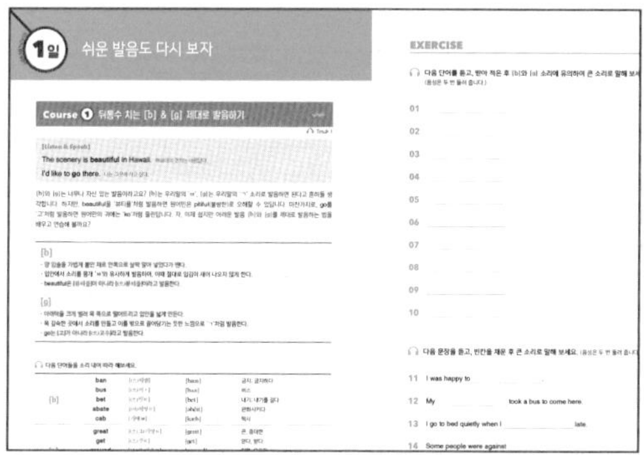

1, 2주 스피킹을 위한 발음/문법 익히기

1주에서는 영어로 말할 때 실수하거나 헷갈리기 쉬운 **발음부터 올바른 강세 표현, 끊어 말하기까지 스피킹의 기본이 되는 내용들을 학습**하고, 2주에서는 **자신의 생각을 정확한 문장으로 말하는 데 필수적인 문법을 학습**할 수 있도록 하였습니다.

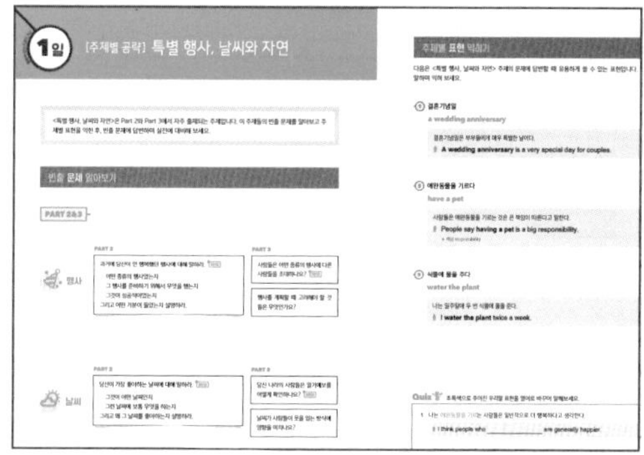

3, 4주 실전 대비하기

3주의 [파트별 공략]에서는 **각 파트별 진행 방식, 답변 전략, 그리고 답변 표현**을 학습합니다. 3, 4주의 [주제별 공략]에서는 **최신 경향을 반영하여 엄선한 빈출 문제와 각 질문에 대한 모범답변**을 통해 실전에 대비할 수 있도록 하였습니다.

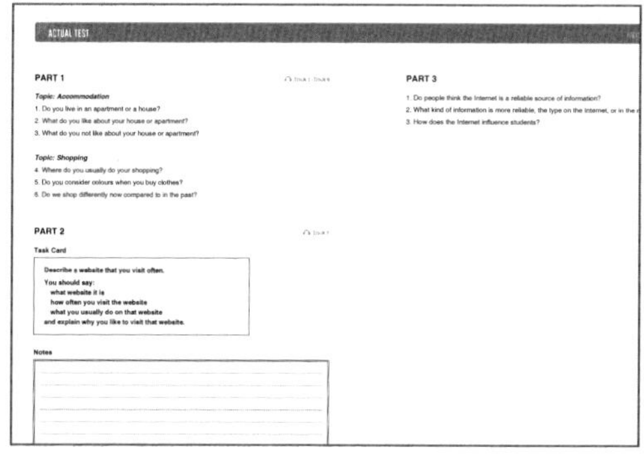

Actual Test

이 책의 최종 마무리 단계로서, IELTS 스피킹에 대한 종합적인 이해도와 말하기 실력을 측정해 볼 수 있는 실전 테스트를 수록하였습니다. 해커스만의 **실전모의고사 프로그램을 사용하여 Actual Test를 실제 IELTS 스피킹 시험과 유사한 환경에서 풀어봄**으로써, 실전 감각을 익힐 수 있습니다.

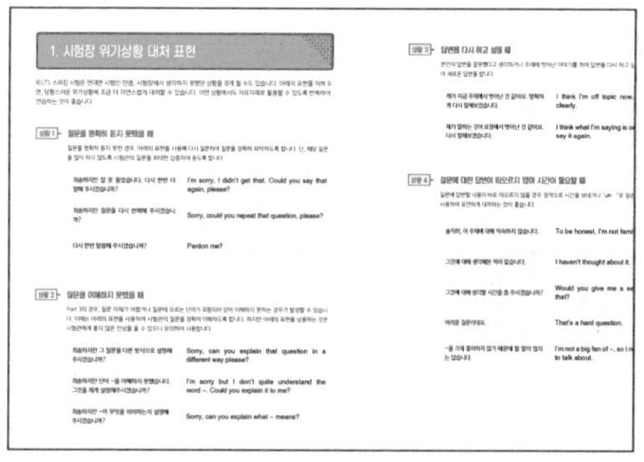

부록

시험장에서 겪을 수 있는 위기 상황에 조금 더 자연스럽게 대처할 수 있는 표현들과 IELTS 스피킹 시험의 답변 평가 기준을 바탕으로 제작된 **답변 셀프 체크 포인트**를 수록하여 실전에 더 효과적으로 대비할 수 있도록 하였습니다.

03. 답변 아이디어 & 표현, 모범답변, 답변 tip으로 실력 UP!

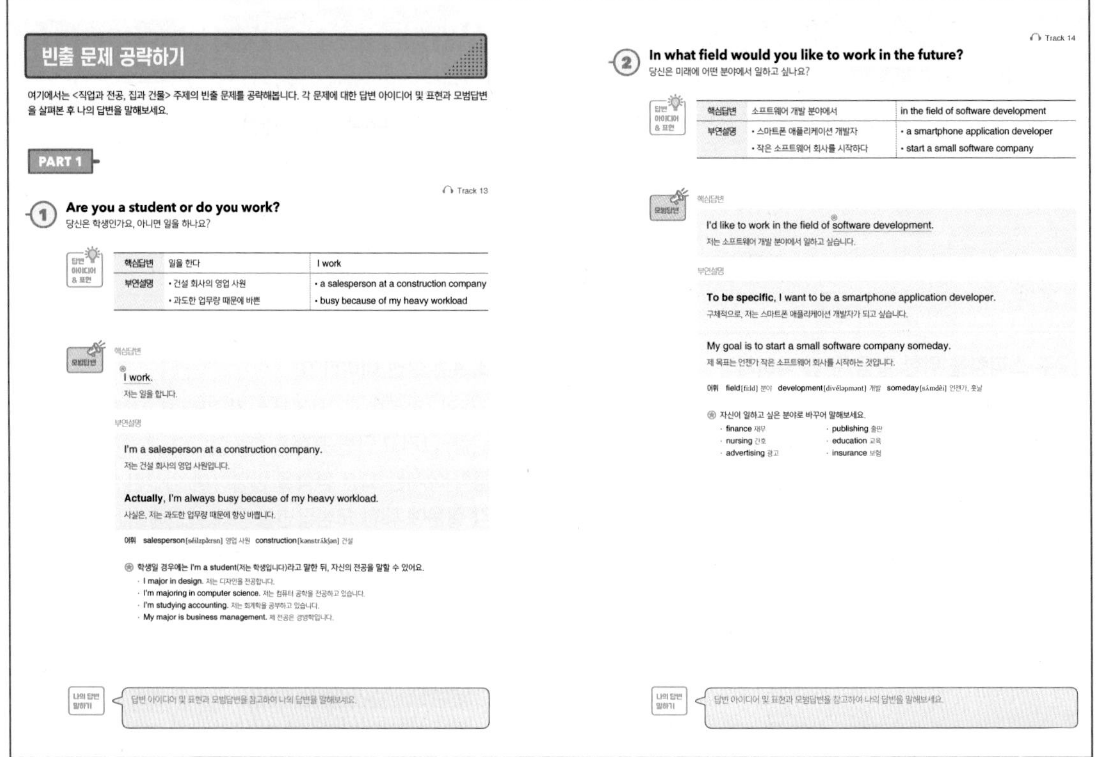

빈출 문제 공략하기

여기에서는 <직업과 전공, 집과 건물> 주제의 빈출 문제를 공략해봅니다. 각 문제에 대한 답변 아이디어 및 표현과 모범답변을 살펴본 후 나의 답변을 말해보세요.

PART 1

Track 13

1 Are you a student or do you work?
당신은 학생인가요, 아니면 일을 하나요?

답변 아이디어 & 표현

핵심답변	일을 한다	I work
부연설명	• 건설 회사의 영업 사원 • 과도한 업무량 때문에 바쁜	• a salesperson at a construction company • busy because of my heavy workload

모범답변

핵심답변

I work.
저는 일을 합니다.

부연설명

I'm a salesperson at a construction company.
저는 건설 회사의 영업 사원입니다.

Actually, I'm always busy because of my heavy workload.
사실은, 저는 과도한 업무량 때문에 항상 바쁩니다.

어휘 **salesperson**[séilzpə̀ːrsn] 영업 사원 **construction**[kənstrʌ́kʃən] 건설

㊕ 학생일 경우에는 I'm a student(저는 학생입니다)라고 말한 뒤, 자신의 전공을 말할 수 있어요.
- I major in design. 저는 디자인을 전공합니다.
- I'm majoring in computer science. 저는 컴퓨터 공학을 전공하고 있습니다.
- I'm studying accounting. 저는 회계학을 공부하고 있습니다.
- My major is business management. 제 전공은 경영학입니다.

나의 답변 말하기: 답변 아이디어 및 표현과 모범답변을 참고하여 나의 답변을 말해보세요.

Track 14

2 In what field would you like to work in the future?
당신은 미래에 어떤 분야에서 일하고 싶나요?

답변 아이디어 & 표현

핵심답변	소프트웨어 개발 분야에서	in the field of software development
부연설명	• 스마트폰 애플리케이션 개발자 • 작은 소프트웨어 회사를 시작하다	• a smartphone application developer • start a small software company

모범답변

핵심답변

I'd like to work in the field of software development.
저는 소프트웨어 개발 분야에서 일하고 싶습니다.

부연설명

To be specific, I want to be a smartphone application developer.
구체적으로, 저는 스마트폰 애플리케이션 개발자가 되고 싶습니다.

My goal is to start a small software company someday.
제 목표는 언젠가 작은 소프트웨어 회사를 시작하는 것입니다.

어휘 **field**[fiːld] 분야 **development**[divéləpmənt] 개발 **someday**[sʌ́mdèi] 언젠가, 훗날

㊕ 자신이 일하고 싶은 분야로 바꾸어 말해보세요.
- finance 재무
- nursing 간호
- advertising 광고
- publishing 출판
- education 교육
- insurance 보험

나의 답변 말하기: 답변 아이디어 및 표현과 모범답변을 참고하여 나의 답변을 말해보세요.

답변 아이디어 & 표현

IELTS 스피킹 시험에서 답변에 바로 활용할 수 있는 **다양한 답변 아이디어와 표현을 제공**하여 효율적이고 효과적으로 시험에 대비할 수 있도록 하였습니다.

모범답변

교재에 수록된 문제에 대한 모범답변을 제공하여, 이를 바탕으로 학습자가 자신의 답변을 보완, 개선할 수 있도록 하였습니다.

답변 추가 표현 및 답변 tip

나의 답변을 말할 때 사용할 수 있는 다양한 표현들을 추가로 제공하여 학습자가 모범 답변을 자신의 상황에 맞게 바꾸어 말해볼 수 있도록 하였습니다.

04. 해커스만의 다양한 학습자료 제공!

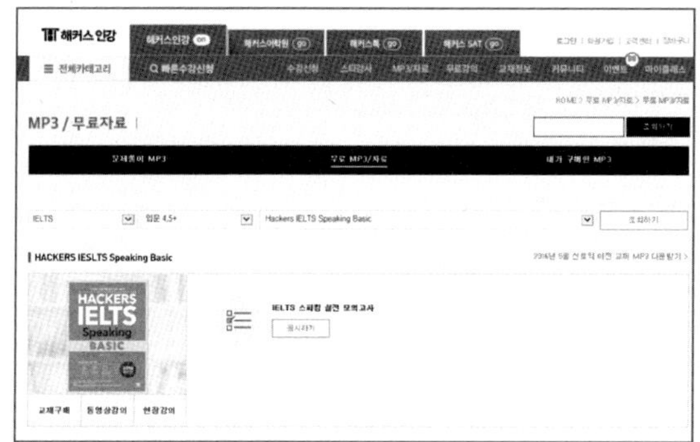

실전모의고사 프로그램

해커스인강 사이트(HackersIngang.com)에서는 해커스 어학연구소에서 자체 제작한 실전모의고사 프로그램을 무료로 제공합니다. 이 프로그램을 사용하여 **교재에 수록된 Actual Test를 실제 IELTS 스피킹 시험과 유사한 환경에서** 풀어볼 수 있습니다.

고우해커스(goHackers.com)

온라인 토론과 정보 공유의 장인 고우해커스 사이트에서 다른 학습자들과 함께 **교재 내용에 관한 문의 사항을 나누고 학습 내용을 토론**할 수 있으며, 다양한 무료 학습자료와 IELTS 시험 및 유학에 대한 풍부한 정보도 얻을 수 있습니다.

IELTS 스피킹 실전모의고사 프로그램 활용법

해커스인강(HackersIngang.com)에서는 교재에 수록된 Actual Test를 실제 IELTS 시험과 유사한 환경에서 풀어 볼 수 있도록 해커스 어학연구소에서 자체 제작한 실전모의고사 프로그램을 제공합니다. 실제 시험과 유사한 환경에서 실전모의고사를 풀어보며, 실전 감각을 익히고 자신의 실력을 최종 점검합니다.

IELTS 실전모의고사 프로그램 이용하는 법

해커스인강(HackersIngang.com) 접속 ▶ [MP3/자료] 클릭 ▶ [실전모의고사 프로그램] 클릭 ▶ 교재 구매 인증 후 사용하기

Test 진행방식

프로그램을 실행한 후 Test를 클릭하면 실제 시험과 유사한 진행 방식으로 문제를 풀 수 있습니다.

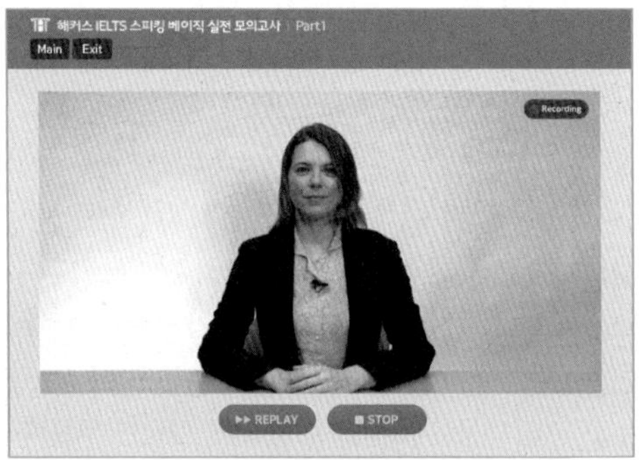

· 질문이 담긴 시험관의 영상이 재생되며, 시험관의 질문이 끝나면 영상은 정지됩니다.

· 이때 별도의 버튼을 누르지 않아도 답변이 자동으로 녹음됩니다. 답변이 완료되면 STOP 버튼을 눌러 다음 질문으로 넘어갑니다. 질문을 다시 듣기 위해서는 REPLAY 버튼을 누릅니다.

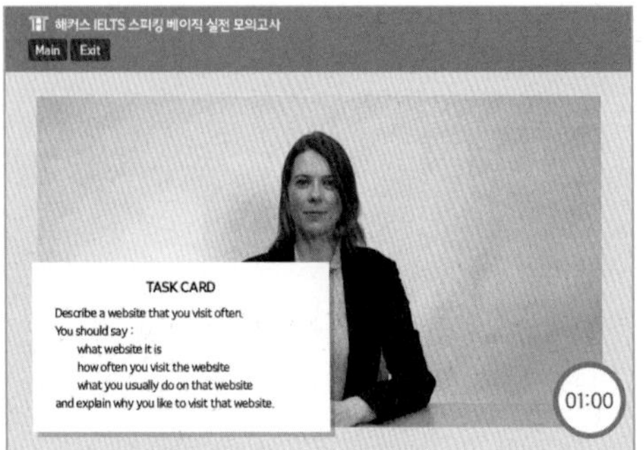

· Part 2의 경우, 실제 시험처럼 준비시간 1분이 주어지고, 1분이 지나면 시험관이 발표를 진행하라는 지시를 줍니다.

· Part 2 답변 녹음 시 2분이 초과되면 자동적으로 Part 3로 넘어가게 됩니다.

자신의 답변 및 모범답변 확인하기

Test를 마치면 Review를 통해 녹음된 답안을 문항별로 재생할 수 있으며, 모범답변을 함께 볼 수 있습니다.

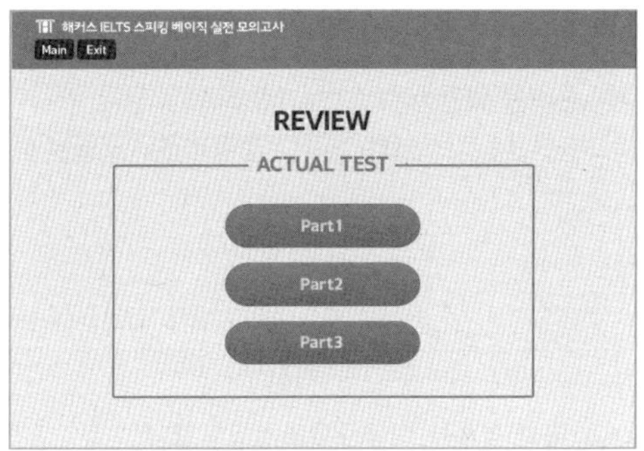

복습하고 싶은 파트를 클릭하면 해당 파트의 문제와 답변 아이디어 및 표현, 그리고 모범답변을 확인할 수 있습니다.

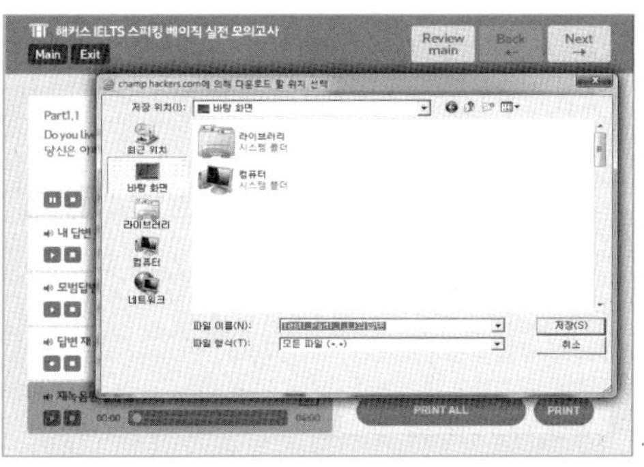

나의 답변이 녹음된 파일을 저장할 수 있습니다. 녹음 파일을 활용해 답변을 반복적으로 연습하여 보완합니다.

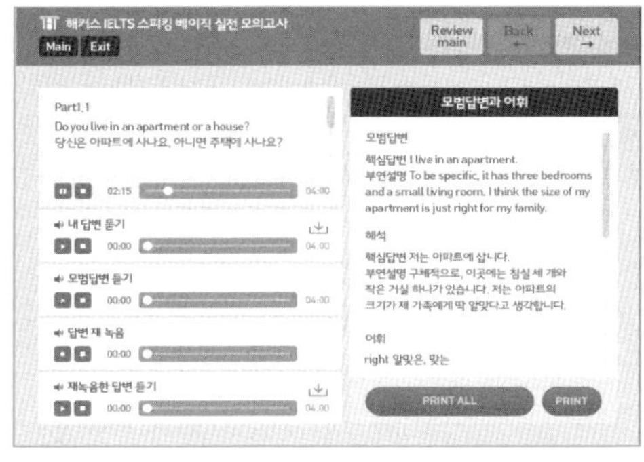

모범답변 및 해석을 인쇄할 수 있습니다. Review 페이지의 각 문제의 하단의 PRINT ALL 버튼을 클릭하면 테스트 전체 내용을 인쇄할 수 있으며, PRINT 버튼을 클릭하면 화면에 뜬 문제 내용을 인쇄할 수 있습니다.

IELTS 소개

IELTS란 어떤 시험인가요?

IELTS(International English Language Testing System)는 영어를 사용하는 곳에서 일을 하거나 공부를 하고 싶어 하는 사람들의 언어 능력을 측정하는 시험입니다. 리스닝, 리딩, 라이팅, 스피킹 영역으로 구성되어 있으며 시험 시간은 약 2시간 55분입니다. IELTS의 점수는 1.0부터 9.0까지의 Band라는 단위로 평가됩니다. 총점은 네 영역 점수의 평균 점수로 냅니다.

시험은 두 가지 종류가 있는데, 대학교나 그 이상의 교육기관으로의 유학 준비를 위한 Academic Module과 영국, 캐나다, 호주로의 이민, 취업, 직업 연수 등을 위한 General Training Module이 있습니다. 리스닝과 스피킹 영역의 경우 모듈별 문제의 차이가 없지만, 리딩과 라이팅 영역은 모듈별 시험 내용이 다릅니다.

IELTS는 어떻게 구성되어 있나요?

시험영역	출제 지문 및 문항 수	시험 시간	특징
리스닝	4개 지문 출제 총 40문항 (지문당 10문항)	30분 (답안 작성 시간 10분 별도)	- 영국식, 호주식, 미국식 등의 발음이 출제 - 10분의 답안 작성 시간이 별도로 주어짐 - 객관식, 주관식, 빈칸 완성, 표 완성 등의 문제가 출제됨
리딩	3개 지문 출제 총 40문항 (지문당 13-14문항)	60분	- 길이가 길고 다양한 구조의 지문 출제 - 객관식, 주관식, 빈칸 완성, 표 완성 등의 문제가 출제됨
	* Academic Module은 저널, 신문기사 등과 같이 학술적인 내용의 지문 위주로 출제되며, General Training Module은 사용설명서, 잡지기사 등과 같이 일상생활과 관련된 지문 위주로 출제됩니다.		
라이팅	Task 1: 1문항 Task 2: 1문항	60분	- Task 간의 시간 구분 없이 시험이 진행됨 - Task 1보다 Task 2의 배점이 높음
	* Academic Module의 Task 1은 그래프, 표 등 시각자료를 보고 요약문 쓰기가 과제로 출제되며, General Training Module의 Task 1은 부탁, 초대 등 주어진 목적에 맞게 편지 쓰기가 과제로 출제됩니다. Task 2는 에세이 쓰기 과제가 동일한 형식으로 출제됩니다.		
스피킹	3개 Part로 구성 Part 1: 10-15문항 Part 2: 1문항 Part 3: 6문항	11-14분	- 시험관과 1:1 인터뷰 형식으로 진행됨 - 모든 시험 내용이 녹음됨
		약 2시간 55분	

IELTS는 어떻게 접수하나요?

1. Paper-based IELTS는 매달 4회, Computer-delivered IELTS는 매주 최대 6회 실시됩니다.
2. 인터넷 접수는 영국 문화원 또는 IDP 홈페이지에서 접수하고, 현장 접수는 IDP 주관 공식 지정 장소에서 가능합니다. 인터넷 접수 및 현장 접수에 대한 자세한 사항은 각 신청기관의 홈페이지를 참고하세요.
3. 접수 시, 여권을 스캔한 파일을 첨부해야 하니 미리 준비합니다.

IELTS 시험 당일 준비물과 일정은 어떻게 되나요?

준비물	여권 (여권만 신분증으로 인정)	여권사본 (IDP 이외 경로로 시험을 접수한 경우)	연필/샤프, 지우개 (Paper-based IELTS로 등록한 경우)
일정	등록	- 수험번호 확인 및 신분 확인을 합니다. (사진 촬영과 지문 확인) - 여권, 연필/샤프, 지우개를 제외한 소지품을 모두 보관소에 맡깁니다.	
	오리엔테이션	- 감독관의 안내는 영어로 이루어집니다.	
	리스닝, 리딩, 라이팅	- 필기시험은 별도의 쉬는 시간 없이 이어서 진행됩니다. - Paper-based IELTS와 Computer-delivered IELTS 시험 도중 화장실에 가야 할 경우 손을 들어 의사를 표시하면, 감독관의 동행하에 화장실에 갈 수 있습니다.	
	스피킹	- 각자 배정된 스피킹 시험 시간 20분 전까지 대기하여야 합니다.	

IELTS 성적 확인과 리포팅은 어떻게 하나요?

1. 성적 확인

① 성적 확인 가능일은 아래와 같으며, 성적표는 온라인으로 조회 가능합니다.
  - Paper-based IELTS는 응시일로부터 13일째 되는 날
  - Computer-delivered IELTS는 응시일로부터 1~2일 사이

② 성적표 수령 방법: 시험 접수 시 본인이 선택한 방법에 따라 방문 수령(휴일/공휴일 제외) 혹은 우편 수령이 가능합니다.

③ 성적 재채점: 시험 응시일로부터 6주 이내에만 신청 가능하며 4개 영역 중 원하는 영역에 대한 재채점을 신청할 수 있습니다.

④ IELTS One Skill Retake: Computer-delivered IELTS 응시일로부터 60일 이내에 4개 영역 중 한 영역만 선택해 재시험을 신청할 수 있습니다.

2. 성적 리포팅

전자 성적표를 해외 기관에 보내는 것은 무료입니다. 출력된 성적표는 시험일로부터 일부 기간만 재발급 가능하며, 일부 부수까지만 무료로 발급할 수 있습니다.

*성적 재채점, IELTS One Skill Retake, 성적표 재발급 기간에 대한 기한 및 비용 등과 같은 세부 규정은 시험 접수한 기관 홈페이지에서 확인하세요.

IELTS 소개

IELTS Band Score는 어떻게 계산하나요?

1. Band Score란 1.0점부터 9.0점까지 0.5점의 단위로 성적이 산출되는 IELTS만의 점수체계입니다. 각 영역에 대한 점수가 Band Score로 나오고, 모든 영역 점수를 종합하여 Overall Band Score를 계산합니다.
2. IELTS 점수를 영어 실력 평가의 기준으로 적용하는 기관들은 각 영역의 개별 점수와 Overall 점수에 대한 다른 정책을 가지고 있습니다. 기관에 따라 Overall 점수에 대한 커트라인만 제시될 수도 있고, Overall 점수와 각 영역 점수에 대한 커트라인 모두가 제시될 수도 있습니다.
3. Overall 점수는 네 영역의 점수를 합한 뒤 4로 나누어서 0.25점을 기준으로 소수점 0.25 이상이면 올림 처리, 0.25 미만이면 버림 처리를 하여 계산합니다. 아래는 Overall 점수 계산의 예입니다.

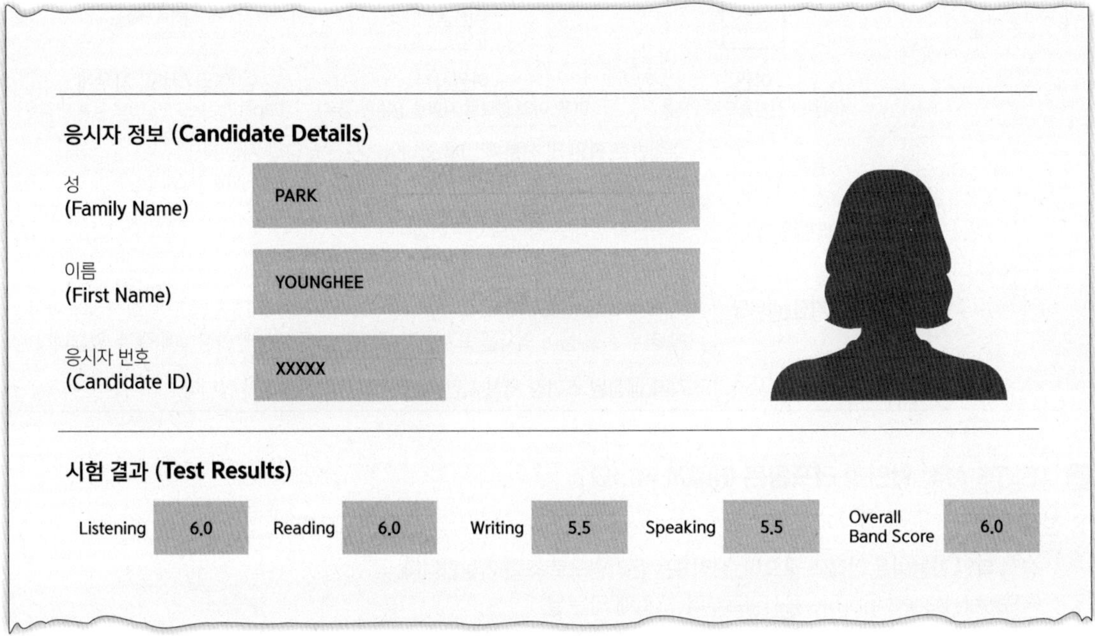

응시자 정보 (Candidate Details)

성 (Family Name)	PARK
이름 (First Name)	YOUNGHEE
응시자 번호 (Candidate ID)	XXXXX

시험 결과 (Test Results)

Listening	Reading	Writing	Speaking	Overall Band Score
6.0	6.0	5.5	5.5	6.0

→ 네 영역의 평균이 5.75점이므로 반올림해서 Overall Band Score 6.0이 나왔습니다.

IELTS의 각 Band Score는 어떤 수준을 뜻하나요?

IELTS 시험은 Band Score로 수험자의 영어 실력을 평가합니다. 각 Band Score가 의미하는 영어 사용 수준은 다음과 같습니다.

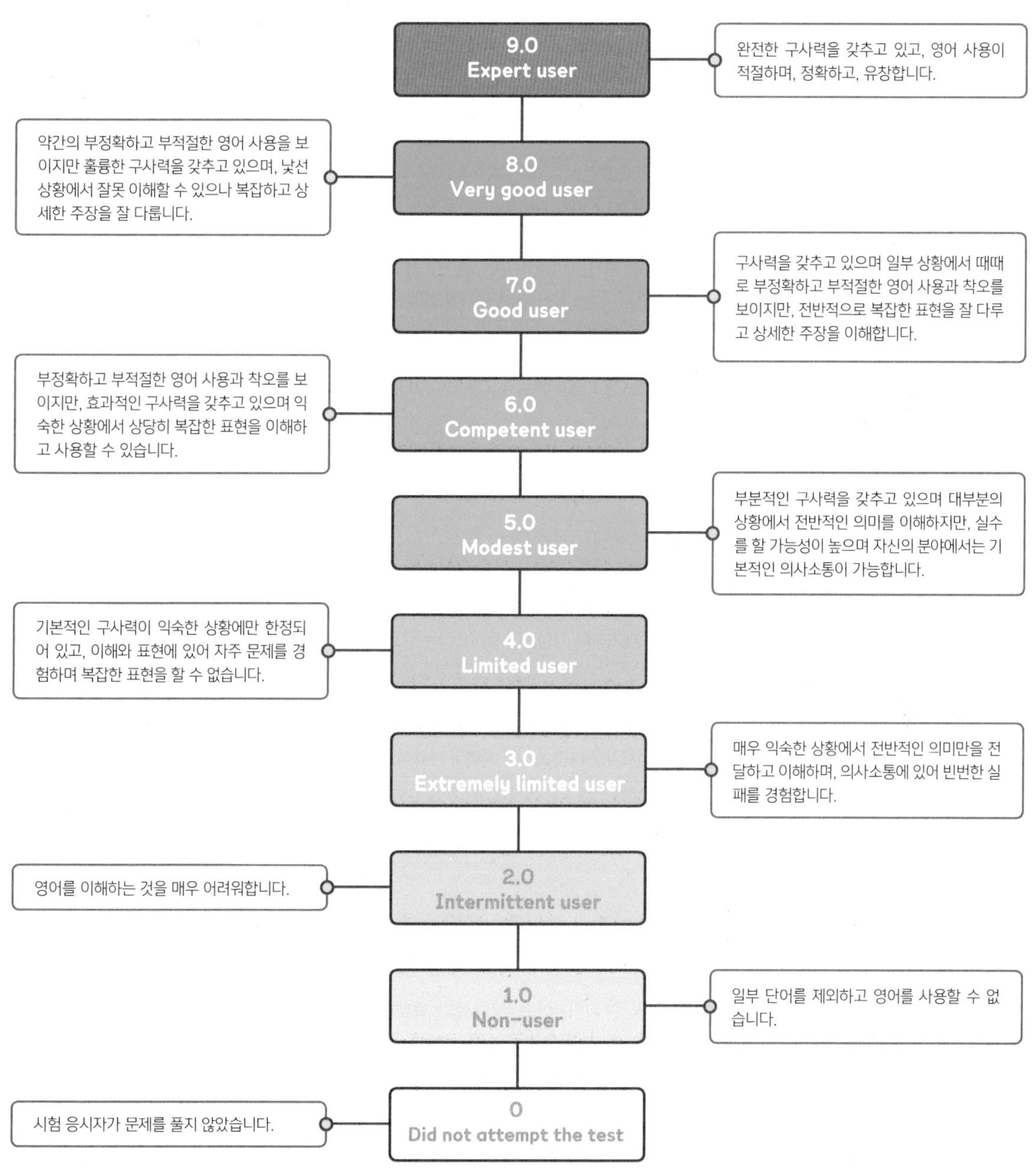

9.0
Expert user
완전한 구사력을 갖추고 있고, 영어 사용이 적절하며, 정확하고, 유창합니다.
8.0
Very good user
약간의 부정확하고 부적절한 영어 사용을 보이지만 훌륭한 구사력을 갖추고 있으며, 낯선 상황에서 잘못 이해할 수 있으나 복잡하고 상세한 주장을 잘 다룹니다.
7.0
Good user
구사력을 갖추고 있으며 일부 상황에서 때때로 부정확하고 부적절한 영어 사용과 착오를 보이지만, 전반적으로 복잡한 표현을 잘 다루고 상세한 주장을 이해합니다.
6.0
Competent user
부정확하고 부적절한 영어 사용과 착오를 보이지만, 효과적인 구사력을 갖추고 있으며 익숙한 상황에서 상당히 복잡한 표현을 이해하고 사용할 수 있습니다.
5.0
Modest user
부분적인 구사력을 갖추고 있으며 대부분의 상황에서 전반적인 의미를 이해하지만, 실수를 할 가능성이 높으며 자신의 분야에서는 기본적인 의사소통이 가능합니다.
4.0
Limited user
기본적인 구사력이 익숙한 상황에만 한정되어 있고, 이해와 표현에 있어 자주 문제를 경험하며 복잡한 표현을 할 수 없습니다.
3.0
Extremely limited user
매우 익숙한 상황에서 전반적인 의미만을 전달하고 이해하며, 의사소통에 있어 빈번한 실패를 경험합니다.
2.0
Intermittent user
영어를 이해하는 것을 매우 어려워합니다.
1.0
Non-user
일부 단어를 제외하고 영어를 사용할 수 없습니다.
0
Did not attempt the test
시험 응시자가 문제를 풀지 않았습니다.

IELTS 스피킹 소개 및 학습전략

IELTS 스피킹 영역에서는 영국, 캐나다, 호주, 뉴질랜드 등 영연방 국가로 이민을 가려고 하거나 그 국가들의 고등 교육기관에 입학을 원하는 응시자의 영어 구사 능력을 평가합니다. 1:1 인터뷰 형식으로 11~14분간 진행되며, 인터뷰 내용은 전 과정이 녹음됩니다.

IELTS 스피킹은 어떤 순서로 진행되나요?

시험 대기

시험 시간 확인 및 대기

- 응시자는 각자 배정된 스피킹 시험 시간 20분 전까지 대기하여야 합니다.
  (단, IELTS Online 스피킹 시험의 경우, 시험 시간 15분 전에 Exam Portal을 시작해야 합니다.)
- 개인별 스피킹 시험 시간은 아래와 같이 확인 및 선택이 가능합니다.
  - Paper-based IELTS는 응시일로부터 2일 전에 이메일을 통해 개별적으로 통보됩니다.
  - Computer-delivered IELTS와 IELTS Online은 온라인 원서 접수 시 개별적으로 선택이 가능합니다.
- 대기 시간 동안에는 평소 공부해둔 중요한 단어, 표현, 모범 답변을 빠르게 훑어봅니다.

▼

시험 시작

시험 시작

- 지정된 장소에서 대기하다 시험관이 들어오라는 말을 건네면 시험장 안으로 입장합니다.
  (IELTS Online 스피킹 시험의 접속 및 진행 방법은 IDP IELTS 홈페이지에서 확인이 가능합니다.)
- 시험관이 응시자에게 인사를 건네면 응시자도 자연스럽게 시험관에게 인사를 하는 것이 좋습니다.
- 시험관은 응시자가 입실하면 시험관 소개를 하며 시험 녹음을 시작합니다.
- 응시자의 여권 검사가 끝나면 스피킹 시험이 본격적으로 시작됩니다.

▼

시험 종료

시험 종료

- 스피킹 시험이 끝나면 시험관이 스피킹 시험이 종료되었다고 말해줍니다.
  (IELTS Online 스피킹 시험의 경우, 응시자가 파트 3를 모두 마치면 시험이 종료됩니다.)
- 응시자는 이때 간단히 작별 인사를 건네고 퇴실합니다.

IELTS 스피킹은 어떻게 구성되나요?

스피킹 영역은 약 11~14분간 진행되며, 총 3개의 파트로 진행됩니다.

구성	소개	문항 수	제한시간	진행시간
Part 1 나에 대한 질문에 답변하기	시험관이 응시자의 신분증을 확인한 후, 일상생활과 관련된 친숙한 주제에 관해 질문합니다. 예 · What do you do on weekends? · What do you do on weekdays?	10~15문항	준비 시간: 없음 답변 시간: 제한 없음	4~5분
Part 2 Task Card 주제에 대해 발표하기	시험관이 제시한 Task Card의 주제에 대해 1분간 답변을 준비한 후, 준비한 답변을 2분 내로 발표합니다. 예 Task card Describe a person you admire. You should say: who he/she is what he/she did and explain why you admire him/her.	1문항	준비 시간: 1분 답변 시간: 1~2분	3~4분
Part 3 Part2 연계 심층 질문에 답변하기	Part 2와 연계된 파트로, Part 2에서 다루었던 주제와 관련하여 좀 더 심층적인 질문에 답변하는 파트입니다. 예 · What do you think is important to be admired by others? · Is academic achievement important to become an admirable person?	4~6문항	준비 시간: 없음 답변 시간: 제한 없음	4~5분

IELTS 스피킹 소개 및 학습전략

IELTS 스피킹은 어떻게 평가하나요?

IELTS 스피킹 점수는 크게 4가지 요소(유창성과 일관성, 어휘력, 문법의 다양성과 정확성, 발음)로 평가됩니다. 각 평가 요소와 특징을 함께 살펴보고, 목표 점수를 달성하기 위해 어떤 요소를 보완해야 하는지 알아봅시다.

평가 요소	특징
유창성과 일관성	· 같은 말을 반복하거나 고치는 것 없이 유창하게 말하였다. · 내용적인 측면에서 생각하기 위한 것 외에 단어나 문법을 찾기 위해서는 머뭇거림 없이 말하였다. · 적절한 연결어를 사용하여 일관성 있게 말하였다. · 주제에 대한 답변을 완전하고 적절하게 전개시켰다.
어휘력	· 정확한 의미 전달을 위해 다양한 어휘를 쉽고 유연하게 사용하였다. · 관용어를 자연스럽고 정확하게 사용하였다. · 필요에 따라 패러프레이징을 효과적으로 사용하였다.
문법의 다양성과 정확성	· 다양한 문장구조를 자연스럽고 적절하게 사용하였다. · 정확한 문장구조를 사용하였다.
발음	· 모든 발음을 정확하고 섬세하게 발음하였다. · 전체적으로 발음을 유연하게 사용하였다. · 알아듣기가 수월하게 말하였다.

IELTS 스피킹에는 어떤 학습전략이 필요한가요?

1. 다양한 문장구조와 표현을 익힙니다.

IELTS Speaking에서 좋은 점수를 받기 위해서는 영어의 기본적인 문장구조뿐만 아니라 적절한 어휘와 관용구, 표현들을 사용하여 좀 더 쉽고 명료하게 자신의 생각을 말할 수 있어야 합니다. 이 책에 수록된 주제별 표현과 다양한 답변 표현을 반복적으로 학습하여 습득하도록 합니다.

2. 다양한 주제에 대한 자신의 의견 및 생각을 정리합니다.

IELTS Speaking 문제는 쉬운 주제부터 다소 까다로운 주제까지 다양하게 출제됩니다. 따라서 시험에 출제되는 다양한 주제별 문제를 교재를 통해 학습하고, 이에 대한 적절한 답변을 하기 위해 자신의 의견 및 생각을 정리해둡니다.

3. 평소 말하는 연습을 꾸준히 합니다.

영어를 말하는 데 익숙해져야 하므로, 일상적이고 친숙한 주제를 시작으로 끊임없이 자신의 의견과 생각을 말로 표현하는 습관을 기릅니다. 아무리 바빠도 하루 최소 한 문항에 대해서 스스로 답변해보고, 교재의 모범 답변과 비교하며 개선할 점을 고쳐나가도록 합니다.

4. 발음과 어조를 살려 말합니다.

정확한 발음과 자연스러운 어조는 답변에 대한 인상을 결정짓는 중요한 요소입니다. 교재에 수록된 스피킹을 위한 발음 부분을 꼼꼼히 학습하여 실수하기 쉬운 발음들을 미리 체크해두고 강세와 리듬을 살려 말해 보는 연습을 하도록 합니다.

5. 시험 환경과 방식에 적응합니다.

시험관과 1:1로 대화하는 것은 누구에게나 부담스럽고 생소할 것입니다. 따라서 평소에 시험과 비슷한 환경에서 말해 보는 연습을 하여 실전에서 자신의 실력을 최대한으로 발휘할 수 있도록 합니다. 해커스인강(HackersIngang.com) 사이트에서 제공하는 스피킹 실전모의고사 프로그램을 활용하여 실제 시험 상황에 익숙해지도록 합니다.

*실전모의고사 프로그램 활용법은 p. 10~11에서 자세히 소개합니다.

나만의 **학습플랜**

아래의 자가 진단 퀴즈를 풀어 본 후, 자신에게 가장 잘 맞는 학습플랜을 확인하고 그에 맞추어 학습해 봅시다.

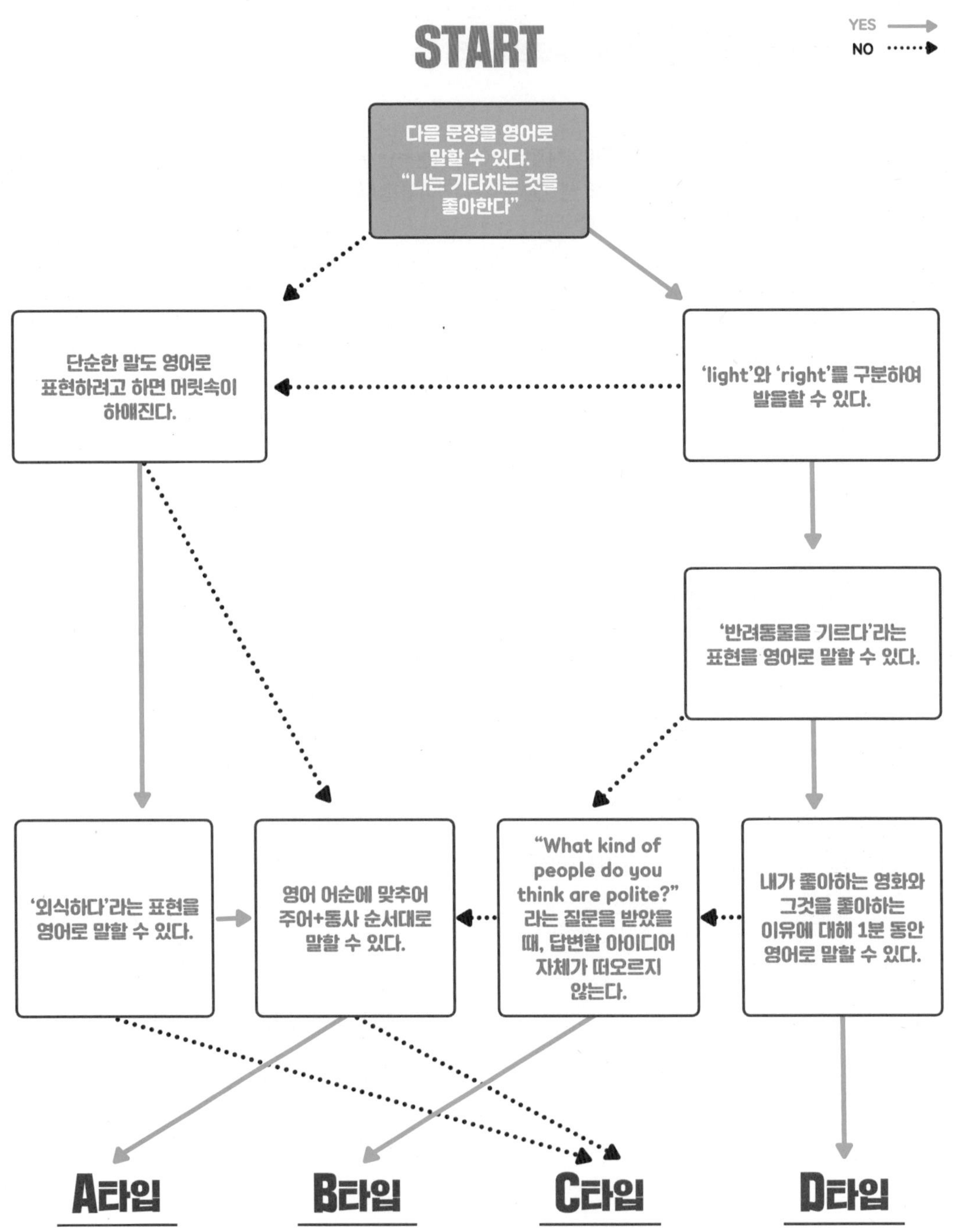

START
YES
NO
다음 문장을 영어로 말할 수 있다. "나는 기타치는 것을 좋아한다"
단순한 말도 영어로 표현하려고 하면 머릿속이 하얘진다.
'light'와 'right'를 구분하여 발음할 수 있다.
'반려동물을 기르다'라는 표현을 영어로 말할 수 있다.
'외식하다'라는 표현을 영어로 말할 수 있다.
영어 어순에 맞추어 주어+동사 순서대로 말할 수 있다.
"What kind of people do you think are polite?" 라는 질문을 받았을 때, 답변할 아이디어 자체가 떠오르지 않는다.
내가 좋아하는 영화와 그것을 좋아하는 이유에 대해 1분 동안 영어로 말할 수 있다.
A타입
B타입
C타입
D타입

A타입 영어 말하기의 기본기를 다져야 하는 당신!

기본적인 영어 표현과 문법은 어느 정도 알고 있지만, 이를 말하기로 연결하지는 못하는군요. 머릿속에서는 맴도는데 입이 떨어지지 않아서 답답한 경우가 많겠네요. 발음부터 시작해서 문법, 표현까지 하나씩 재정비해 보세요. 학습플랜에 따라 한 달 동안 공부하세요.

4주 학습플랜

	Day 1	Day 2	Day 3	Day 4	Day 5	Day 6	Day 7
Week 1	1주 1일	1주 2일	1주 3일	1주 4일	1주 5일	1주 6일	휴식
Week 2	2주 1일	2주 2일	2주 3일	2주 4일	2주 5일	2주 6일	휴식
Week 3	3주 1일	3주 2일	3주 3일	3주 4일	3주 5일	3주 6일	휴식
Week 4	4주 1일	4주 2일	4주 3일	4주 4일	4주 5일	4주 6일	Actual Test

B타입 표현력과 아이디어가 부족한 당신!

발음과 문법은 어느 정도 완성되었지만, 표현력과 답변 아이디어가 부족하여 답변하는 데 어려움을 느끼는군요. 3, 4주의 주제별 표현과 답변 아이디어&표현을 학습하는 데 더욱 집중하도록 하세요. 1/2주와 3주, 4주를 각각 일주일씩 공부해서 3주 동안 끝내세요.

3주 학습플랜

	Day 1	Day 2	Day 3	Day 4	Day 5	Day 6	Day 7
Week 1	1주 1, 2일	1주 3, 4일	1주 5, 6일	2주 1, 2일	2주 3, 4일	2주 5, 6일	휴식
Week 2	3주 1일	3주 2일	3주 3일	3주 4일	3주 5일	3주 6일	휴식
Week 3	4주 1일	4주 2일	4주 3일	4주 4일	4주 5일	4주 6일	Actual Test

나만의 학습플랜

C타입 차근차근 영어 문장에 대한 이해부터 시작해야 하는 당신!

발음이나 문법 등 영어의 모든 것이 낯선 상황이군요. 학습플랜에 따라 한 달 동안 처음부터 차근차근 학습하고, 2주 동안 같은 내용을 다시 한 번 복습하는 것이 좋겠습니다.

6주 학습플랜

	Day 1	Day 2	Day 3	Day 4	Day 5	Day 6	Day 7
Week 1	1주 1일	1주 2일	1주 3일	1주 4일	1주 5일	1주 6일	휴식
Week 2	2주 1일	2주 2일	2주 3일	2주 4일	2주 5일	2주 6일	휴식
Week 3	3주 1일	3주 2일	3주 3일	3주 4일	3주 5일	3주 6일	휴식
Week 4	4주 1일	4주 2일	4주 3일	4주 4일	4주 5일	4주 6일	Actual Test
Week 5	1주 1~3일	1주 4~6일	2주 1~3일	2주 4~6일	3주 1, 2일	3주 3, 4일	휴식
Week 6	3주 5, 6일	4주 1, 2일	4주 3일	4주 4일	4주 5일	4주 6일	Actual Test

D타입 IELTS 실전 유형을 익혀야 하는 당신!

발음부터 표현까지 기본기를 상당히 갖추었군요. 이제 IELTS 스피킹 문제 유형을 익히고 꾸준히 연습만 하면 실전 IELTS 시험에 도전해도 되겠네요. 1, 2주에서는 부족한 부분만 체크해서 공부하고, 3, 4주에서 실전 연습에 집중하여 공부해서 2주 동안 끝내세요.

2주 학습플랜

	Day 1	Day 2	Day 3	Day 4	Day 5	Day 6	Day 7
Week 1	1주 1~3일	1주 4~6일	2주 1~3일	2주 4~6일	3주 1, 2일	3주 3, 4일	휴식
Week 2	3주 5, 6일	4주 1, 2일	4주 3일	4주 4일	4주 5일	4주 6일	Actual Test

교재학습 TIP

1 자신에게 가장 잘 맞는 학습플랜을 선택하여 학습하고, 하루의 학습 분량을 다 끝내지 못했을 경우에는 반드시 그 주 내로 끝내도록 합니다.

2 1, 2주에서는 매일 Course별로 주어진 본문을 학습하고 Exercise를 풀어 자신이 취약한 부분을 체크한 뒤, Daily Test를 풀며 학습을 마무리합니다.

3 3주의 파트별 공략에서는 파트별 진행방식과 답변 전략, 답변 표현을 완벽히 숙지한 후 실전 공략하기 부분에서 앞서 학습한 내용을 실제 문제에 적용해봅니다.

4 3, 4주의 주제별 공략에서는 주제별 빈출문제와 표현을 학습한 후 빈출문제 공략하기 부분에서 주어진 답변 아이디어&표현, 모범답변, 답변 tip을 참고하여 나의 답변을 말해봅니다.

5 온라인 실전모의고사 프로그램을 활용하여 Actual Test를 풀 때에는 앞에서 학습한 모든 내용을 종합해서 실전처럼 풀어 봅니다. 특히 Part 2의 경우 정해진 발표시간에 맞춰 답변하는 것에 익숙해지도록 합니다.

6 교재에 수록된 모든 문제는 글로 답을 쓰려고 하지 말고, 문제를 보고 바로 말하는 연습을 하는 것이 좋습니다. 이러한 연습을 통해 실제 시험에서 순발력 있게 대처하는 능력을 기를 수 있습니다.

7 교재에서 학습하는 문제에 대한 모범답변과 자신의 답변을 휴대폰 녹음기 등을 활용하여 녹음해봅니다. 녹음한 모범답변은 MP3의 원어민 발음과 비교하여 개선할 점이 없는지 확인해 보도록 합니다. 자신의 답변은 p.266의 부록 <답변 셀프 체크 포인트>를 통해 취약점을 파악하도록 합니다.

8 스터디 학습을 할 때에는 본문의 내용을 각자 학습해온 뒤, 한 사람씩 돌아가면서 답을 말하는 연습을 해보세요. 말하기를 할 때 실수하는 부분들은 서로 피드백을 교환하며 고쳐 나가도록 합니다.

HACKERS
IELTS
SPEAKING BASIC

goHackers.com

학습자료 제공·유학정보 공유

1주에서는 아이엘츠 스피킹 답변의 첫인상을 결정짓는 요소가 되는 발음을 배웁니다.
실제 시험에서 사용할 수 있는 문장들을 통해 발음, 강세, 끊어 말하기를 연습하여
아이엘츠 스피킹에 대비해 봅시다.

스피킹을 위한 발음 익히기

1일 쉬운 발음도 다시 보자

Course 1 뒤통수 치는 [b] & [g] 제대로 발음하기

Track 1

[Listen & Speak]

The scenery is **beautiful** in Hawaii. 하와이의 경치는 아름답다.

I'd like to **go** there. 나는 그곳에 가고 싶다.

[b]와 [g]는 너무나 자신 있는 발음이라고요? [b]는 우리말의 'ㅂ', [g]는 우리말의 'ㄱ' 소리로 발음하면 된다고 흔히들 생각합니다. 하지만, beautiful을 '뷰티풀'처럼 발음하면 원어민은 pitiful(불쌍한)로 오해할 수 있답니다. 마찬가지로, go를 '고'처럼 발음하면 원어민의 귀에는 'ko'처럼 들린답니다. 자, 이제 쉽지만 어려운 발음 [b]와 [g]를 제대로 발음하는 법을 배우고 연습해 볼까요?

[b]

- 양 입술을 가볍게 붙인 채로 안쪽으로 살짝 말아 넣었다가 뗀다.
- 입안에서 소리를 뭉개 'ㅂ'와 유사하게 발음하며, 이때 절대로 입김이 새어 나오지 않게 한다.
- beautiful은 [뷰티풀]이 아니라 [(으)뷰티풀]이라고 발음한다.

[g]

- 아래턱을 크게 벌려 목 쪽으로 떨어뜨리고 입안을 넓게 만든다.
- 목 깊숙한 곳에서 소리를 만들고 이를 밖으로 끌어당기는 듯한 느낌으로 'ㄱ'처럼 발음한다.
- go는 [고]가 아니라 [(으)고우]라고 발음한다.

다음 단어들을 소리 내어 따라 해보세요.

[b]	ban	[(으)배앤]	[bæn]	금지; 금지하다
	bus	[(으)버ㅅ]	[bʌs]	버스
	bet	[(으)벳ㅌ]	[bet]	내기; 내기를 걸다
	abate	[(어)베잇ㅌ]	[əbéit]	완화시키다
	cab	[캐애ㅂ]	[kæb]	택시
[g]	great	[(으)그r레잇ㅌ]	[greit]	큰, 중대한
	get	[(으)겟ㅌ]	[get]	얻다, 받다
	ground	[(으)그r라운ㄷ]	[graund]	지면, 운동장
	begin	[(으)비긴]	[bigín]	시작하다
	good	[(으)귿]	[gud]	좋은

EXERCISE

Track 2

다음 단어를 듣고, 받아 적은 후 [b]와 [g] 소리에 유의하여 큰 소리로 말해 보세요.
(음성은 두 번 들려 줍니다.)

01 ____________________

02 ____________________

03 ____________________

04 ____________________

05 ____________________

06 ____________________

07 ____________________

08 ____________________

09 ____________________

10 ____________________

다음 문장을 듣고, 빈칸을 채운 후 큰 소리로 말해 보세요. (음성은 두 번 들려 줍니다.)

11 I was happy to ____________________.

12 My ____________________ took a bus to come here.

13 I go to bed quietly when I ____________________ late.

14 Some people were against ____________________.

15 The teacher was angry with the students ____________________.

정답·해석 p.268

Course ② 내일 시험이 있다구! [w] & [kw] 제대로 발음하기

Track 3

[Listen & Speak]

Mr. **Woods** will be the guest speaker at tomorrow's seminar.
우즈 씨가 내일 세미나의 초청 연사일 것이다.

I can't make it because of a **quiz**.
나는 퀴즈 때문에 참석할 수 없다.

우즈? 퀴즈? No, no, no! 왜 틀렸냐고요? Woods를 '우즈'라고 말하면 ooze(스며 나오다)처럼 들린답니다. 게다가, quiz를 '퀴즈'라고 말하면 kids(아이들)처럼 들릴 확률이 높답니다. 시험이 있다는 말을 해야 하는데, 아이들이 있다는 말을 하고 싶지는 않겠죠? 자, 이제 [w]와 이를 응용한 [kw]를 제대로 발음하는 법을 배우고 연습해 볼까요?

[w]

- 양 입술을 둥글게 모은 상태에서 좀 더 앞쪽으로 내밀며 발음한다.
- 우리말의 '우' 소리에 '어' 소리가 약하게 더해진 것처럼 발음한다.
- Woods는 [우워ㅈ]로 발음한다.

[kw]

- [k] 소리에 [w] 소리가 합쳐진 발음이므로 입을 둥글게 만들고 발음한다.
- 'ㅋ' 소리에 '우' 소리가 합쳐져서 '쿠'에 가깝게 소리 낸다. '쿠' 소리에 뒤따른 모음을 순차적으로 발음한다.
- quiz는 [쿠이ㅈ]로 발음한다.

다음 단어들을 소리 내어 따라 해보세요.

[w]	wide	[우와이ㄷ]	[waid]	넓은, 큰
	work	[우워어rㅋ]	[wəːrk]	일, 공부; 일하다
	worry	[우워어r리]	[wə́ːri]	걱정시키다
	wait	[우웨잇ㅌ]	[weit]	기다리다
	want	[우원ㅌ]	[wɑnt]	원하다
[kw]	quick	[쿠윅ㅋ]	[kwik]	빠른, 급속한
	queen	[쿠위인]	[kwiːn]	여왕
	quite	[쿠와잇ㅌ]	[kwait]	아주, 완전히
	quit	[쿠윗ㅌ]	[kwit]	그만두다
	quality	[쿠왈러티]	[kwɑ́ləti]	품질

EXERCISE

Track 4

다음 단어를 듣고, 받아 적은 후 [w]와 [kw] 소리에 유의하여 큰 소리로 말해 보세요.
(음성은 두 번 들려 줍니다.)

01 ____________

02 ____________

03 ____________

04 ____________

05 ____________

06 ____________

07 ____________

08 ____________

09 ____________

10 ____________

다음 문장을 듣고, 빈칸을 채운 후 큰 소리로 말해 보세요. (음성은 두 번 들려 줍니다.)

11 I want to ____________ at the bank.

12 If I had time, I would ____________.

13 The guest speaker ____________.

14 I ____________ a movie, but I don't have time.

15 My brother asked ____________.

정답·해석 p.268

Course ③ 알쏭달쏭 천의 얼굴, [t] 특집

Track 5

[Listen & Speak]

Drinking coffee several **times** a day makes my heart **beat** fast.
커피를 하루에 여러 번 마시는 것은 내 심장을 빠르게 뛰게 만든다.

You should **try** to drink water instead.
너는 대신 물을 마시도록 노력해야 한다.

[t]에 우리가 모르는 비밀이 있다고요? 그것은 바로 [t]의 위치와 주위의 소리에 따라 소리가 변한다는 점이지요. 자, 이제 [t]의 다양한 소리 변화를 제대로 발음하는 법을 배우고 연습해 볼까요?

[t~]

- 혀와 입천장 사이에서 공기를 터트린다는 느낌으로 'ㅌ'와 비슷하게 소리가 난다.
- times는 [타임ㅈ]가 아니라, [ㅊ타임ㅈ]로 발음한다.

[~t]

- 단어 마지막에 오는 [t] 소리는 약해지므로 [트]라고 소리 내지 않는다.
- beat는 [비트]가 아니라, [빗ㅌ]로 발음한다.

[tr]

- [r] 소리를 확실히 굴려 말하기 위해 입을 모아서 발음하면 'ㅊ'와 비슷하게 소리가 난다.
- try는 [트라이]가 아니라, [츄r롸이]로 발음한다.

다음 단어들을 소리 내어 따라 해보세요.

[t~]	tired	[(ㅊ)타이어rㄷ]	[taiərd]	피곤한
	talent	[(ㅊ)탤런ㅌ]	[tǽlənt]	재능
	take	[(ㅊ)테이ㅋ]	[teik]	잡다
[~t]	accent	[애액센ㅌ]	[ǽksent]	악센트
	meat	[미잇ㅌ]	[miːt]	고기
	gate	[게잇ㅌ]	[geit]	대문
[tr]	train	[츄r레인]	[trein]	열차
	trouble	[츄r러블]	[trʌ́bl]	불편, 문제
	trick	[츄r릭]	[trik]	속임수, 비결

EXERCISE

Track 6

다음 단어를 듣고, 받아 적은 후 [t] 소리의 변화에 유의하여 큰 소리로 말해 보세요.
(음성은 두 번 들려 줍니다.)

01 ______________

02 ______________

03 ______________

04 ______________

05 ______________

06 ______________

07 ______________

08 ______________

09 ______________

10 ______________

다음 문장을 듣고, 빈칸을 채운 후 큰 소리로 말해 보세요. (음성은 두 번 들려 줍니다.)

11 The ______________ about the importance of transportation.

12 I have ______________ jeans.

13 A trip across the United States by ______________ a long time.

14 She felt bad about ______________ with her friend.

15 Doctors suggest we ______________ seven hours every night.

정답·해석 p.269

DAILY TEST

Track 7

다음 문장을 듣고, 빈칸에 알맞은 단어를 골라 보세요. 답을 확인한 후 큰 소리로 말해 보세요.
(음성은 두 번 들려 줍니다.)

01 I ________ quit asking questions.
ⓐ won't ⓑ want ⓒ own

02 The woman ________ her English professor.
ⓐ coats ⓑ quotes ⓒ courts

03 My ________ is dirty and needs to be dry-cleaned.
ⓐ quilt ⓑ quit ⓒ kilt

04 A friend is someone who tells you the ________.
ⓐ truth ⓑ tooth ⓒ thrust

05 My team ________ the math competition last week.
ⓐ one ⓑ won ⓒ want

06 My keys and wallet were in the ________ I lost.
ⓐ bag ⓑ pack ⓒ vague

07 In order to go camping, you must have the right ________.
ⓐ tear ⓑ bear ⓒ gear

08 The trash can was full of ________.
ⓐ litter ⓑ leather ⓒ leader

간단한 질문과 그에 대한 답변이 이어집니다. 답변을 듣고 빈칸을 채운 후 큰 소리로 말해 보세요.
(음성은 두 번 들려 줍니다.)

09 What is your favorite food?

My ________________ is hamburgers.

10 What do you like to do in your free time?

I like to read ________________ about battles.

11 Do you like to hike on trails in a park or in a forest?

I like to ________________.

12 What is the most important quality in a student?

I think students should ________________.

13 Do you learn better by doing or by observing?

________________ for me is watching someone do something.

14 How do you stay fit?

I ________________ often to stay in shape.

15 What are you going to do after graduation?

I'm ________________ to study engineering.

정답·해석 p.269

2일 낯선 영어 발음 친해지기

Course 1 혀를 움직여라, [l]과 [r]

Track 8

[Listen & Speak]

I **lost** my **ring** yesterday. 나는 어제 내 반지를 잃어버렸다.

The **girl** next door found it. 옆집 소녀가 그것을 찾아 주었다.

[l]과 [r]이 우리말의 'ㄹ'와는 전혀 다른 소리라는 것을 알고 있나요? 따라서 '로스트', '링', '걸'처럼 발음하면 틀린 발음이 됩니다. 자, 이제 [l]과 [r]을 제대로 발음하는 법을 배우고 연습해 볼까요?

[l~]

· 혀끝을 앞니 뒤에 살짝 붙였다가 떼면서 '을' 소리를 내는 듯한 느낌으로 시작하여 우리말의 'ㄹ' 소리를 낸다.
· lost는 [로스트]가 아니라, [(을)로스ㅌ]로 발음한다.

[r]

· 혀를 입천장에 닿지 않도록 둥글게 말면서 '우' 소리를 내는 듯한 느낌으로 시작하여 'rㄹ'와 비슷하게 소리를 낸다.
· ring은 [링]이 아니라, [(우)r링]으로 발음한다.

[rl]

· 혀를 입안으로 구부렸다가 다시 펴서 앞니 뒤에 가져가면서 '어r얼'과 비슷하게 발음한다.
· girl은 [(으)걸]이 아니라, [(으)거어r얼]로 발음한다.

다음 단어들을 소리 내어 따라 해보세요.

[l~]	love	[(을)러v]	[lʌv]	사랑; 사랑하다
	lean	[(을)리인]	[liːn]	기대다
	link	[(을)링ㅋ]	[liŋk]	고리; 연결하다
[r]	right	[(우)r라잇ㅌ]	[rait]	옳은, 올바른
	reason	[(우)r리즌]	[ríːzn]	이유, 원인
	correct	[커(우)r렉ㅌ]	[kərékt]	맞는, 정확한
[rl]	early	[어어r얼리]	[ə́ːrli]	일찍
	pearl	[퍼어r얼]	[pə́ːrl]	진주
	garlic	[가아r얼릭]	[gɑ́ːrlik]	마늘

EXERCISE

Track 9

다음 단어를 듣고, 받아 적은 후 큰 소리로 말해 보세요. (음성은 두 번 들려 줍니다.)

01 ____________

02 ____________

03 ____________

04 ____________

05 ____________

06 ____________

07 ____________

08 ____________

09 ____________

10 ____________

다음 문장을 듣고, 빈칸을 채운 후 큰 소리로 말해 보세요. (음성은 두 번 들려 줍니다.)

11 She dislikes the color of the ____________.

12 ____________ think looking good is important.

13 I prefer to have a picnic ____________.

14 I was late for class because there was a ____________ at the bus stop.

15 My father loves to ____________, but he doesn't have much free time.

정답·해석 p.270

Course 2 혀를 내미느냐 마느냐, [d]와 [ð]와 [θ]

Track 10

[Listen & Speak]

I **think donuts** are bad for our health.
나는 도넛이 우리의 건강에 나쁘다고 생각한다.

I like the taste of it, **though**.
하지만 나는 그것의 맛을 좋아한다.

비슷한 듯 다른 세 발음! [d], [ð], [θ]를 구별하여 발음하지 않으면 though(하지만)라고 말해도 dough(반죽)라고 들릴 수 있답니다. 자, 이제 이 세 가지 발음을 제대로 발음하는 법을 배우고 연습해 볼까요?

[d]

- 혀 끝을 앞니 뒤에 댔다가 떼면서 우리말의 '(으)ㄷ' 소리를 낸다.
- donuts는 [도넛ㅊ]가 아니라, [(으)도우넛ㅊ]로 발음한다.

[ð]

- 혀를 윗니와 아랫니 사이에 넣었다가 끌어당기며 성대를 울려 'thㄷ'와 비슷하게 소리를 낸다.
- though는 [도우]가 아니라, [th도우]로 발음한다.

[θ]

- 혀를 윗니와 아랫니 사이에 넣었다가 빠르게 끌어당기면서 공기를 내보내며 'thㅆ'와 비슷하게 발음한다.
- think는 [띵크]가 아니라, [th씽ㅋ]로 발음한다.

다음 단어들을 소리 내어 따라 해보세요.

[d]	**day**	[(으)데이]	[dei]	낮, 하루
	down	[(으)다운]	[daun]	아래로; 아래에
	dry	[(으)드r라이]	[drai]	건조한; 말리다
[ð]	**they**	[th데이]	[ðei]	그들, 그것들
	breathe	[브r리thㄷ]	[bri:ð]	숨을 쉬다
	bother	[바th더r]	[bɑ́ðər]	괴롭히다
[θ]	**thigh**	[th싸이]	[θai]	넓적다리
	breath	[브r레thㅆ]	[breθ]	숨, 입김
	everything	[에v브r리th씽]	[évriθiŋ]	모든 것, 모두

EXERCISE

Track 11

다음 단어를 듣고, 받아 적은 후 큰 소리로 말해 보세요. (음성은 두 번 들려 줍니다.)

01 ______________

02 ______________

03 ______________

04 ______________

05 ______________

06 ______________

07 ______________

08 ______________

09 ______________

10 ______________

다음 문장을 듣고, 빈칸을 채운 후 큰 소리로 말해 보세요. (음성은 두 번 들려 줍니다.)

11 When I was a student, I was good at ______________.

12 He is going to Jeju Island ______________.

13 I like to ______________ with my family.

14 She started playing the violin ______________.

15 I go to ______________ in the evenings.

정답·해석 p.270

Course 3 [ʒ]와 [dʒ]와 [z], 다 같은 [ㅈ]가 아니다!

Track 12

[Listen & Speak]

My friends and I **occasionally** go to the **zoo**.
내 친구들과 나는 때때로 동물원에 간다.

We went to the same **college**.
우리는 같은 대학에 다녔다.

[ʒ], [dʒ], [z]를 구별 없이 발음한다면 어떤 오해가 생길 수 있을까요? zoo(동물원)라고 말하고 싶어도 jew(유대인)처럼 들릴 수 있겠지요. 자, 이제 이 세 가지 발음을 제대로 발음하는 법을 배우고 연습해 볼까요?

[ʒ]

- 입을 둥글게 만들고, '쉬' 발음을 하듯이 성대를 울리며 목소리를 넣어 부드럽게 '쥬'와 비슷하게 소리 낸다.
- occasionally는 [어케이져널리]가 아니라 [(어)**케**이쥬어널리]라고 발음한다.

[dʒ]

- 입안 공기가 새어 나가지 않게 입안으로 당기며 '(읏)쥐'와 비슷하게 배에서 힘을 끌어올리면서 소리 낸다.
- college는 [칼리지]가 아니라 [**카**얼릿쥐]라고 발음한다.

[z]

- 윗니와 혀 사이에 공기를 마찰시키며 '스' 소리를 내는 것처럼 성대를 울려 '(으)즈'와 비슷하게 소리 낸다.
- zoo는 [주]가 아니라 [(으)주우]라고 발음한다.

다음 단어들을 소리 내어 따라 해보세요.

[ʒ]	television	[텔러v비쥬언]	[téləvìʒən]	텔레비전
	pleasure	[플레쥬어r]	[pléʒər]	즐거움, 기쁨
	visual	[v비쥬어ㄹ]	[víʒuəl]	시각의
[dʒ]	judge	[(읏)줫쥐]	[dʒʌdʒ]	재판관, 법관
	adjust	[(엇)줘스ㄸ]	[ədʒʌ́st]	조절하다
	individual	[인더v빗쥬어ㄹ]	[ìndəvídʒuəl]	개인
[z]	zero	[(으)지어r로우]	[zíərou]	0, 영
	buzz	[(으)버ㅈ]	[bʌz]	윙윙거리는 소리
	lazy	[(을)레이지]	[léizi]	게으른

EXERCISE

Track 13

다음 단어를 듣고, 받아 적은 후 큰 소리로 말해 보세요. (음성은 두 번 들려 줍니다.)

01 ______________

02 ______________

03 ______________

04 ______________

05 ______________

06 ______________

07 ______________

08 ______________

09 ______________

10 ______________

다음 문장을 듣고, 빈칸을 채운 후 큰 소리로 말해 보세요. (음성은 두 번 들려 줍니다.)

11 My favorite ______________.

12 I had to ______________ to my report.

13 I don't want to be ______________ Chinese.

14 My parents liked ______________ a doctor.

15 I usually ______________, but I sometimes dress up.

정답·해석 p.271

DAILY TEST

Track 14

다음 문장을 듣고, 빈칸에 알맞은 단어를 골라 보세요. 답을 확인한 후 큰 소리로 말해 보세요.
(음성은 두 번 들려 줍니다.)

01 I used to ________ basketball until the gym closed.
ⓐ play ⓑ pray ⓒ clay

02 She bought a pearl necklace but she ________ it in the taxi.
ⓐ raft ⓑ left ⓒ rift

03 He walked out in a ________ after his classmates laughed at his story.
ⓐ raze ⓑ race ⓒ rage

04 It's hard to ________ when I run fast.
ⓐ breath ⓑ breed ⓒ breathe

05 She was ________ that the teacher complimented a new girl in class.
ⓐ zealous ⓑ jealous ⓒ Julius

06 I ________ the items that need to be purchased.
ⓐ listed ⓑ rested ⓒ wristed

07 A brave boy rescued a child from the ________.
ⓐ blaze ⓑ brace ⓒ trace

08 When I'm ________, I try to drink water instead of soft drinks.
ⓐ dirty ⓑ thirsty ⓒ dusty

간단한 질문과 그에 대한 답변이 이어집니다. 답변을 듣고 빈칸을 채운 후 큰 소리로 말해 보세요.
(음성은 두 번 들려 줍니다.)

09 How do you stay healthy?

I ______________ an hour every day.

10 What is your favorite movie genre and why?

I like watching comedies because they ______________.

11 What country would you like to visit?

I'd like to visit Germany and ______________ across Europe.

12 What is the most meaningful gift you have ever received?

I ______________ my parents gave me.

13 Do you think office employees should dress formally or casually?

I think office employees should ______________.

14 Who is your role model and why?

I ______________ for his vision.

15 Where would you go on a vacation?

I'd like to go to ______________.

정답·해석 p.271

3일 생김새는 비슷해도 소리는 전혀 달라요

Course 1 아 다르고 어 다르다고? [æ] 다르고 [e]도 달라!

Track 15

[Listen & Speak]

I need a **pan.** 나는 프라이팬이 필요하다.

I, on the other hand, need a **pen.** 나는, 반면에, 펜 한 자루가 필요하다.

우리말 발음의 '애'와 '에'는 그 차이가 확연히 드러나지 않지요. 그러나 영어의 [æ]와 [e]는 '아 다르고 어 다르다'라고 할 만큼 서로 확실히 구별해서 소리 내야 하는 발음입니다. 프라이팬이 필요해서 'I need a pan.'이라고 말했는데 나의 [æ] 발음이 정확하지 않다면, 상대방이 펜 한 자루를 줄지도 모르니까요. 자, 이제 [æ]와 [e]를 제대로 발음하는 법을 배우고 연습해 볼까요?

[æ]

- 자신 있고 강한 발음으로, 입을 위아래, 양옆으로 활짝 열어준다. 아래 턱이 움직이는 것을 느낀다면 OK!
- 우리말의 '애'를 강하고 길게 발음하는 느낌으로 소리 낸다.
- pan은 [패앤]으로 발음한다.

[e]

- 소극적이고 약한 발음으로, 입을 살짝만 벌리고 턱도 거의 움직이지 않는다.
- 우리말의 '에'를 짧고 약한 느낌으로 소리 낸다.
- pen은 [펜]으로 발음한다.

다음 단어들을 소리 내어 따라 해보세요.

[æ]	ask	[애애스ㄲ]	[æsk]	묻다, 질문하다
	dance	[대앤ㅅ]	[dæns]	춤; 춤을 추다
	glass	[(으)글래애ㅅ]	[glæs]	유리
	half	[해애f]	[hæf]	반
	past	[패애스ㄸ]	[pæst]	지나간, 과거의
[e]	bless	[(으)블레ㅅ]	[bles]	축복하다
	head	[헤ㄷ]	[hed]	머리
	spend	[스뻰ㄷ]	[spend]	쓰다, 소비하다
	next	[넥스ㄸ]	[nekst]	다음의
	men	[멘]	[men]	남자들

EXERCISE

Track 16

다음 단어를 듣고, 알맞은 단어를 골라 보세요. 답을 확인한 후 [æ]와 [e] 발음에 주의하여 큰 소리로 말해 보세요. (음성은 두 번 들려 줍니다.)

01 ⓐ sand ⓑ send

02 ⓐ mass ⓑ mess

03 ⓐ band ⓑ bend

04 ⓐ land ⓑ lend

05 ⓐ bad ⓑ bed

06 ⓐ tan ⓑ ten

07 ⓐ lad ⓑ led

08 ⓐ sad ⓑ said

09 ⓐ bat ⓑ bet

10 ⓐ and ⓑ end

다음 문장을 듣고, 빈칸을 채운 후 큰 소리로 말해 보세요. (음성은 두 번 들려 줍니다.)

11 I have to ______________________ tomorrow.

12 Many students want to reduce ______________________.

13 The process has both positive and ______________________.

14 I saw ______________________ a blue shirt.

15 I am going to spend my ______________________.

정답·해석 p.272

Course 2 영어에는 [오]가 없다!

Track 17

[Listen & Speak]

My goal is to buy a **boat**. 나의 목표는 보트를 사는 것이다.

Mine is to go to **law** school. 나의 목표는 법대에 가는 것이다.

영어에는 한국말의 [오]에 해당하는 발음이 없습니다. 하지만 많은 사람들이 [ou] 발음을 가진 boat나 [ɔ] 발음을 가진 law를 말할 때, 한국말의 [오] 발음을 써서 '보트'와 '로'라고 발음합니다. 자, 이제 [ou]와 [ɔ]를 제대로 발음하는 법을 배우고 연습해 볼까요?

[ou]

- 입술과 입안을 모두 둥글게 만든다.
- 이중 모음이므로 '오'에서 시작해 '우' 소리로 마무리한다. 이때, '오'와 '우'의 이상적인 비율은 약 7:3!
- boat는 [보트]가 아니라 [(으)보웃ㅌ]라고 발음한다.

[ɔ]

- 입안을 둥글게 만들고 턱을 아래로 떨어뜨린 채로 소리 낸다.
- 목 안 깊은 곳에서 '오'와 '아'의 중간 소리를 만든다.
- law는 [로]가 아니라 [(을)러어]에 가까운 소리로 발음한다.

다음 단어들을 소리 내어 따라 해보세요.

[ou]	bone	[(으)보운]	[boun]	뼈
	coat	[코웃ㅌ]	[kout]	코트
	close	[크을로우ㅈ]	[klouz]	닫다
	know	[노우]	[nou]	알다, 알고 있다
	motion	[모우션]	[móuʃən]	운동, 움직임
[ɔ]	hall	[허어ㄹ]	[hɔːl]	현관의 넓은 방
	floor	[f플러어r]	[flɔːr]	방바닥, 층
	bought	[(으)버엇ㅌ]	[bɔːt]	'사다'의 과거(분사)
	walk	[우워어ㅋ]	[wɔːk]	걷다
	sauce	[써어ㅅ]	[sɔːs]	양념

EXERCISE

Track 18

다음 단어를 듣고, 알맞은 단어를 골라 보세요. 답을 확인한 후 [ou]와 [ɔ] 발음에 주의하여 큰 소리로 말해 보세요. (음성은 두 번 들려 줍니다.)

01 ⓐ coast ⓑ cost

02 ⓐ pole ⓑ Paul

03 ⓐ sew ⓑ saw

04 ⓐ coal ⓑ call

05 ⓐ woke ⓑ walk

06 ⓐ stole ⓑ stall

07 ⓐ pose ⓑ pause

08 ⓐ low ⓑ law

09 ⓐ loan ⓑ lawn

10 ⓐ row ⓑ raw

다음 문장을 듣고, 빈칸을 채운 후 큰 소리로 말해 보세요. (음성은 두 번 들려 줍니다.)

11 The article ______________________ of romance novels.

12 The construction will ______________________ traffic jams.

13 I ______________________ for my mother as a present.

14 I could see the water ______________________ the dam.

15 I turned my ______________________ off during the lecture.

정답·해석 p.272

Course ③ 떠나느냐 사느냐, [iː]와 [i]가 결정한다!

Track 19

[Listen & Speak]

He wants to **leave** here. 그는 여기를 떠나고 싶어 한다.

She wants to **live** here. 그녀는 여기에서 살고 싶어 한다.

그는 여기를 떠나고(leave) 싶어 하고, 그녀는 여기에서 살고(live) 싶어 합니다. leave와 live를 정확하게 구별해서 발음하지 않는다면, 전혀 다른 내용으로 이해할지도 모르죠. [iː]와 [i] 발음은 서로 전혀 다른 소리일 뿐만 아니라 우리말의 '이'와도 구별되는 소리입니다. 자, 이제 [iː]와 [i]를 제대로 발음하는 법을 배우고 연습해 볼까요?

[iː]

- 턱과 입술에 힘이 실린 적극적인 발음으로, 카메라 앞에서 cheese라고 말하듯이 입술을 양옆으로 크게 당기면서 소리 낸다.
- 우리말의 '이'를 길게 발음하듯 소리 낸다.
- leave는 [(을)리이v]라고 발음한다.

[i]

- 소극적이고 약한 발음으로, 입 모양이나 크기의 변화가 거의 없다.
- 입안에서 소리가 머물며 '이'와 '어'의 중간 소리로 발음한다.
- live는 [(을)리v]라고 발음한다.

다음 단어들을 소리 내어 따라 해보세요.

[iː]	evening	[이이v브닝]	[íːvniŋ]	저녁(때)
	bean	[비인]	[biːn]	콩
	reach	[r리이취]	[riːtʃ]	~에 도착하다
	key	[키이]	[kiː]	열쇠
	sea	[씨이]	[siː]	바다
[i]	big	[비ㄱ]	[big]	큰
	miss	[미ㅅ]	[mis]	놓치다
	sick	[씩]	[sik]	병의, 병든
	kin	[킨]	[kin]	친척
	notice	[노우티ㅅ]	[nóutis]	통지, 주의

EXERCISE

Track 20

다음 단어를 듣고, 밑줄 친 부분이 다르게 소리 나는 단어 하나를 고르세요. 답을 확인한 후 [iː]와 [i] 발음에 유의하여 큰 소리로 말해 보세요. (음성은 두 번 들려 줍니다.)

01 ⓐ particular ⓑ achieve ⓒ bin ⓓ different

02 ⓐ neat ⓑ bit ⓒ rich ⓓ motive

03 ⓐ appeal ⓑ history ⓒ agree ⓓ scene

04 ⓐ inside ⓑ bill ⓒ wheel ⓓ typical

05 ⓐ interest ⓑ team ⓒ police ⓓ either

06 ⓐ pyramid ⓑ visit ⓒ meat ⓓ assist

07 ⓐ trip ⓑ income ⓒ symbol ⓓ unique

08 ⓐ yield ⓑ heat ⓒ tease ⓓ big

09 ⓐ meal ⓑ heal ⓒ hit ⓓ field

10 ⓐ grill ⓑ deal ⓒ kill ⓓ active

다음 문장을 듣고, 빈칸을 채운 후 큰 소리로 말해 보세요. (음성은 두 번 들려 줍니다.)

11 I ____________________ who break the rules should be punished.

12 She ____________________ to meet the doctor.

13 The woman disagrees with the ____________________ policy.

14 I ____________________ for two hours to see the free concert.

15 I visited my friend's dormitory ____________________.

정답·해석 p.273

Course ④ 바보가 아니라, 배가 부른 거라고!

Track 21

[Listen & Speak]

I am a **fool.** 나는 바보이다.

I am **full.** 나는 배가 부르다.

여기에 또 고개를 갸우뚱하게 만드는 문장들이 있군요. **fool**과 **full**의 정확한 발음법을 모른다면, 배부르다(**full**)는 말을 해도 상대방은 바보(**fool**)라고 알아들을 수도 있겠죠. 자, 이제 [u:]와 [u]를 제대로 발음하는 법을 배우고 연습해 볼까요?

[u:]

- 입술을 둥글게 모아 앞으로 내밀며, 긴장을 유지한 채 길게 소리 낸다.
- 우리말의 '우'를 강하고 길게 발음하듯 소리 낸다.
- fool은 [f푸우어ㄹ]이라고 발음한다.

[u]

- 역시 입술을 둥글게 만들지만, 긴장을 풀고 짧게 소리 낸다.
- 입 근처에서 소리가 머물며, 우리말의 '우'와 '으'의 중간 소리가 난다.
- full은 [f플]이라고 발음한다.

다음 단어들을 소리 내어 따라 해보세요.

[u:]	spoon	[스뿌운]	[spu:n]	숟가락
	move	[무우v]	[mu:v]	움직이다
	blue	[(으)블루우]	[blu:]	푸른, 우울한
	glue	[(으)글루우]	[glu:]	풀; 접착하다
	soup	[수우ㅍ]	[su:p]	수프
[u]	book	[브ㅋ]	[buk]	책; 예약하다
	put	[프ㅌ]	[put]	놓다
	look	[(을)르ㅋ]	[luk]	보다, 바라보다
	hook	[흐ㅋ]	[huk]	갈고리
	good	[(으)귿]	[gud]	좋은

EXERCISE

Track 22

다음 단어를 듣고, 밑줄 친 부분이 다르게 소리 나는 단어 하나를 고르세요. 답을 확인한 후 [uː]와 [u] 발음에 유의하여 큰 소리로 말해 보세요. (음성은 두 번 들려 줍니다.)

01	ⓐ look	ⓑ group	ⓒ solution	ⓓ boost
02	ⓐ wool	ⓑ cook	ⓒ mood	ⓓ hook
03	ⓐ could	ⓑ pull	ⓒ shoot	ⓓ booklet
04	ⓐ choose	ⓑ wolf	ⓒ full	ⓓ good
05	ⓐ rude	ⓑ push	ⓒ school	ⓓ juice
06	ⓐ stood	ⓑ sugar	ⓒ prove	ⓓ foot
07	ⓐ threw	ⓑ studio	ⓒ rule	ⓓ would
08	ⓐ hood	ⓑ noon	ⓒ pool	ⓓ ruler
09	ⓐ hoop	ⓑ assume	ⓒ fruit	ⓓ bull
10	ⓐ troop	ⓑ woo	ⓒ foot	ⓓ youth

다음 문장을 듣고, 빈칸을 채운 후 큰 소리로 말해 보세요. (음성은 두 번 들려 줍니다.)

11 When it's ____________, people tend to stay indoors.

12 I think ________________ great in my room.

13 I ____________________ to live in the neighborhood.

14 He __________ for a job.

15 My sister was elected ________________________.

정답·해석 p.273

DAILY TEST

Track 23

다음 문장을 듣고, 두 개의 단어 중 알맞은 단어에 동그라미 하세요. 답을 확인한 후 발음에 주의하여 큰 소리로 말해 보세요. (음성은 두 번 들려 줍니다.)

01 Some companies ask employees to wear (suits/soot).

02 I found the (wheel/will) in the garage.

03 He (set/sat) it down behind the desk.

04 I was supposed to use my (meat/mitt) at the game.

05 I was pleased to buy the house with a (lawn/loan).

06 My team decided to (pool/pull) our money to buy a gift for our coach.

07 I was pleased to finally (leave/live).

08 I had a (pet/pat) when I was young.

간단한 질문과 그에 대한 답변이 이어집니다. 답변을 듣고 빈칸을 채운 후 큰 소리로 말해 보세요.
(음성은 두 번 들려 줍니다.)

09 Why do you respect your mother?

I respect my mother because she is ______________________.

10 What is more important when looking for work, grades or talent?

I believe ______________________ to getting a job than good grades.

11 What kind of movies do you watch most often?

My favorite movies are ______________________ comedies.

12 What do you think is the most important personality trait in a teacher?

An effective instructor ______________________, but understanding.

13 What type of weather do you prefer?

I like it when it's ______________________.

14 What object do you consider most valuable when traveling?

A good book is ______________________ for me when I go on a trip.

15 Do you like to cook at home or eat out at restaurants?

I love ______________________ meals.

정답·해석 p.274

발음 규칙은 지키라고 있는 거야!

Course 1 힘센 자음과 뭉치기 좋아하는 자음들!

Track 24

[Listen & Speak]

I'd love to go to **Spain**. 나는 스페인에 가고 싶다.

He spent last **summer** there. 그는 그곳에서 작년 여름을 보냈다.

영어에는 힘센 자음과 뭉치기 좋아하는 자음이 있다는 사실을 알고 있나요? 힘이 센 s는 뒤에 따라오는 자음의 소리를 바꿔 버린답니다. 따라서 Spain을 '스페인'이라고 p 소리를 그대로 발음하면 진정한 버터 발음이 아니라는 것! 또한, 한 단어 안에 같은 자음이 겹칠 경우에는 서로 뭉쳐서 한 번만 소리 나게 됩니다. 이 법칙을 모르고 summer를 '썸머'라고 두 개의 m을 각각 힘주어 발음한다면 큰 실수! 자, 이제 이와 같은 발음 법칙을 배우고 연습해 볼까요?

[s] 뒤에 오는 [p, t, k]의 변화

- [s] 뒤에 [p, t, k]가 오면 된소리로 발음한다.
- Spain은 [스페인]이 아니라 [스뻬인]으로 발음한다.

동일한 자음 2개가 연속될 때

- 한 단어 안에 철자가 동일한 자음이 겹치면 한 번만 발음한다.
- summer는 [썸머]가 아니라 [써머]로 발음한다.

다음 단어들을 소리 내어 따라 해보세요.

[s]+[p, t, k]의 변화	speak	[스삐이ㅋ]	[spi:k]	말을 하다
	special	[스뻬셜]	[spéʃəl]	특별한
	start	[스따아rㅌ]	[stɑ:rt]	시작하다
	skate	[스께잇ㅌ]	[skeit]	스케이트(를 타다)
	describe	[디스끄r라이ㅂ]	[diskráib]	묘사하다
동일한 자음 2개 연속	runner	[r러너r]	[rʌ́nər]	달리는 사람
	comma	[카머]	[kɑ́mə]	콤마
	programming	[프r로우그r래밍]	[próugræmiŋ]	프로그램을 만드는 것
	blossom	[(으)블라섬]	[blɑ́səm]	꽃; 꽃이 피다
	grammar	[(으)그래머r]	[grǽmər]	문법

EXERCISE

Track 25

다음 단어를 듣고, 받아 적은 후 큰 소리로 말해 보세요. (음성은 두 번 들려 줍니다.)

01 ______________

02 ______________

03 ______________

04 ______________

05 ______________

06 ______________

07 ______________

08 ______________

09 ______________

10 ______________

다음 문장을 듣고, 빈칸을 채운 후 큰 소리로 말해 보세요. (음성은 두 번 들려 줍니다.)

11 I am going to ______________ with my dog.

12 The weather was so stormy that I ______________.

13 The story of his ______________ spread fast.

14 There was a ______________ on the table.

15 I can't forget an ______________ scene from the movie.

정답·해석 p.275

Course 2 영어에는 역행동화가 없다!

Track 26

[Listen & Speak]

I wish you **good luck** on your interview. 당신의 면접에 행운이 있기를 빕니다.

You **look nice** today. 당신은 오늘 좋아 보입니다.

다 같이 '진리'라는 단어를 발음해 봅시다. 백이면 백, [질리]라고 발음하겠지요? 이는 우리말에, 뒤의 자음이 앞의 자음 소리를 닮아가는 역행동화의 법칙이 있기 때문입니다. good luck을 말할 때 사람들은 흔히 '굴 럭'이라고 말하는 실수를 하게 됩니다. look nice를 말할 때도 역시 '룽 나이스'라고 발음하게 되지요. 이는 한국말의 발음 법칙에 익숙하기 때문입니다. 자, 이제 많은 사람들이 습관적으로 따르는 역행동화의 법칙을 깨고 더 자연스러운 영어를 구사하는 법을 배우고 연습해 볼까요?

역행동화 무시하기

- 영어에서는 뒤 자음의 영향을 받아 앞 소리가 바뀌는 현상이 나타나지 않는다. 따라서 앞 자음과 뒤 자음을 각각 분명히 구분하여 발음한다.
- good luck은 [굴 럭]이 아니라 [(으)근 럭]이라고 발음한다.
  look nice는 [룽 나이스]가 아니라 [(으)륵 나이ㅅ]라고 발음한다.

다음 단어들을 소리 내어 따라 해보세요.

stock market	[스딱 마아rㅋ잇ㅌ]	[stɑk mɑ́:rkit]	증권 시장
first lady	[f퍼어rㅅㄸ 레이디]	[fə:rst léidi]	영부인
jet lag	[(읏)젯 래애ㄱ]	[dʒet læg]	시차로 인한 피로
big mountain	[(으)빅 마운턴]	[big máuntən]	큰 산
get married	[(으)겟 매애r리ㄷ]	[get mǽrid]	결혼하다
good neighbors	[(으)근 네이버rㅈ]	[gud néibərz]	좋은 이웃들

EXERCISE

Track 27

다음 구를 듣고, 받아 적은 후 큰 소리로 말해 보세요. (음성은 두 번 들려 줍니다.)

01 ______________________

02 ______________________

03 ______________________

04 ______________________

05 ______________________

06 ______________________

07 ______________________

08 ______________________

09 ______________________

10 ______________________

다음 문장을 듣고, 빈칸을 채운 후 큰 소리로 말해 보세요. (음성은 두 번 들려 줍니다.)

11 In the past, my parents ______________________ hours to support me.

12 It is hard to ________________ friends at school.

13 I plan to ________________ Chinese language courses next year.

14 I ______________________ is a good idea, despite the lack of time.

15 Children should enjoy a ________________.

정답·해석 p.275

Course ③ 한없이 약해지는 자음들!

Track 28

[Listen & Speak]

He will take the course **next time.** 그는 다음번에 그 과목을 들을 것이다.

I **need to** take the course, too. 나도 역시 그 과목을 들어야 한다.

양보 정신이 강한 영어! 투철한 양보 정신을 발휘하여, 유사한 자음이 서로 만나면 앞 자음 소리는 탈락하고 뒷 자음 소리만 발음하게 됩니다. 앞 단어의 마지막 자음 t와 뒷 단어의 첫 자음 t가 만나는 next time을 발음할 때, 두 개의 t를 확실하게 발음해서 '넥스트 타임'이라고 말하면 매우 부자연스럽게 들리게 되죠. 자, 이제 이와 같이 탈락하는 소리에 대해서 배우고 연습해 볼까요?

같거나 유사한 소리 탈락

- [t, s, p, d, k, g, l, r, f] 등과 같이 혀끝의 위치가 같거나 유사한 자음이 만나면 앞 자음 소리가 탈락되고 뒷 자음 소리만 발음한다.
- next time은 [넥스트 타임]이 아니라 [넥스 타임]이라고 발음한다.
  need to는 [니드 투]가 아니라 [니이 투]라고 발음한다.

다음 단어들을 소리 내어 따라 해보세요.

같은 소리 탈락	hot tea	[하 티이]	[hɑt tiː]	뜨거운 차
	short time	[쇼어r 타임]	[ʃɔːrt táim]	짧은 시간
	tennis score	[테너 스꼬어r]	[ténis skɔːr]	테니스 점수
	gas station	[개 스떼이션]	[gæs stéiʃən]	주유소
	stop playing	[스따 쁠레잉]	[stɑp pléiiŋ]	연주를 중단하다
	cold day	[코우어ㄹ 데이]	[kould dei]	추운 날
유사한 소리 탈락	used to	[유우ㅅ 투우]	[juːst tuː]	~에 익숙한, ~하곤 했던
	hard time	[하아r 타임]	[hɑːrd taim]	어려운 시기
	round trip	[r라운 츄r립]	[raund trip]	왕복 여행
	desk top	[데ㅅ 땁]	[desk tɑp]	데스크톱 컴퓨터
	all right	[어어 r라잇]	[ɔːl rait]	이상 없는, 괜찮은
	best friend	[베ㅅ f프r렌ㄷ]	[best frend]	가장 친한 친구

EXERCISE

Track 29

다음 구를 듣고, 받아 적은 후 큰 소리로 말해 보세요. (음성은 두 번 들려 줍니다.)

01 ________________

02 ________________

03 ________________

04 ________________

05 ________________

06 ________________

07 ________________

08 ________________

09 ________________

10 ________________

다음 문장을 듣고, 빈칸을 채운 후 큰 소리로 말해 보세요. (음성은 두 번 들려 줍니다.)

11 He stopped the ______________ he saw after he left his office.

12 I need to study ______________________________.

13 She can count on her mother to _____________ for her living costs.

14 We've ________________ our living room to watch the big game.

15 I used to work at the gas station, but I ________________.

정답·해석 p.275

Course 4 물 흐르듯 흘러가는 영어의 연음!

Track 30

[Listen & Speak]

He **made up** his mind to start exercising. 그는 운동을 시작하기로 결심했다.

I **bet you this is** his last chance to lose weight. 나는 이번이 그가 살을 빼는 마지막 기회라고 장담한다.

영어를 말할 때에는 전혀 새로운 소리가 탄생한다! 그 이유는 바로 연음에 있습니다. 우리말은 단어와 단어 사이를 주로 띄어서 말하지만, 영어는 띄어져 있는 단어들이라도 하나의 단어처럼 연결해서 말하는 것이 더 자연스럽습니다. 따라서 this is를 말할 때에도 '디스 이즈'가 아니라, s와 i를 자연스럽게 연결해서 '디시즈'라고 말합니다. 자, 이제 이러한 영어의 연음에 대해 자세히 배우고 연습해 볼까요?

연음

- 자음과 모음이 만나면 자음의 소리를 그대로 모음에 연결하여 발음한다.
- this is는 [디스 이즈]가 아니라 [디시즈]로 발음한다.

* 특별한 경우에는 자음이 다른 소리로 변한 후 모음에 연결된다. [d], [t]+[모음]의 경우에는 [r]+[모음]으로 주로 발음하고, [t]+[ŋ]의 경우에는 [tʃ]+[모음], [d]+[y]의 경우에는 [dʒ]+[모음]으로 발음한다. made up은 [메이드 업]이 아니라 [메이r럽], bet you는 [베트 유]가 아니라 [벳츄]로 발음한다.

다음 단어들을 소리 내어 따라 해보세요.

take off	[테이꺼어f]	[téikɔ:f]	이륙하다
pick up	[피껍]	[píkʌp]	줍다, 집어 올리다
ask of	[애애스꺼v]	[ǽskəv]	~을 부탁하다
keep up	[키이뻡]	[kí:pʌp]	유지하다
drop in	[쥬r라삔]	[drápin]	잠깐 들르다
come on	[커먼]	[kʌ́mɑn]	다가오다
give up	[기v법]	[gívʌp]	포기하다, 그만두다
add up	[애애r럽]	[ǽdʌp]	합하다
get along	[게럴러엉]	[gétəlɔ:ŋ]	지내다, 살아가다
beat you	[(으)비잇츄우]	[bí:tju:]	너를 이기다
buzz in	[(으)버진]	[bʌ́zin]	도착하다, 들어오다

EXERCISE

Track 31

다음 구를 듣고, 받아 적은 후 큰 소리로 말해 보세요. (음성은 두 번 들려 줍니다.)

01 ______________

02 ______________

03 ______________

04 ______________

05 ______________

06 ______________

07 ______________

08 ______________

09 ______________

10 ______________

다음 문장을 듣고, 빈칸을 채운 후 큰 소리로 말해 보세요. (음성은 두 번 들려 줍니다.)

11 He ______________ work before the exhibition.

12 She is on a diet because she ______________ few pounds.

13 The school ______________ funds for the library.

14 You have to reserve a ______________ to use the computer lab.

15 Cheating can ______________ trouble.

정답·해석 p.276

DAILY TEST

Track 32

다음 문장을 듣고, 알맞은 구를 고르세요. 답을 확인한 후 큰 소리로 말해 보세요.
(음성은 두 번 들려 줍니다.)

01 She should ________ immediately.
ⓐ let him in ⓑ lend him in ⓒ let it in

02 I tried not to ________ the stupid story.
ⓐ left it ⓑ laugh at ⓒ lift up

03 The man escaped to the room behind the ________.
ⓐ white door ⓑ wide dorm ⓒ wide door

04 I went to the store to ________ new jacket.
ⓐ get a ⓑ get the ⓒ gap the

05 We ________ leave because it started to rain.
ⓐ had a ⓑ handle ⓒ had to

06 He joined a drama club to ________ his acting abilities.
ⓐ step up ⓑ take up ⓒ set up

07 I ________ work harder when my efforts are appreciated.
ⓐ went to ⓑ tend to ⓒ happened to

08 He is against the idea of buying computers ________ books.
ⓐ ahead of ⓑ instead of ⓒ steady of

간단한 질문과 그에 대한 답변이 이어집니다. 답변을 듣고 빈칸을 채운 후 큰 소리로 말해 보세요.
(음성은 두 번 들려 줍니다.)

09 What is the most valuable gift you have ever received?

My bicycle is ______________________ because my brother gave it to me.

10 What holiday do you enjoy most?

I love Thanksgiving because I can ______________________.

11 How do you relieve anxiety when you are nervous?

I take slow, deep breaths and ______________________.

12 Do you think the Internet is helpful or harmful?

I think it has ______________________.

13 What is your favorite snack?

I love ______________________.

14 Describe an important friend and explain why this person is significant to you.

My friend Andrea is important because ______________________.

15 Would you rather live in a dorm or in your own house?

I'd rather ______________________.

정답·해석 p.276

굴곡이 살아있는 영어 강세

Course 1 강세를 살리면 발음이 산다!

Track 33

[Listen & Speak]

Tennis and football are my favorite sports. 테니스와 축구는 내가 가장 좋아하는 스포츠이다.

My friend, **Elizabeth**, likes basketball. 내 친구 엘리자베스는 농구를 좋아한다.

tennis를 '테니스', Elizabeth를 '엘리자베스'라고 말하면 많은 원어민들은 무슨 말을 하는지 알아듣지 못할 것입니다. 이는 각각의 음절마다 모두 동일하게 강세를 주어 말하는 한국말과는 달리, 영어로 말할 때에는 강하게 말하는 음절과 그렇지 않은 음절을 확실하게 구별하여 말해야 하기 때문입니다. 강세를 확실히 표현하는 것만으로도 영어 발음이 크게 향상되는 것을 느낄 수 있습니다. 자, 이제 영어 단어의 강세를 살려 말하는 법을 배우고 연습해 볼까요?

강세

- 모든 영어 단어에는 굴곡이 있다. 따라서 모든 음절에 강세를 주어 말하는 한국어적인 습관을 버리자.
- 강한 곳과 약한 곳을 확실히 표현함으로써 자연스러운 영어 발음이 된다.
- tennis는 [테니스]가 아니라 [**테**너ㅅ]로 **'te'**를 가장 강하게 발음한다.
  Elizabeth는 [엘리자베스]가 아니라 [일**리**저버θ]로 **'li'**를 가장 강하게 발음한다.

다음 단어들을 소리 내어 따라 해보세요.

contact	[컨태액ㅌ]	[kántækt]	접촉, 교제
target	[타아r기잇ㅌ]	[tá:rgit]	과녁, 표적
level	[(을)레v버어ㄹ]	[lévəl]	수평, 수준
hotel	[호우테어ㄹ]	[houtél]	호텔
report	[r리퍼어rㅌ]	[ripɔ́:rt]	보고서; 보고하다
average	[애애v버r릿쥐]	[ǽvəridʒ]	평균
telephone	[텔러f포운]	[téləfòun]	전화기; 전화하다
liberal	[(을)리버r러어ㄹ]	[líbərəl]	자유주의의
alcohol	[애앨커허어ㄹ]	[ǽlkəhɔ̀:l]	알코올, 술

EXERCISE

Track 34

다음 단어를 듣고, 알맞은 강세를 골라 보세요. 강세는 밑줄로 표시되어 있어요. 답을 확인한 후 큰 소리로 말해 보세요. (음성은 두 번 들려 줍니다.)

01 ⓐ event ⓑ event

02 ⓐ replace ⓑ replace

03 ⓐ physical ⓑ physical ⓒ physical

04 ⓐ video ⓑ video ⓒ video

05 ⓐ popular ⓑ popular ⓒ popular

06 ⓐ component ⓑ component ⓒ component

07 ⓐ beverage ⓑ beverage ⓒ beverage

08 ⓐ reaction ⓑ reaction ⓒ reaction

09 ⓐ inactive ⓑ inactive ⓒ inactive

10 ⓐ register ⓑ register ⓒ register

다음 문장을 듣고, 빈칸을 채운 후 큰 소리로 말해 보세요. (음성은 두 번 들려 줍니다.)

11 The manager ____________________.

12 She was not ____________________.

13 The ____________________ should be revised.

14 I gave ____________________ to my grandmother.

15 The list of ____________________ was longer than we expected.

정답·해석 p.277

Course ② 있는 듯 없는 듯 발음하는 [ə]

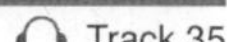

Track 35

[Listen & Speak]

I am going to visit my parents' house **tomorrow**.
나는 내일 부모님 댁을 방문할 것이다.

My roommate will **accept** my package when I'm away.
나의 룸메이트는 내가 없을 때 내 소포를 받아 줄 것이다.

들릴 듯 말 듯 발음한다?! 한 단어 안에 주목을 받는 강세가 있는 것처럼, 있는 듯 없는 듯 무시해서 발음해야 하는 소리들도 있습니다. 이로 인해 영어 발음이 훨씬 더 자연스러워질 수 있지요. 사라지는 소리들은 주로 강세를 받지 못하는 모음 [ə]에서 많이 일어나게 됩니다. 따라서 tomorrow[təmɔ́:rou]는 [투마로우]가 아니라 [터마r러우]처럼 발음해야 합니다. 자, 이제 [ə] 발음을 바르게 표현하는 법을 배우고 연습해 볼까요?

사라지는 모음 [ə]

- 한 단어 안에서 음절에 강세가 없을 때, 힘이 완전히 빠진 약한 소리로 발음한다. 이때 한국어 '으' 또는 '어'에 가깝게 소리 낸다. 특히, 첫 음절에 [ə]가 있을 때에는 훨씬 더 약하게 소리 낸다.
- tomorrow는 [투마로우]가 아니라 [터마r러우]에 가깝게 발음한다.
  accept는 [억셉트]가 아니라 [(억)셉ㅌ]에 가깝게 발음한다.

다음 단어들을 소리 내어 따라 해보세요.

account	[(어)카운ㅌ]	[əkáunt]	설명, 계산
afraid	[(어)f프r레이ㄷ]	[əfréid]	두려워하여, 걱정하여
agree	[(어)그r리이]	[əgrí:]	동의하다
political	[펄리리커어ㄹ]	[pəlítikəl]	정치의, 정치적인
together	[터게th더r]	[təgéðər]	같이, 함께
o'clock	[(어)클락ㅋ]	[əklák]	~시
abroad	[(어)브r러어ㄷ]	[əbrɔ́:d]	국외로
ahead	[(어)헤ㄷ]	[əhéd]	앞쪽에, 앞으로
about	[(어)바웃ㅌ]	[əbáut]	~에 관하여

EXERCISE

Track 36

다음 단어를 듣고, 받아 적은 후 큰 소리로 말해 보세요. (음성은 두 번 들려 줍니다.)

01 ____________

02 ____________

03 ____________

04 ____________

05 ____________

06 ____________

07 ____________

08 ____________

09 ____________

10 ____________

다음 문장을 듣고, 빈칸을 채운 후 큰 소리로 말해 보세요. (음성은 두 번 들려 줍니다.)

11 I find math to be a very ____________.

12 I had to present a great ____________.

13 It ____________ people shop online often now.

14 I am planning to ____________ in politics.

15 She recorded his speeches so she can ____________ later.

정답·해석 p.278

Course ③ 각양각색 강세 익히기

Track 37

[Listen & Speak]

Susan is a **historian.** 수잔은 역사가이다.

She studies **history.** 그녀는 역사를 연구한다.

무궁무진한 강세의 세계! 그만큼 우리를 혼란스럽게 만들기도 한답니다. 자, 이제 다양한 단어들의 강세를 배우고 연습해 볼까요?

다양한 강세 익히기

- 고유 명사의 경우 새로운 단어를 배울 때마다 강세를 파악하고 훈련해야 한다.
- 학문과 그에 해당하는 학자를 나타내는 단어들의 강세에 주의한다.
- 같은 단어가 동사도 되고 명사도 될 때, 강세가 각각 다른 곳에 올 수 있다. 이때, 동사로 쓰일 경우 주로 뒷 음절에 강세를 주고, 명사로 쓰일 경우 주로 앞 음절에 강세를 준다. 그리고 이 강세의 위치에 따라 전체 발음도 달라진다.
- ee가 있을 경우 항상 ee에 강세를 준다.
- historian은 [히스토리안]이 아니라 [히스떠어r리안]으로, history는 [히스토리]가 아니라 [히스떠r리]로 발음한다.

다음 단어들을 소리 내어 따라 해보세요.

고유 명사	**Sahara**	[서해애r러]	[səhǽrə]	사하라 사막
	Islam	[이슬라암]	[islɑ́:m]	이슬람교
	Hollywood	[할리우워ㄷ]	[hɑ́liwùd]	할리우드
학문 vs 학자	**politics**	[팔러틱ㅅ]	[pɑ́lətìks]	정치학
	politician	[팔러티션]	[pɑ̀lətíʃən]	정치가
	economics	[에커나믹ㅅ]	[èkənɑ́miks]	경제학
	economist	[이카너미스ㄸ]	[ikɑ́nəmist]	경제학자
동사 vs 명사	**subject**	[섭쩩ㅌ]	[səbdʒékt]	복종(종속)시키다
	subject	[섭쮁ㅌ]	[sʌ́bdʒekt]	주제
	record	[r리커어rㄷ]	[rikɔ́:rd]	기록하다
	record	[r레커rㄷ]	[rékərd]	기록
[~ee~]	**guarantee**	[(으)개r런티이]	[gæ̀rəntí:]	보증, 보증하다
	engineer	[엔쥐니어r]	[èndʒiníər]	기술자
	pioneer	[파이어니어r]	[pàiəníər]	개척자, 선구자

EXERCISE

Track 38

다음 단어를 듣고, 받아 적은 후 강세가 있는 곳에 밑줄을 그어 보세요. 답을 확인한 후 큰 소리로 말해 보세요. (음성은 두 번 들려 줍니다.)

01 ______________

02 ______________

03 ______________

04 ______________

05 ______________

06 ______________

07 ______________

08 ______________

09 ______________

10 ______________

다음 문장을 듣고, 빈칸을 채운 후 큰 소리로 말해 보세요. (음성은 두 번 들려 줍니다.)

11 I enjoy reading books about the ______________________.

12 I am ______________________ at university.

13 A college degree ______________________ future success.

14 Many scientists study the ______________.

15 There still remain ______________________.

정답·해석 p.278

DAILY TEST

Track 39

다음 문장을 듣고, 빈칸에 알맞은 강세를 골라 보세요. 답을 확인한 후 큰 소리로 말해 보세요.
(음성은 두 번 들려 줍니다.)

01 The library is going to be closed ________.

ⓐ tomorrow ⓑ tomorrow ⓒ tomorrow

02 ________ to a big city, the countryside is safer.

ⓐ Compared ⓑ Compared

03 The course is taught by a well-known ________.

ⓐ physicist ⓑ physicist ⓒ physicist

04 Punishing the class by giving everyone a low grade is ________.

ⓐ unjust ⓑ unjust

05 The theory has not been ________.

ⓐ disproved ⓑ disproved

06 The teacher gave a clear ________ of the term.

ⓐ definition ⓑ definition ⓒ definition ⓓ definition

07 The scientist is a ________ in biotechnology.

ⓐ pioneer ⓑ pioneer ⓒ pioneer

08 I ________ that we should take a vacation.

ⓐ recommended ⓑ recommended ⓒ recommended ⓓ recommended

간단한 질문과 그에 대한 답변이 이어집니다. 답변을 듣고 빈칸을 채운 후 큰 소리로 말해 보세요.
(음성은 두 번 들려 줍니다.)

09 What is your favorite subject?

I like ________________ because I want to be a great chemist.

10 What country do you think is interesting and why?

I think Greece is interesting because of ________________.

11 Would you rather study alone or with other students?

I prefer to study alone because I can ________________.

12 Do you prefer exercising indoors or outdoors and why?

I ________________ because I can breathe fresh air.

13 If you could be good at something, what would that be?

I'd like to be ________________.

14 In your viewpoint, what is a good age to get married and why?

People who marry after the age of 30 ________________.

15 Should a school focus on physical education or academic subjects?

I think ________________ prepare for the future.

정답·해석 p.278

리듬이 살아있는 영어 문장

Course 1 끊어 말하는 당신은 이미 프로! - 주어 뒤 또는 목적어 앞에서 끊어 말하기

Track 40

[Listen & Speak]

Preparing for a group presentation / requires cooperation.
그룹 발표를 준비하는 것은 협동심을 요구한다.

I think / **I should cooperate with my classmates.**
나는 반 친구들과 협동해야 한다고 생각한다.

쉬지 않고 말하는 것이 능사는 아니다?! 영어로 말할 때, 자신의 의견을 정확히 전달하기 위해서는 의미 단위를 기준으로 끊어서 말해야 합니다. 아무 곳에서 끊어 말하거나 같은 의미 단위 안에서 끊어 말하면, 듣는 상대방이 쉽게 이해하지 못하게 됩니다. 자, 이제 의미 단위 중 주어와 목적어 단위를 기준으로 끊어 말하기를 배우고 연습해 볼까요?

주어 뒤 또는 목적어 앞에서 끊어 말하기

- 주어나 목적어는 문장 내에서 하나의 의미 단위가 될 수 있다.
- 한 문장 내에서 주어가 비교적 길면 주어 뒤에서 끊어 말한다.
  한 문장 내에서 목적어가 비교적 길면 목적어 앞에서 끊어 말한다.
- 'Preparing for a group presentation requires cooperation.'에서는 긴 주어 'Preparing for a group presentation' 뒤에서 끊어 말한다.
  'I think I should cooperate with my classmates.'에서는 긴 목적어 'I should cooperate with my classmates' 앞에서 끊어 말한다.

다음 단어들을 소리 내어 따라 해보세요.

긴 주어 뒤	**Renovating the dorms / will cost a lot.** 기숙사를 수리하는 것은 비용이 많이 들 것이다. **My family and I / love hiking.** 나의 가족과 나는 하이킹을 좋아한다. **Couples without children / can go out easily.** 자녀가 없는 부부들은 쉽게 외출할 수 있다.
긴 목적어 앞	**I understand / the importance of my new assignment.** 나는 새로운 과제의 중요성을 알고 있다. **I don't know / where the computer lab is.** 나는 컴퓨터실이 어디에 있는지 모른다. **She heard / that he passed the exam.** 그녀는 그가 시험을 통과했다고 들었다.

EXERCISE

Track 41

다음 문장을 듣고, 빈칸을 채운 후 끊어 말하기에 유의하여 큰 소리로 말해 보세요.
(음성은 두 번 들려 줍니다.)

01 Students with old computers / ________________ new ones.

02 I believe / that ________________ music classes for children.

03 One solution the doctor offered / is ________________.

04 I think / that he should ________________ immediately.

05 My conclusion is / that I should ________________.

06 Separate dormitories for males and females / are a ________________.

07 Providing more tutoring / will be ________________ to the students.

08 The report ________________ / had several errors.

09 He complained / that tuition would ________________ 10 percent.

10 The kitchen staff ________________ / prepares delicious meals.

11 Watching American movies / ________________ English.

12 I know / that my boss is ________________.

13 I'm not sure about / ________________.

정답·해석 p.279

Course 2 끊어 말하는 당신은 이미 프로! - 구와 절 단위로 끊어 말하기

Track 42

[Listen & Speak]

She can't focus on studying / **due to her part-time job.**
그녀는 아르바이트 때문에 공부에 집중할 수 없다.

If I were in her position, / I would study more.
내가 만약 그녀의 입장이라면, 나는 더 공부하겠다.

구와 절도 끊어 말하기를 위한 기준이 될 수 있다?! 주어와 목적어 의미 단위를 기준으로 한 끊어 말하기 이외에도, 문장 내에서 구나 절 단위로 끊어 읽을 수 있습니다. 여러 개의 구나 절로 이루어진 문장일수록 길이가 길며, 이때 끊어 말하기를 통해 정보를 명확하게 전달할 수 있습니다. 자, 이제 의미 단위 중 구와 절 단위를 기준으로 한 끊어 말하기를 배우고 연습해 볼까요?

구와 절 단위로 끊어 말하기

- 구와 절도 하나의 의미 단위를 이룬다.
- 구 또는 절 앞에서 끊어 말한다.
- 'She can't focus on studying due to her part-time job.'에서는 전치사구 'due to her part-time job' 앞에서 끊어 말한다.
- 'If I were in her position, I would study more.'에서는 주절 'I would study more' 앞에서 끊어 말한다.

다음 단어들을 소리 내어 따라 해보세요.

I like learning languages, / such as French and Chinese.
나는 프랑스어와 중국어 같은 언어를 배우는 것을 좋아한다.

In my opinion, / he should look for a tutor.
내 의견으로는, 그는 개인 교사를 구해야 한다.

I have a friend / studying economics.
나는 경제학을 공부하는 친구가 한 명 있다.

I prefer public transportation / because it saves time.
시간을 절약해주기 때문에 나는 대중교통을 선호한다.

I want to go to the concert, / but tickets are sold out.
나는 콘서트에 가고 싶지만, 표가 매진되었다.

The cost seems reasonable / when we consider the usefulness of the product.
상품의 유용함을 고려했을 때 그 가격은 합당해 보인다.

EXERCISE

다음 문장을 듣고, 빈칸을 채운 후 끊어 말하기에 유의하여 큰 소리로 말해 보세요.
(음성은 두 번 들려 줍니다.)

01 In my opinion, / ______________________ is important.

02 If I were ________________, / I would try to finish the course.

03 According to the book, / people have ______________________.

04 On the other hand, / ______________ is unhealthy.

05 First of all, / it was the result of ________________.

06 I spent all day at the library, / ______________________.

07 My brother ____________________ / when it comes to French.

08 ______________________, / big cities offer more entertainment options.

09 When the __________________________, / people tend to get a headache.

10 He had to go back home / because he ______________________.

11 Most of the time, / I like to study ______________________.

12 If I __________________ to study anything, / I would study history.

13 In order to stay healthy, / people need to eat ______________________.

정답·해석 p.280

Course 3 하고 싶은 말만 강조해도 다 들린다?!

Track 44

[Listen & Speak]

I **signed up** for **Psychology 202.** 나는 심리학 202를 신청했다.

I **really liked** the **course.** 나는 그 과목을 정말 좋아했다.

유창하게 영어를 말하는 또 한 가지 방법은 하고 싶은 말만 강조해서 말하는 것입니다. 자연스러운 영어를 구사하기 위해서 화자는 주된 내용을 전달하는 내용어를 강조해야 하며, 문법적인 요소인 기능어를 약하게 말하는 것이 좋습니다. 그리고 이를 통해 자연스러운 리듬이 생겨나게 되지요. 자, 이제 강약을 살려 말하는 법을 배우고 연습해 볼까요?

강약을 살려 말하기

- 화자가 생각하는 가장 중요한 정보나 내용을 담고 있는 내용어를 강조한다. 따라서 문장의 내용어인 명사, 동사, 형용사, 부사 등을 강조하며, 또 특별히 강조하고 싶은 내용이 있을 때 이를 강조할 수 있다.
- 문법적인 요소와 품사 등은 약하게 말한다. 따라서 be동사, 조동사, 전치사, 대명사, 관사 등은 약하게 말한다.
- 'I signed up for Psychology 202.'에서 동사 'signed up'과 고유 명사 'Psychology 202'를 강조하여 말하고, 대명사 'I', 전치사 'for'는 약하게 말한다.
- 'I really liked the course.'에서 부사 'really'와 동사 'liked', 명사 'course'를 강조하여 말하고, 대명사 'I'와 관사 'the'는 약하게 말한다.

다음 단어들을 소리 내어 따라 해보세요.

I **agree** with his **opinion** of the **cafeteria's menu.** 나는 카페테리아 메뉴에 관한 그의 의견에 동의한다.
He **doesn't agree** with the **school's new tuition policy.** 그는 학교의 새로운 등록금 정책에 동의하지 않는다.
He's the **one** who **founded** the **student council.** 그가 바로 학생회를 설립한 사람이다.
Living in a **dorm** is **very convenient.** 기숙사에 사는 것은 매우 편리하다.
That's because she **needs** to **rest.** 그것은 그녀가 휴식을 필요로 하기 때문이다.
I **prefer casual dress** to **formal suits.** 나는 정장 차림보다 캐주얼한 의상을 선호한다.
I would **rather rest** at **home.** 나는 차라리 집에서 쉬겠다.

EXERCISE

Track 45

다음 문장을 듣고, 빈칸을 채운 후 강조하여 말해야 할 부분과 약하게 말해야 할 부분에 유의하여 큰 소리로 말해 보세요. (음성은 두 번 들려 줍니다.)

01 Parents are children's ________________.

02 He has many hobbies, such as ________________, and hiking.

03 ________________, but I think students should pay their own tuition.

04 I support my sister because I ________________.

05 Traveling in Europe is one of ________________.

06 My mom thinks that ________________.

07 He ________________ in Mexico after he graduated.

08 She planned a ________________ to Taiwan.

09 He was absent from his classes for a week because he ________________.

10 She's ________________ one of her classes.

11 She didn't take the subway ________________ as it was very crowded.

12 She stopped by the deli to ________________.

13 Reducing water pollution in every city is ________________.

정답·해석 p.281

DAILY TEST

Track 46

다음 문장을 듣고, 빈칸을 채운 후 강조하여 말해야 할 부분과 끊어서 말해야 할 부분에 유의하여 큰 소리로 말해 보세요. (음성은 두 번 들려 줍니다.)

01 What he liked about the class / was the ______________ with others.

02 Exercising in the morning / is an ______________ boost metabolism.

03 Some people say / that ______________ are not effective.

04 Without her contributions, / the ______________ fail the project.

05 My plan is / to ______________ and travel later.

06 One problem is / that I have ______________ to do.

07 He believes / that it's ______________.

08 He has to work / because ______________.

간단한 질문과 답변을 듣고, 빈칸을 채운 후 강조하여 말해야 할 부분과 끊어서 말해야 할 부분에 유의하여 큰 소리로 말해 보세요. (음성은 두 번 들려 줍니다.)

09 What do you dislike about your apartment?

_______________, / the elevator is too slow.

10 Do you like to read newspapers?

I don't like reading newspapers / because _______________.

11 What do you do with the pictures that you take?

I upload them online / _______________ my friends.

12 When is the best time for children to learn a foreign language?

I think / the ideal time to learn another language is _______________.

13 When do people wear hats or caps?

People usually wear hats or caps / when _______________.

14 Where would you like to travel? Explain why.

I would like to travel to Africa / because of its _______________.

15 What is the biggest environmental issue these days?

I think / _______________ is the biggest environmental issue.

정답·해석 p.282

HACKERS
IELTS
SPEAKING BASIC

goHackers.com
학습자료 제공·유학정보 공유

2주에서는 아이엘츠 스피킹 시험에서 자신의 생각을 정확한 문장으로 말하는 데 필요한 문법을 배웁니다. 실제 시험에서 사용할 수 있는 문장들을 통해 품사별 올바른 사용법과 영어 문장의 구조를 학습하여 아이엘츠 스피킹에 대비해 봅시다.

스피킹을 위한 문법 익히기

영어식 사고의 기초: 사고방식을 전환하라!

Course 1 영어식 순서대로 줄을 서보자

Track 1

[Listen & Speak]

The man likes the woman. 그 남자는 그 여자를 좋아한다.

He is a college student. 그는 대학생이다.

영어 문장을 유창하고 정확하게 말하기 위해서는 영어의 어순으로 생각하고 말하는 훈련이 필요합니다. 우리말 어순은 결론에 해당하는 내용, 즉 동사가 뒤에 오지만, 영어에서는 동사가 주어 바로 다음에 나오는 것이 가장 큰 차이점이지요. 따라서 '그 남자는 그 여자를 좋아한다.'라는 말을 할 때 '그 남자는 좋아한다'에 해당하는 'The man likes'를 먼저 말한 다음, '그 여자를'에 해당하는 'the woman'을 뒤이어 말하게 됩니다. 영어의 어순에 익숙해지는 것이 영어 말하기의 첫걸음임을 꼭 기억하세요. 자, 이제 영어의 어순을 배우고 연습해 볼까요?

영어의 어순으로 말하기

영어의 어순으로 말할 때에는 결론에 해당하는 내용을 앞에 말합니다. 따라서 '~가 ~한다'에 해당하는 말, 즉, 주어와 동사를 먼저 말하고, '~을'에 해당하는 목적어를 나중에 말합니다. '~에서, ~와, ~ 후, ~으로'와 같은 전치사구도 주어와 동사를 말한 후에 말합니다.

한국어 어순의 예	영어 어순의 예
여자는 수영을 연습한다.	여자는 / 연습한다 / 수영을 ➔ The woman / practices / swimming.
나는 밀크 티를 좋아한다.	나는 / 좋아한다 / 밀크 티를 ➔ I / like / milk tea.
그는 도서관에서 공부한다.	그는 / 공부한다 / 도서관에서 ➔ He / studies / at the library.
그녀는 그녀의 친구와 운동한다.	그녀는 / 운동한다 / 그녀의 친구와 ➔ She / works out / with her friend.

EXERCISE

Track 2

영어식 어순에 맞게 쓰여진 우리말을 보고, 다음을 알맞게 배열하여 말해 보세요.

01 나는 / 있었다 / 카페테리아에 / 나의 친구들과 함께

ⓐ I ⓑ with my friends ⓒ at the cafeteria ⓓ was

→ ______________________________.

02 그녀는 / 보인다 / 행복해

ⓐ happy ⓑ looks ⓒ she

→ ______________________________.

03 내 친구는 / 언급했다 / 그 전시회를

ⓐ mentioned ⓑ my friend ⓒ the exhibit

→ ______________________________.

04 그는 / 되었다 / 대학 신문사의 편집장이

ⓐ he ⓑ the editor of the university newspaper ⓒ became

→ ______________________________.

05 나는 / 존경한다 / 나의 수학 선생님을

ⓐ respect ⓑ I ⓒ my math teacher

→ ______________________________.

06 그의 영어 말하기 실력은 / 향상되었다 / 대단히

ⓐ greatly ⓑ has improved ⓒ his ability to speak English

→ ______________________________.

07 나는 / 드렸다 / 어머니께 / 꽃을

ⓐ gave ⓑ flowers ⓒ I ⓓ my mother

→ ______________________________.

정답 p.283

Course 2 못하는 것이 없다, 영어 패턴 5형제!

Track 3

[Listen & Speak]

The price of meal tickets rose. 식권의 가격이 올랐다.

Meal tickets became expensive. 식권이 비싸졌다.

모든 영어 문장은 아무리 짧거나, 아무리 길어도 5가지 패턴 안에서 구성됩니다. 이 패턴을 결정하는 것은 동사이지요. 예를 들어, '~되다'라는 뜻의 동사 'become'은 보어를 필요로 하는 동사이므로 [주어 + 동사 + 보어]로 구성되는 문장, 'Meal tickets became expensive.'를 만들게 됩니다. 이처럼 [주어 + 동사]를 기본 뼈대로 하고, 동사가 좋아하는 패턴을 선택하는 것이 영어 말하기의 기본이 되지요. 자, 이제 영어의 5가지 패턴으로 말하는 것을 배우고 연습해 볼까요?

영어의 5가지 패턴으로 말하기	
패턴 1	'주어는 ~한다'를 말할 때에는 패턴 1 **[주어 + 동사]**를 이용하며, 이 패턴을 선택하는 동사로는 be, go, come, rise, stay 등이 있습니다. She stayed at the student center. 그녀는 학생회관에 머물렀다.
패턴 2	'주어는 ~이다'를 말할 때에는 패턴 2 **[주어 + 동사 + 보어]**를 이용하며, 이 패턴을 선택하는 동사로는 be, become, look, sound, smell, seem 등이 있습니다. Her brother is a soccer player. 그녀의 남동생은 축구 선수이다.
패턴 3	'주어는 ~을 -하다'를 말할 때에는 패턴 3 **[주어 + 동사 + 목적어]**를 이용하며, 이 패턴을 선택하는 동사로는 discuss, describe, mention, solve, explain, enter 등이 있습니다. He solved the math problem. 그는 그 수학 문제를 풀었다.
패턴 4	'주어는 ~에게 …을 -하다'를 말할 때에는 패턴 4 **[주어 + 동사 + 간접목적어 + 직접목적어]**를 이용하며, 이 패턴을 선택하는 동사로는 give, send, show, buy, tell, teach 등이 있습니다. My father bought me a laptop. 아버지는 나에게 노트북 컴퓨터를 사주셨다.
패턴 5	'주어는 ~을 -하게 하다'를 말할 때에는 패턴 5 **[주어 + 동사 + 목적어 + 보어]**를 이용하며, 이 패턴을 선택하는 동사로는 make, have, find, consider, let, see 등이 있습니다. The woman finds science important. 그 여자는 과학이 중요하다고 생각한다.

EXERCISE

Track 4

우리말을 보고 다음을 영어식 어순에 알맞게 배열하여 문장을 말해 보세요. 이때 영어의 5가지 패턴에 유의하세요.

01 나는 집에 있었다.

at home / stayed

I ______________________.

02 그 음식에서 나쁜 냄새가 난다.

bad / smells

The food ________________.

03 나는 새로운 주제를 논의했다.

a new topic / discussed

I ______________________.

04 나의 친구는 나에게 초콜릿을 주었다.

gave / the chocolate / me

My friend ______________________________.

05 나는 그것이 좋은 아이디어라고 생각한다.

it / a good idea / consider

I ______________________.

06 그는 나에게 중국어를 가르쳐 주었다.

me / Chinese / taught

He ______________________.

07 그 영화는 관객을 행복하게 만들었다.

the audience / made / happy

The movie ____________________________.

정답 p.283

DAILY TEST

Track 5

우리말을 보고 다음을 영어식 어순에 알맞게 배열하여 문장을 말해 보세요. 이때 영어의 5가지 패턴에 유의하세요.

01 그 카페는 건물 3층에 있다.

is / the café / on the third floor of the building

______________________________.

02 학생은 그녀의 성적에 실망한 것 같았다.

disappointed / the student / seemed / with her grades

______________________________.

03 내 여동생은 이번 여름에 그녀의 컴퓨터 실력을 향상시킬 것이다.

my sister / her computer skills / this summer / will improve

______________________________.

04 나는 초등학생에게 수학을 가르쳤다.

I / an elementary student / taught / math

______________________________.

05 나는 언제나 그를 캡틴이라고 불렀다.

called / I always / captain / him

______________________________.

06 나는 친구들에게 내 반려동물 사진을 보여 주었다.

my friends / a photo of my pet / showed / I

______________________________.

07 나는 부모님께 나의 결정에 대한 조언을 부탁했다.

asked / I / for advice about my decision / my parents

______________________________.

간단한 질문과 그에 대한 짧은 답변이 이어집니다. 우리말 답변을 영어로 바꾸어 말해 보세요.

08 Describe your best friend.

그녀는 말을 잘 들어주며 재미있는 사람이다.

______________________________.

* 말을 잘 들어주는 사람 good listener

09 What transportation do you take to school?

빠르기 때문에 나는 지하철을 이용한다.

______________________________.

* 지하철을 이용하다 take the subway

10 What charities do you support?

나는 고아원들을 위한 기금 모금 행사들에 참석한다.

______________________________.

* 고아원 orphanage * 기금 모금 행사 fund-raising event * 참석하다 attend

11 What is the hardest thing about university life?

나는 보고서를 쓰는 것이 가장 어려운 부분이라고 생각한다.

______________________________.

* 가장 어려운 (the) hardest

12 Would you rather live in a traditional house or a modern apartment building?

더 안전하기 때문에 현대식 아파트가 낫다.

______________________________.

* 안전한 secure * 현대식 아파트 modern apartment

정답 p.283

2일 동사, 이럴 때는 이렇게 쓰인다

Course ① 1분 1초 달라지는 의미, 시제가 결정한다!

Track 6

[Listen & Speak]

She **goes** to college. 그녀는 대학에 다닌다.

She **is going** to the college now. 그녀는 지금 대학에 가고 있다.

영어의 시제를 정확히 이해하면, 동사의 형태만 바꾸어 다양한 의미를 전달할 수 있습니다. 그러나 만약 동사의 시제를 잘못 표현하게 되면 듣는 사람이 내가 하는 말을 전혀 다른 뜻으로 이해할 수도 있겠지요. '그녀는 대학에 다닌다.(She goes to college.)'라는 내용을 'She is going to the college.'라고 말해버리면, 듣는 사람은 분명 '지금 그녀는 대학 쪽으로 가고 있다.'라고 생각할 것입니다. 자, 이제 이러한 실수를 하지 않도록 동사의 시제를 올바르게 사용하는 법을 배우고 연습해 볼까요?

올바른 시제 말하기	
~한다/이다 [현재]	일정하게 반복되는 상황이나 사실은 현재형 동사인 **[동사(+ s/es)]**로 말합니다. He **takes** chemistry classes. 그는 화학 수업을 **듣는다**.
~하고 있다/ ~하는 중이다 [현재 진행]	진행되는 동작이나 상황은 [be동사 + -ing]로 말합니다. He **is taking** a chemistry class. 그는 화학 수업을 **듣는 중이다**.
~했다/~이었다 [과거]	이미 끝난 동작이나 상황은 동사의 과거형인 **[동사 + ed 또는 불규칙 동사의 과거형]**으로 말합니다. He **took** a chemistry class last semester. 그는 지난 학기에 화학 수업을 **들었다**.
~해오고 있다/ ~한 적이 있다 [현재 완료]	과거에 시작되어 현재까지 계속되고 있는 상황 또는 경험은 **[have/has + 동사의 과거분사형]**으로 말합니다. He **has taken** a chemistry class before. 그는 전에 화학 수업을 **들은 적이 있다**.

EXERCISE

Track 7

초록색으로 주어진 우리말 표현에 유의하여 주어진 동사를 시제에 맞게 바꾸어 말해 보세요.

01 그녀는 아침마다 테니스를 친다. (play)

She ______________ tennis every morning.

02 나는 어린 시절에 반려동물을 기르는 것을 즐겼다. (enjoy)

I ______________ having pets in my childhood.

03 나는 서울에서 5년 동안 살아오고 있다. (live)

I ______________ in Seoul for five years.

04 그들은 전시회를 방문하려고 계획 중이다. (plan)

They ______________ to visit the exhibit.

05 그녀는 주말마다 산을 오른다. (hike)

She ______________ a mountain every weekend.

06 그는 다른 부서로 이동했다. (transfer)

He ______________ to another department.

07 그는 많은 다른 나라들을 방문한 적이 있다. (visit)

He ______________ many different countries.

08 나는 지난주에 새 가방을 샀다. (buy)

I ______________ a new bag last week.

정답 p.284

Course ② 동사는 수에 민감해 ~

Track 8

[Listen & Speak]

She **likes** the math course. 그녀는 수학 수업을 좋아한다.

He and she **like** the same course. 그와 그녀는 같은 수업을 좋아한다.

의미는 같아도 모양은 다르게! 영어 동사들은 주어의 수에 따라 자신의 형태를 바꾸게 됩니다. 위에서 보듯이, 우리말은 주어의 수가 달라도 '좋아한다'라는 같은 형태로 말하는 데 반해, 영어는 주어의 수에 따라 'likes'와 'like'로 구별하여 말하고 있지요. 이런 기본적인 규칙들을 잘 지켜 말할 때 영어 말하기의 진정한 강자가 될 수 있다는 점을 잊지 마세요! 자, 이제 주어의 수에 따라 동사의 형태를 바꾸어 말하기를 배우고 연습해 볼까요?

주어의 수에 따른 알맞은 동사로 말하기	
단수동사로 말해야 할 때	주어가 3인칭 단수일 때에는 단수동사로 말합니다. 따라서 주어가 단수명사, 동명사구, 명사절, every + 명사, each + 명사 등일 때에는 단수동사로 말해야 합니다. A new policy **bans** smoking on campus. **새로운 정책**은 교내에서의 흡연을 **금지한다**. Reading books **helps** you to gain knowledge. **책을 읽는 것**은 당신이 지식을 얻도록 **돕는다**. What you see in a museum **teaches** you a lot. **당신이 박물관에서 보는 것**은 당신에게 많은 것을 **가르쳐 준다**. Every website **shows** online advertisements. **모든 웹사이트**는 온라인 광고를 **보여준다**.
복수동사로 말해야 할 때	주어가 복수일 때에는 복수동사로 말합니다. 따라서 주어가 복수명사, 명사 and 명사, both/many/several + 명사 등일 때에는 복수동사로 말해야 합니다. Tourists **buy** gifts during their trips. **관광객들은** 그들의 여행 동안에 선물을 **산다**. My friends and I **have to cooperate** to win the competition. **내 친구들과 나**는 대회에서 이기기 위해 **협동해야 한다**. Both my brother and sister **go** to college. **내 남동생과 여동생 둘 다** 대학에 **다닌다**.

EXERCISE

Track 9

주어와 동사의 수 일치에 유의하여 초록색으로 주어진 우리말 표현을 영어로 바꾸어 말해 보세요.

01 모든 4학년생들은 졸업식 리허설에 참석한다. (attend)

Every senior ______________ the graduation rehearsal.

02 그녀와 그녀의 친구는 도서관에서 많은 시간을 보낸다. (spend)

She and her friend ______________ a lot of time at the library.

03 내 여동생과 나는 둘 다 강아지를 갖기를 원한다. (want)

Both my sister and I ______________ to get a dog.

04 그녀는 아침에 항상 졸려 보인다. (look)

She always ______________ sleepy in the morning.

05 매일 요가를 하는 것은 내가 건강을 유지할 수 있게 도와준다. (help)

Doing yoga every day ______________ me to stay healthy.

06 사람들은 그의 어려운 상황을 이해한다. (understand)

People ______________ his difficult situation.

07 날씨는 사람들의 기분에 영향을 미친다. (affect)

The weather ______________ people's moods.

08 우리 회사는 휴일에 상여금을 제공한다. (offer)

My company ______________ bonuses on holidays.

정답 p.284

Course ③ 동사의 영원한 동반자, 조동사!

Track 10

[Listen & Speak]

He **should** buy a new car. 그는 새 차를 사야 한다.

She **can** buy a new car. 그녀는 새 차를 살 수 있다.

동사를 도와준다는 뜻을 가진 조동사! 위에서 보듯이 should, can과 같은 조동사를 이용하여 'He buys a new car. (그는 새 차를 산다.)'라는 기본 문장을 다양한 의미로 바꾸어 전달할 수 있습니다. 자, 이제 차근차근 한 가지씩 조동사를 표현하는 법을 배우고 연습해 볼까요?

다양한 조동사로 말하기	
~하겠다 [would]	의지를 나타낼 때에는 [would + **동사원형**]으로 말합니다. I **would travel** around Eastern Europe. 나는 동유럽을 **여행하겠다**.
~해야 한다 [should]	기대, 제안, 조언을 말할 때에는 [should + **동사원형**]으로 말합니다. She **should apply** for a scholarship. 그녀는 장학금을 **신청해야 한다**.
~할 수도 있다 [could]	가능성을 말할 때에는 [could + **동사원형**]으로 말합니다. She **could help** him. 그녀는 그를 **도와줄 수도 있다**.
~할 것이다 [will/be going to]	미래의 일을 말할 때에는 [will/be going to + **동사원형**]으로 말합니다. He **will attend** the job fair. 그는 취업 박람회에 **참가할 것이다**. The school **is going to adopt** a new scholarship policy. 학교는 새로운 장학 정책을 **채택할 것이다**. * will은 단순히 미래에 일어날 일을 말할 때 주로 쓰이고, be going to는 계획되고 예정된 일을 말할 때 주로 쓰입니다.
~할 수 있다 [can/be able to]	능력이나 허락을 말할 때에는 [can/be able to + **동사원형**]으로 말합니다. I **can / am able to adjust** to other cultures quickly. 나는 다른 문화에 빨리 **적응할 수 있다**. Students **can / are able to use** the parking lot. 학생들은 주차장을 **이용할 수 있다**.

EXERCISE

Track 11

초록색으로 주어진 우리말 표현에 유의하여 밑줄 친 부분에 알맞은 조동사를 채워 말해 보세요.

01 만약 시간이 있다면 나는 오늘 등록하겠다.

I ____________ enroll today if I had time.

02 연습하지 않는다면 그 팀은 경기에서 질 수도 있다.

The team ____________ lose the game if they don't practice.

03 나는 인터넷 서핑을 하는 데 시간을 덜 소비해야 한다.

I ____________ spend less time surfing the Internet.

04 나는 내년에 대학원에 갈 것이다.

I ____________ go to graduate school next year.

05 나는 일과 공부를 동시에 할 수 있다.

I ____________ work and study at the same time.

06 나는 학교에서 멀리 떨어진 아파트로 이사 가겠다.

I ____________ move to an apartment far from the campus.

07 나는 왜 내가 결근했는지 상사에게 설명해야 한다.

I ____________ explain to my boss why I was absent.

08 내가 가장 좋아하는 영화배우가 다음 달에 한국을 방문할 수도 있다.

My favorite movie star ____________ visit Korea next month.

정답 p.285

DAILY TEST

Track 12

초록색으로 주어진 우리말 표현을 영어로 바꾸어 말해 보세요.

01 경험을 통한 학습은 배움의 최고의 방법이다. (best way)

Learning by experience ______________________ to learn.

02 나는 어제 아침에 아침 식사로 우유와 함께 시리얼을 먹었다. (cereal with milk)

I ______________________ for breakfast yesterday morning.

03 내 남동생은 우리 부모님에게 도시로 이사를 가자고 요구하고 있다. (ask)

My brother ______________________ to move to the city.

04 나의 가족과 나는 주말마다 외식하는 것을 좋아한다. (eat out)

My family and I ______________________ on weekends.

05 내 지원서가 합격된다면 내년에 캐나다에 갈 수도 있다. (go to)

I ______________________ if my application is accepted.

06 우리 회사는 작년에 150명의 직원을 고용했다. (hire employees)

My company ______________________ last year.

07 아이들은 자신들의 실수로부터 유익한 교훈을 배울 수 있다. (learn useful lessons)

Children ______________________ from their mistakes.

08 유명인사가 강당에서 연설을 하고 있었다. (give a speech)

A celebrity ______________________ in the auditorium.

09 그들은 다음 주의 견학을 취소해야 한다. (cancel the field trip)

They ______________________ for next week.

10 부모들은 자녀들이 그들의 학업을 마칠 수 있도록 도와야 한다. (complete)

Parents ______________________ their studies.

간단한 질문과 그에 대한 짧은 답변이 이어집니다. 우리말 답변을 영어로 바꾸어 말해 보세요.

11 What are you going to do this summer vacation?

나는 플로리다에 갈 것이다.

____.

* 플로리다(미국 남동부 끝에 있는 주) Florida

12 What would you do to learn on your own?

나는 많은 책과 학술지를 읽겠다.

____.

* 많은 책을 읽다 read a lot of books * 학술지 academic journal

13 What do you think schools should do about mobile phones?

학교는 휴대폰에 대한 새로운 규칙을 정해야 한다.

____.

* 휴대폰 mobile phone * 규칙을 정하다 make a rule

14 What do you think of desk jobs?

대부분의 사무직들은 지루하고 건강에 좋지 않다.

____.

* 사무직 desk job * 지루한 boring

15 Describe a member of your family.

나의 여동생은 재미있고 활발하다.

____.

* 여동생 younger sister * 활발한 lively

정답 p.285

3일 동사의 모양이 바뀌면 표현이 풍부해진다

Course 1 동사가 명사로 쓰인다구!

Track 13

[Listen & Speak]

The man postponed **enrolling** in a yoga class.
그 남자는 요가 수업에 등록하는 것을 연기했다.

The woman decided **to enroll** in a yoga class.
그 여자는 요가 수업에 등록하기로 결심했다.

'수업에 등록하는 것' 또는 '수업에 등록하기'와 같은 말을 영어로 해보고 싶다고요? 이러한 표현들은 동사의 형태를 간단히 변화시키는 것만으로 가능합니다. '등록하다'라는 뜻을 가진 동사 enroll을 enrolling 또는 to enroll으로 바꿔 말하면 '등록하기'라는 의미가 되어 명사 역할을 할 수 있게 되지요. 자, 이제 동사를 명사의 의미로 바꾸어 말하는 법을 배우고 연습해 볼까요?

동명사와 부정사의 명사적 용법 말하기

~하는 것/~하기

동명사 또는 부정사의 형태로 '~하는 것/~하기'를 말할 수 있습니다.

Studying English / To study English is fun.
영어를 공부하는 것은 재미있다.

My dream is **helping other people / to help other people**.
나의 꿈은 **다른 사람들을 돕는 것**이다.

I like **taking trips / to take trips**.
나는 **여행하는 것**을 좋아한다.

*주어로 쓰일 때에는 흔히 부정사보다 동명사로 말합니다.

동사에 따라 동명사 목적어로 말할지 부정사 목적어로 말할지가 결정됩니다.

· 동명사 목적어를 취하는 동사 : 중단, 꺼림, 부인, 피함 등의 의미를 지닌 동사
stop, consider, mind, give up, avoid, quit, enjoy, finish 등

I enjoy **watching** movies with my friends.
나는 친구들과 함께 영화 **보는 것을 즐긴다**.

· 부정사 목적어를 취하는 동사 : 결심, 계획, 의도, 기대 등의 의미를 지닌 동사
decide, expect, mean, hope, want, afford, prepare 등

She expects **to get** a high grade in math.
그녀는 수학에서 높은 성적을 **얻기를 기대한다**.

*love, hate, like, start, begin 등과 같은 동사는 동명사와 부정사 목적어를 둘 다 쓸 수 있습니다.

He hates **eating out / to eat out**.
그는 **외식하는 것을 싫어한다**.

EXERCISE

Track 14

초록색으로 주어진 우리말 표현을 영어로 바꾸어 문장을 말해 보세요.

01 책을 읽는 것은 나의 취미 중 하나이다. (read)

__________ books is one of my hobbies.

02 나는 학급 견학을 가는 것을 즐긴다. (go)

I enjoy __________ on class field trips.

03 나의 계획은 다음 주에 콘서트를 보는 것이다. (watch)

My plan is __________ a concert next week.

04 그녀는 시험에서 더 높은 점수를 받을 것을 예상했다. (get)

She expected __________ a higher score on her test.

05 좋은 아침밥을 먹는 것은 나에게 중요하다. (eat)

__________ a good breakfast is important to me.

06 나의 목표는 유명한 요리사가 되는 것이다. (become)

My goal is __________ a well-known chef.

07 나는 나의 컴퓨터를 업그레이드하는 것을 할 여유가 없다. (upgrade)

I cannot afford __________ my computer.

08 그 과제는 젊은이들의 롤 모델을 찾는 것이다. (find)

The assignment is __________ role models for young people.

09 도서관에서 이야기를 하는 것은 다른 학생들을 방해한다. (talk)

__________ in the library disturbs other students.

정답 p.286

Course ② 동사가 낳은 팔방미인 부정사

Track 15

[Listen & Speak]

She has a report **to finish**.
그녀는 끝내야 할 보고서가 있다.

He studies hard **to get** good grades.
그는 좋은 성적을 받기 위해 열심히 공부한다.

동사가 낳은 팔방미인 부정사! 단순히 명사 역할만 할 수 있는 것이 아니었군요! '끝내야 할 보고서'라는 말을 하고 싶을 때, 명사 report 뒤에 부정사 to finish만 더해준 'report to finish'라는 표현으로 쉽게 말할 수 있습니다. 이 다재다능한 부정사를 이용해 명사나 동사, 혹은 문장 전체 등을 꾸며주는 내용을 말할 수 있답니다. 자, 이제 부정사의 형용사적 용법과 부사적 용법을 배우고 연습해 볼까요?

부정사 말하기	
~할, ~해야 할 [형용사적 용법]	'~할 명사, ~해야 할 명사'를 말할 때에는 **[명사 + 부정사]**로 말합니다. 이때, 영어의 어순은 우리말과 반대입니다. ex) 참석할 회의 → a meeting (회의) + to attend (참석할) He doesn't have **time to exercise**. 그는 **운동할 시간**이 없다. The group has a lot of **issues to talk about**. 그 그룹은 **이야기할 쟁점들**을 많이 가지고 있다.
~하기 위해 [부사적 용법]	'~하기 위해'를 말할 때에는 부정사를 사용합니다. 이때, in order to를 쓰기도 합니다. I go to parks **to hang out with my friends**. 나는 **친구들과 어울리기 위해** 공원에 간다. She takes the subway **in order to avoid the rush hour traffic**. 그녀는 **러시아워의 교통혼잡을 피하기 위해** 지하철을 탄다.

TIPS

'~을 하지 않기 위해'를 말할 때에는 부정사 앞에 not을 붙여 말하거나, 'in order not to'를 써서 말합니다.

ex) **수업에 빠지지 않기 위해** 그는 스케줄을 재조정해야 한다.
→ He should rearrange his schedule **(in order) not to miss the class**.

EXERCISE

Track 16

우리말을 보고 부정사에 유의하여 다음을 알맞게 배열해 문장을 말해 보세요.

01 나는 달성해야 할 큰 목표가 있다.

I / to reach / have / a big goal

______________________________.

02 그는 버스를 잡기 위해 빨리 뛰었다.

to catch the bus / he / ran fast

______________________________.

03 사람들은 그들의 이웃들에 대해 알 수 있는 기회가 많지 않다.

don't get / many chances / people / to know their neighbors

______________________________.

04 그녀는 시험 준비를 하기 위해 어젯밤을 새웠다.

stayed up last night / she / to prepare for an exam

______________________________.

05 나는 지켜야 할 약속이 있었다.

I / an appointment / had / to keep

______________________________.

06 남자는 서점에 팔기 위해 오래된 교과서를 모았다.

collected / to sell to the bookstore / old textbooks / the man

______________________________.

07 나는 집을 장만하기 위해 수입의 십 퍼센트를 저축한다.

to buy a house / ten percent of my income / I / save

______________________________.

정답 p.286

Course ③ 동사에 꼬리가 붙으면 형용사가 된다!

Track 17

[Listen & Speak]

A **working** student is always busy.
일하는 학생은 항상 바쁘다.

Motivated students want to have good grades.
의욕적인 학생들은 좋은 성적을 받기 원한다.

동사에 꼬리가 붙으면 형용사가 된다고? work라는 동사에 ing라는 꼬리만 더하면 '일하는'이라는 뜻의 분사 working이 되지요. 이 working으로 명사 student를 꾸며줄 수 있으니 동사가 형용사 역할을 할 수 있게 됩니다. 자, 이제 동사의 또 다른 변신, 분사를 이용해서 말하기를 배우고 연습해 볼까요?

분사 말하기	
~하는/~한 [현재분사]	'~하는/~한'을 말할 때에는 현재분사(동사 + ing)를 써서 말합니다. The man told us **an amazing story**. 그 남자는 우리에게 **놀라운 이야기**를 해주었다. The woman listens to **him speaking**. 그 여자는 **그가 말하는** 것을 듣는다. The movie is **interesting**. 그 영화는 **흥미롭**다. (interest: 흥미를 갖게 하다) The result of the election is **surprising**. 그 선거의 결과는 **놀랍**다. (surprise: 놀라게 하다)
~된/~해진 [과거분사]	'~된/~해진'을 말할 때에는 과거분사(동사 + ed 또는 불규칙 동사의 과거분사형)를 써서 말합니다. She likes **baked potatoes**. 그녀는 **구워진 감자**를 좋아한다. He is **satisfied** with his new car. 그는 그의 새 차에 **만족한**다. (satisfy: 만족시키다) He is **interested** in the lecture. 그는 그 강의에 **흥미가 있**다. (interest: 흥미를 갖게 하다) I was **surprised** at his success. 나는 그의 성공에 **놀랐**다. (surprise: 놀라게 하다)

EXERCISE

Track 18

초록색으로 주어진 우리말 표현에 유의하여 알맞은 분사를 골라 문장을 말해 보세요.

01 많은 사람들은 지루한 영화 내내 졸았다.
Many people slept through the (boring / bored) movie.

02 그녀는 웨이터 때문에 짜증이 났다.
She was (annoying / annoyed) by the waiter.

03 반 학생들은 피아니스트가 공연하는 것을 보았다.
The class watched the pianist (performing / performed).

04 그녀는 그 결과에 실망했다.
She was (disappointing / disappointed) with the result.

05 어리둥절한 학생들은 계속 질문을 했다.
The (confusing / confused) students kept asking questions.

06 나는 그가 농구를 하는 것을 보았다.
I saw him (playing / played) basketball.

07 나의 어머니는 깨진 유리창에 대해 화가 나셨었다.
My mom was angry about the (breaking / broken) window.

08 새로운 언어를 배우는 것은 즐겁다.
It is (pleasing / pleased) to learn a new language.

09 텔레비전에서 무서운 장면을 보는 것은 불편하다.
It is uncomfortable to watch (terrifying / terrified) scenes on TV.

정답 p.286

DAILY TEST

Track 19

초록색으로 주어진 우리말 표현에 유의하여 주어진 동사를 알맞게 바꾸어 문장을 말해 보세요.

01 그의 룸메이트는 빨아야 할 옷들이 많다. (wash)

His roommate has a lot of ________________.

02 그 발표자의 설명은 혼란스러웠다. (confuse)

The presenter's ________________.

03 나는 건강을 유지하기 위해 아침 일찍 조깅을 한다. (stay)

I jog early in the morning ________________.

04 나는 공원에서 걷는 것이 가장 좋은 운동이라고 생각한다. (walk)

I consider ________________ the best exercise.

05 그는 그 문제를 혼자 힘으로 풀려고 노력했다. (solve)

He ________________ the problem by himself.

06 복사된 소책자들은 박물관에서 구할 수 있었다. (photocopy)

________________ were available at the museum.

07 내 여동생은 연기 수업을 등록하기를 원한다. (enroll)

My sister ________________ in an acting class.

08 나는 친구들이 웃는 것을 보았다. (laugh)

I saw my ________________.

09 나는 등록금을 내기 위해 아르바이트를 구했다. (pay)

I got a part-time job ________________.

10 회사는 직원들에게 동기를 부여하기 위해 봉급을 인상했다. (motivate)

The company raised salaries ________________.

간단한 질문과 그에 대한 짧은 답변이 이어집니다. 우리말 답변을 영어로 바꾸어 말해 보세요.

11 Do you prefer to work for a company or run your own business?

나는 경험을 쌓기 위해 회사에서 일하고 싶다.

______________________________.

* 경험을 쌓다 gain experiences   * 회사에서 일하다 work for a company

12 What do you think is the most important skill a person should have?

나는 의사소통이 가장 중요한 기술이라고 생각한다.

______________________________.

* 의사소통 communication   * 기술 skill

13 Describe an ideal job you would like to have.

나는 나의 창의력을 이용할 수 있게 해주는 직업을 원한다.

______________________________.

* 창의력 creativity   * ~할 수 있게 하다 allow

14 What is your favorite food?

나는 맛있는 야채수프를 먹는 것을 좋아한다.

______________________________.

* 맛있는 delicious   * 야채수프 vegetable soup

15 What is the most important thing you have done?

돈을 기부한 것이 내가 한 일 중 가장 중요한 일이었다.

______________________________.

* 돈을 기부하다 donate money

정답 p.287

너무 유용해서 쓸모가 많은 형용사와 부사

Course 1 얼마나 많은지 말해볼까?

Track 20

[Listen & Speak]

He has **a few** coins. 그는 동전이 조금 있다.

He has **few** coins. 그는 동전이 거의 없다.

'a' 하나가 만드는 엄청난 차이! '동전이 조금 있다'라는 말을 하고 싶은데 'few coins'라고 말한다면, 듣는 사람은 나의 의도와는 반대로 '동전이 거의 없다'라고 생각할 거예요. 말하기 시험에서 이러한 실수를 해서는 안 되겠지요? 자, 이제 '수'나 '양'을 나타내는 형용사에 관한 기본적인 내용부터 하나하나 배우고 연습해 볼까요?

수량 형용사 말하기	
조금, 약간, 몇몇	'조금', '약간', 또는 '몇몇'을 말할 때, 셀 수 있는 명사는 a few와 함께 말하고, 셀 수 없는 명사는 a little과 함께 말합니다. **A few students** are awarded. **몇몇 학생들**이 상을 받는다. I drink **a little milk** for breakfast every day. 나는 매일 아침으로 **우유를 조금** 마신다.
거의 없는	'거의 없는'을 말할 때, 셀 수 있는 명사는 few와 함께 말하고, 셀 수 없는 명사는 little과 함께 말합니다. There were **few students** in the class. 그 수업에는 **학생들이 거의 없**었다. There is **little sugar** left in the jar. 병에는 **설탕이 거의** 남지 **않**았다.
많은	'많은'을 말할 때, 셀 수 있는 명사는 many와 함께 말하고, 셀 수 없는 명사는 much와 함께 말합니다. a lot of 또는 lots of는 두 가지 경우에 다 쓸 수 있습니다. She has **many friends**. 그녀는 **친구가 많**다. There wasn't **much food** to eat at the party. 그 파티에는 먹을 **음식이 많이** 없었다. There was **a lot of food** to eat at the party. 그 파티에는 먹을 **음식이 많이** 있었다. * 'much'가 형용사로 쓰일 때에는 주로 부정문에서 쓰이며, 긍정문에서는 a lot of 혹은 lots of가 '많은'이라는 뜻으로 쓰입니다.

EXERCISE

Track 21

초록색으로 주어진 우리말 표현에 알맞은 것을 골라 문장을 말해 보세요.

01 나는 매달 약간의 돈을 기부한다.
I donate (a few / a little) money every month.

02 많은 학생들이 인턴십에 지원했다.
(Many / Much) students have applied for the internship.

03 긴 역사 소설을 읽는 것을 즐기는 사람은 거의 없다.
(Few / Little) people enjoy reading long historical novels.

04 나는 내 여동생과 보낼 시간이 많이 없었다.
I didn't have (much / many) time to spend with my sister.

05 나는 요즘에 손으로 편지를 쓰는 사람들이 거의 없다고 생각한다.
I think (few / little) people write letters by hand these days.

06 그 상점에는 어린 아이들을 위한 신발이 거의 없었다.
The store had (few / little) shoes for young children.

07 많은 젊은이들이 대중음악을 듣는다.
(Much / Many) young people listen to pop music.

08 그 기사는 많은 정보를 담고 있지 않다.
The article doesn't contain (much / many) information.

09 나는 업무를 마무리할 시간이 많이 없다.
I don't have (much / many) time to complete the task.

10 나는 컴퓨터 프로그래밍에 대하여 조금 알고 있다.
I know (a few / a little) about computer programming.

정답 p.287

Course 2 형용사와 부사의 화려한 외출

Track 22

[Listen & Speak]

He was **tired enough to go** to bed right away.
그는 바로 자러 갈 만큼 충분히 피곤했다.

She was **too tired to pay** attention.
그녀는 너무 피곤해서 집중할 수 없었다.

피곤하다? tired! 너무 피곤하다? very tired! 그렇다면 '너무 피곤해서 집중할 수 없다'는? 이때에는 부사 too와 to 부정사를 이용해 'too tired to pay attention'이라고 간단히 표현할 수 있답니다. 자, 이제 형용사와 부사를 적절히 사용하여 위와 같은 표현들을 자연스럽게 구사하는 법을 배우고 연습해 볼까요?

enough to / too ~ to / so ~ that 구문 말하기

~할 만큼 충분히 -한/-하게 [enough to 구문]	'~할 만큼 충분히 -한/-하게'는 **[형용사/부사** + enough + to **부정사]**의 구조로 말합니다. The teacher's explanation was **satisfying enough to understand**. 선생님의 설명은 **이해가 갈 만큼 충분히 만족스러웠**다. My older sister sang a song **loudly enough to wake me up**. 나의 언니는 **나를 깨울 만큼 충분히 크게** 노래를 불렀다.
너무 ~해서 -할 수 없는 [too ~ to 구문]	'너무 ~해서 -할 수 없는'은 [too + **형용사/부사** + to **부정사]**의 구조로 말합니다. The box is **too heavy to carry**. 그 상자는 **너무 무거워서 운반할 수** 없다. He eats **too much to stay in shape**. 그는 **너무 많이** 먹어서 **건강을 유지할 수 없**다.
아주 ~해서 -하다 [so ~ that 구문]	'아주 ~해서 -하다'는 [so + **형용사/부사** + that + **주어** + **동사]**의 구조로 말합니다. The movie was **so interesting that it appealed to lots of people**. 그 영화는 **아주 흥미로워서 많은 사람들의 관심을 끌었**다. The professor came **so late that he couldn't finish the lecture on time**. 교수는 **아주 늦게** 와서 **수업을 제시간에 끝내지 못했**다.

EXERCISE

Track 23

초록색으로 주어진 우리말 표현이 되도록 주어진 단어를 이용하여 말해 보세요.

01 나는 너무 바빠서 그녀와 영화를 볼 수 없었다. (busy)

I was ________________ watch a movie with her.

02 교통이 아주 혼잡해서 나는 수업에 늦었다. (heavy)

The traffic was ________________ I was late for class.

03 음악은 내 귀를 아프게 할 만큼 충분히 시끄러웠다. (loud)

The music was ________________ hurt my ears.

04 내 남동생은 너무 게을러서 아침에 일찍 일어날 수 없다. (lazy, wake up)

My brother is ________________ early in the morning.

05 그는 아주 일찍 도착해서 한 시간 동안 기다려야 했다. (early)

He arrived ________________ he had to wait for an hour.

06 시험은 한 시간 내에 끝마칠 만큼 충분히 쉬웠다. (easy, complete)

The test was ________________ in less than an hour.

07 그녀는 이해될 만큼 충분히 천천히 이야기했다. (slowly)

She spoke ________________ be understood.

08 나는 날씨가 아주 추워서 실내에 머물렀다. (cold)

The weather was ________________ I stayed inside.

09 나의 친구는 너무 조금 공부해서 시험을 통과할 수 없었다. (little, pass)

My friend studied ________________ the exam.

10 그녀는 승진할 만큼 충분히 열심히 일했다. (hard)

She worked ________________ get a promotion.

정답 p.288

Course ③ 표현력을 풍부하게 만드는 비교급과 최상급

Track 24

[Listen & Speak]

Riding a bicycle is **easier than** driving.
자전거를 타는 것은 운전하는 것보다 더 쉽다.

Riding a bicycle is **the easiest way** to get to the campus.
자전거를 타는 것은 학교에 가는 가장 쉬운 방법이다.

형용사와 부사의 변신은 무죄?! 형용사 easy에 꼬리를 더해 'easier'라고 말하면 '더 쉬운', 'easiest'라고 말하면 '가장 쉬운'이라는 표현이 됩니다. 이렇게 형용사와 부사의 비교급과 최상급을 자유자재로 말할 수 있다면 영어 표현력이 훨씬 더 풍부해지겠지요. 자, 이제 비교급과 최상급을 표현하는 방법을 배우고 연습해 볼까요?

비교급과 최상급 말하기	
~보다 더 -한/-하게 [비교급]	'~보다 더 -한/-하게'를 말할 때에는 **[형용사/부사의 비교급 + than ~]**으로 말합니다. He is **smarter than** his older brother. 그는 그의 형**보다 더 똑똑하**다. He runs **faster than** her. 그는 그녀**보다 더 빨리** 달린다.
가장 ~한/~하게 [최상급]	'가장 ~한'을 말할 때에는 [the + **형용사의 최상급**]으로 말하고, '가장 ~하게'를 말할 때에는 **[부사의 최상급]**으로 말합니다. He is **the smartest** in his class. 그는 그의 반에서 **가장 똑똑하**다. He runs **fastest** in his class. 그는 그의 반에서 **가장 빨리** 달린다. * 부사의 최상급을 말할 때에는 the를 생략할 수 있습니다.

TIPS

'훨씬 더'라는 의미로 강조하고 싶을 때에는 비교급 앞에 much, far, even, still, a lot 등을 붙여서 말해 줍니다.
(very를 붙여서 말하면 안 돼요. 실수하지 마세요!)

ex) 그는 **그녀보다 훨씬 더 빨리** 달린다. → He runs **much faster than her**.

EXERCISE

Track 25

초록색으로 주어진 우리말 표현에 유의하여 주어진 단어를 알맞게 바꾸어 말해 보세요.

01 대중교통을 이용하는 것은 차를 운전하는 것보다 더 싸다. (cheap)

Taking public transportation is ____________ than driving a car.

02 그는 농구팀에서 키가 제일 큰 선수이다. (tall)

He is ____________ player on the basketball team.

03 도넛들은 평소보다 더 달다. (sweet)

The doughnuts are ____________ than usual.

04 바이올린은 배우기에 가장 어려운 악기이다. (hard)

The violin is ____________ instrument to learn.

05 기말고사 기간에, 나의 공부량은 평소보다 더 많다. (heavy)

During final exams, my workload is ____________ than normal.

06 내 남동생은 책상에 놓기 위해 가능한 가장 밝은 램프를 사고 싶어 했다. (bright)

My brother wanted to buy ____________ lamp possible for his desk.

07 우리가 만났을 때, 나는 그녀가 실제로 더 좋은 사람이라는 것을 알게 되었다. (nice)

When we met, I realized that she was ____________ in person.

08 나의 룸메이트는 내가 참을 수 있는 것보다 훨씬 더 시끄럽게 음악을 튼다. (loud)

My roommate plays music ____________ than I can handle.

09 나는 반려동물을 기르는 사람들이 일반적으로 더 행복하다고 생각한다. (happy)

I think people who have a pet are generally ____________.

10 넥타이는 더 길어야 한다. (long)

The tie should be ____________.

정답 p.288

DAILY TEST

Track 26

초록색으로 주어진 우리말 표현을 영어로 바꾸어 문장을 말해 보세요.

01 나는 너무 피곤해서 한 발짝도 더 걸을 수 없었다. (tired)

I was ______________________ take another step.

02 나는 집 주변에 있는 좋은 음식점 몇 군데를 가봤다. (fine restaurant)

I have been to ______________________ around my neighborhood.

03 그 영화는 내가 생각했던 것보다 더 길었다. (long)

The movie was ______________________ I thought.

04 나는 추석이 한국에서 한 해의 가장 큰 명절이라고 생각한다. (big)

I think ______________________ in Korea.

05 방학 동안에는 도서관에 학생들이 거의 없다. (student)

There are ______________________ during the vacation.

06 식당은 모든 손님들을 수용할 만큼 충분히 컸다. (large)

The restaurant ______________________ hold all the guests.

07 나는 노인들이 젊은 사람들보다 느리지만, 훨씬 더 지혜롭다고 생각한다. (slow, wise)

I think old people ______________________ young people.

08 나는 전에 유럽에 있는 몇몇 나라들에 가본 적이 있다. (country)

I have been to ______________________ in Europe before.

09 그녀는 사치품을 살 돈이 거의 없다. (spend)

She has ______________________ on luxuries.

10 나이아가라 폭포는 내가 방문해 본 곳 중 가장 아름다운 곳이다. (place)

Niagara Falls ______________________ I have visited.

간단한 질문과 그에 대한 짧은 답변이 이어집니다. 우리말 답변을 영어로 바꾸어 말해 보세요.

11 Who is your most memorable teacher and why?

다른 선생님들보다 훨씬 더 친절하셨기 때문에, 나의 1학년 때 선생님이 인상적이었다.

____.

* 1학년 first grade　* 인상적인 memorable

12 What do you plan to do after you graduate?

나는 부모님 댁에서 몇 주 동안 쉴 것이다.

____.

* 몇 주 동안 for a few weeks　* ~에서 쉬다 rest at

13 What type of transportation do you prefer when traveling long distances?

여행하기에 가장 빠른 방법이기 때문에, 나는 비행기를 선호한다.

____.

* 방법 way

14 What food is popular in your country?

불고기는 가장 유명한 한국 음식이다.

____.

* 불고기 Bulgogi　* 유명한 famous

15 What is the most memorable city you have been to?

도시가 매우 깨끗하기 때문에, 토론토가 가장 인상적이다.

____.

* 토론토 Toronto

정답 p.288

주어를 뒤로 보내자!

Course 1 긴 주어 대신 앞에 선 가짜 주어 it!

Track 27

[Listen & Speak]

It is good **to have a happy family.** 행복한 가족이 있다는 것은 좋은 것이다.

It doesn't matter **how rich you are.** 당신이 얼마나 부자인지는 중요하지 않다.

우리말은 긴 머리를 좋아하지만 영어는 긴 꼬리를 좋아합니다. 무슨 말이냐고요? '행복한 가족이 있다는 것은 좋은 것이다.'에서 보듯이 우리말에서는 긴 주어를 써도 아무런 문제가 없지요. 하지만 영어로 말할 때에는 긴 주어를 뒤로 보내버리고 'It is good to have a happy family.'라고 가짜 주어를 먼저 말해준답니다. 자, 이제 긴 진짜 주어를 뒤로 보내고 가짜 주어 'it'을 사용하여 말하는 법을 배우고 연습해 볼까요?

가주어 it 구문 말하기	
< >은 ~하다	'< >은 ~하다'는 [It + 동사 + < >]로 말합니다. 이때 < >은 to 부정사구나 that절입니다. To show IDs is mandatory. → **It** is mandatory **to show IDs.** 신분증을 보여주는 것은 의무적이다. That students show their IDs is mandatory. → **It** is mandatory **that students show their IDs**. 학생들이 그들의 신분증을 보여주는 것은 의무적이다.
	의미상 주어를 말할 때에는 [for ~]로 말합니다. For students to show their IDs is mandatory. → **It** is mandatory **for students to show their IDs**. 학생들이 그들의 신분증을 보여주는 것은 의무적이다.

TIPS

목적어가 길 경우(to 부정사구, that절)에도 그 자리에 it을 남기고 목적어를 뒤로 보냅니다. 주로 make, think, find 등의 동사를 말할 때 해당됩니다.

ex) The school made **it** mandatory **to show IDs**. 학교는 **신분증을 보여주는 것**을 의무적으로 만들었다.

EXERCISE

Track 28

초록색으로 주어진 우리말 표현에 유의하여 주어진 단어를 이용해 문장을 말해 보세요.

01 그녀가 언제 올 것인지는 불확실하다. (uncertain)

__________ when she will come.

02 하루의 마지막에 음악을 듣는 것은 긴장을 풀어준다. (relaxing)

__________ to listen to music at the end of the day.

03 외국어를 유창하게 말하는 것은 어렵다. (difficult)

__________ to speak a foreign language fluently.

04 그가 가방을 잃어버렸다는 것은 불행한 일이다. (unfortunate)

__________ that he lost his bag.

05 그렇게 많은 사람들이 등산하기를 즐기는 것은 놀랍다. (surprising)

__________ that so many people enjoy hiking.

06 그녀가 시험에 통과했다는 것은 믿을 수 없다. (unbelievable)

__________ that she passed the exam.

07 그들이 결혼을 하는 것은 좋은 일이다. (nice)

__________ that they are getting married.

08 집안일을 하는 것은 지친다. (tiring)

__________ to do housework.

정답 p.289

Course 2 있을 때나 없을 때나 There is, There are ~

Track 29

[Listen & Speak]

There is a computer lab. 컴퓨터실이 있다.

There is no computer lab. 컴퓨터실이 없다.

영어로 '컴퓨터실이 있다.'라는 말을 할 때, 'A computer lab exists(있다, 존재하다).'라고 말해 본 경험이 누구나 한 번쯤은 있을 겁니다. 한국말의 단어를 그대로 영어로 옮겨 말하는 데에서 생기는 실수이죠. 사실, 더 쉽고 간단하게 이 말을 표현할 수 있는 방법이 있답니다. 바로 There is를 이용해서 'There is a computer lab.'이라고 말해주는 것이죠. 자, 이제 There is, There are를 사용하여 '~가 있다'라는 말을 표현하는 법을 배우고 연습해 볼까요?

There is, There are 구문 말하기	
~가 있다	'~가 있다'는 [There + be동사 + ~]의 구조로 말합니다. 이때, 동사의 수에 유의해서 말해야 합니다. **There is a reason** for it. 그것에 관한 **한 가지 이유가 있다.** **There are two reasons** for it. 그것에 관한 **두 가지 이유가 있다.** **There are several reasons** for it. 그것에 관한 **몇 가지 이유가 있다.**
~가 없다	'~가 없다'는 [There + be동사 + no ~]의 구조로 말합니다. **There is no reason** for it. 그것에 관한 **이유가 없다.** **There are no seats** in the classroom. 교실에 **자리가 없다.**

TIPS

[There + be동사] 다음에는 부정명사로 말해야 합니다. 즉, a/some/many/no/one/two/three + 명사 등을 써 줍니다. 일반적으로 the로 한정되는 명사는 쓰지 않습니다.

ex) There is **the classroom.** (×) → There is **a classroom.** (O)

EXERCISE

Track 30

초록색으로 주어진 우리말 표현을 영어로 바꾸어 문장을 말해 보세요.

01 도서관에는 그녀가 필요한 책이 한 권 있다. (book)

_______________ she needs in the library.

02 도서관에는 그녀가 필요한 책이 몇 권 있다. (book)

_______________ she needs in the library.

03 도서관에는 그녀가 필요한 책이 없다. (book)

_______________ she needs in the library.

04 우리 동네에는 큰 공원이 하나 있다. (big park)

_______________ in my neighborhood.

05 우리 동네에는 큰 공원이 몇 개 있다. (big park)

_______________ in my neighborhood.

06 우리 동네에는 큰 공원이 없다. (big park)

_______________ in my neighborhood.

07 책상 위에 검은색 노트북 컴퓨터 한 대가 있다. (laptop)

_______________ on the desk.

08 책상 위에 검은색 노트북 컴퓨터 두 대가 있다. (laptop)

_______________ on the desk.

09 책상 위에 검은색 노트북 컴퓨터가 없다. (laptop)

_______________ on the desk.

정답 p.289

DAILY TEST

Track 31

초록색으로 주어진 우리말 표현을 영어로 바꾸어 문장을 말해 보세요.

01 가족 구성원들이 인생에서 우리에게 가장 많은 영향을 준다는 것은 사실이다. (true)

________________ family members affect us most in life.

02 내가 수업을 빠질 때 따라잡기가 힘들다. (catch up)

________________ when I miss a class.

03 1층에는 전화기가 두 대 있다. (telephone)

________________ on the first floor.

04 우리의 감정을 표현하는 것은 중요하다. (express)

________________ our feelings.

05 혼잡 시간대 동안에는 빈 좌석이 없다. (seat)

________________ during rush hour.

06 늦은 밤에 혼자 거리를 걷는 것은 무섭다. (scary)

________________ the streets alone late at night.

07 내가 그곳에 도착했을 때 식당에는 아무도 없었다. (restaurant)

________________ when I got there.

08 학교에서 새로운 사람을 만나는 것은 흥미롭다. (meet)

________________ at school.

09 문 앞에서 두 사람이 기다리고 있다. (wait)

________________ in front of the door.

10 텔레비전에서 코미디 쇼를 보는 것은 재미있다. (watch)

________________ comedy shows on TV.

간단한 질문과 그에 대한 짧은 답변이 이어집니다. 우리말 답변을 영어로 바꾸어 말해 보세요.

11 Do you think the Internet is useful?

그렇다, 왜냐하면 인터넷에서 정보를 얻는 것은 쉽기 때문이다.

____.

* 인터넷에서 from the Internet * 정보를 얻다 get information

12 Describe a room in your house.

나의 거실에는 소파와 탁자가 있다.

____.

* 거실 living room

13 Why do you prefer bringing your own meals from home?

직접 음식을 싸오는 것이 카페테리아에서 먹는 것보다 더 건강에 좋다.

____.

* 음식을 싸오다 bring one's own meals * 카페테리아에서 먹다 eat in the cafeteria

14 Which country would you like to visit most and why?

역사적인 장소들이 많이 있기 때문에 나는 그리스를 방문하고 싶다.

____.

* 역사적인 장소 historic place * 그리스 Greece

15 Do you think students should have part-time jobs?

그렇다, 나는 학생들이 근무 경험을 쌓는 것이 중요하다고 생각한다.

____.

* 근무 경험을 쌓다 gain work experience

정답 p.290

6일 세련된 영어를 말할 수 있게 해주는 접속사

Course 1 접속사의 힘 - A냐 B냐, 그것이 문제로다!

Track 32

[Listen & Speak]

His class requires **a test and an essay**.
그의 수업은 시험과 에세이를 요구한다.

Her class requires **a test or an essay**.
그녀의 수업은 시험 또는 에세이를 요구한다.

'시험과 에세이', '시험 또는 에세이'와 같은 내용을 말하는 것만큼 쉬운 것이 또 있을까요? and 또는 or 등의 접속사만 알고 있다면 'a test and an essay', 'a test or an essay'와 같이 자연스럽게 말할 수 있죠. 자, 이제 이러한 접속사들을 배우고 연습해 볼까요?

등위/상관 접속사 말하기	
A와 B	'A와 B'는 [A and B]의 구조로 말합니다. I enjoy **swimming and running**. 나는 **수영과 달리기**를 즐긴다.
A 또는 B	'A 또는 B'는 [A or B]의 구조로 말합니다. I run **three or four** miles a day. 나는 하루에 **3 또는 4** 마일을 뛴다.
A와 B 모두	'A와 B 모두'는 [both A and B]의 구조로 말합니다. She studies **both French and Spanish**. 그녀는 **프랑스어와 스페인어 모두** 공부한다.
A 또는 B 둘 중 하나	'A 또는 B 둘 중 하나'는 [either A or B]의 구조로 말합니다. You should study **either French or Spanish**. 당신은 **프랑스어 또는 스페인어 둘 중 하나**를 공부해야 한다.
A 뿐만 아니라 B도	'A 뿐만 아니라 B도'는 [not only A but also B]의 구조로 말합니다. He is **not only smart but also nice**. 그는 **똑똑할 뿐만 아니라 친절하기도** 하다.

TIPS

등위/상관 접속사로 연결된 [A]와 [B]의 품사는 통일시켜야 하며, 동등한 의미관계를 형성해야 합니다.

ex) smart and nicely (×) → **smart and nice** (○) [품사의 통일]

swimming or sports (×) → **swimming or running** (○) [동등한 의미관계]

EXERCISE

Track 33

초록색으로 주어진 우리말 표현을 영어로 바꾸어 문장을 말해 보세요.

01 내가 가장 좋아하는 취미는 독서와 자전거 타기이다.

My favorite hobbies are reading ________ cycling.

02 나는 다음 학기에 중국어 또는 일본어 수업에 등록할 것이다.

I am going to enroll in a Chinese ________ Japanese class next semester.

03 그녀는 소설과 시 모두에 관심이 있다.

She is interested in ________ novels ________ poetry.

04 부모님은 내가 법학 또는 의학 둘 중 하나를 공부하기를 원한다.

My parents want me to study ________ law ______ medicine.

05 그 카페테리아의 음식은 맛있을 뿐만 아니라 건강에 좋기도 하다.

The food at the cafeteria is ________ tasty ________ healthy.

06 그녀 또는 나 둘 중 하나는 팀 프로젝트의 아웃라인을 만들어야 한다.

________ she ________ I have to make an outline for the team project.

07 나는 우표와 오래된 포스터를 수집하는 것을 좋아한다.

I like collecting stamps ________ old posters.

08 아침 식사로, 나는 주로 시리얼 또는 버터를 바른 토스트를 먹는다.

For breakfast, I usually have cereal ________ buttered toast.

09 나는 겨울 방학 동안 프랑스와 이탈리아 모두 가볼 계획이다.

I am planning to go to ______ France ______ Italy during my winter vacation.

10 대중교통을 이용하는 것은 편리할 뿐만 아니라 싸기도 하다.

Taking public transportation is ________ convenient ________ cheap.

정답 p.290

Course ② 접속사의 힘 - 긴 문장, 명사절로 다시 태어나다

Track 34

[Listen & Speak]

The important thing is **that the experience was memorable.**
중요한 것은 그 경험이 인상적이었다는 것이다.

You will remember **who was with you.**
당신은 누가 당신과 함께 있었는지 기억할 것이다.

접속사만 있으면 문장 속 역할이 바뀐다?! '그 경험이 인상적이었다는 것'이라는 표현을 말하기 위해서는 '그 경험이 인상적이었다'라는 뜻의 'the experience was memorable'과 '~는 것'을 표현해 주는 접속사 that이 필요합니다. 자, 이제 접속사를 이용해서 명사절을 표현하는 법을 배우고 연습해 볼까요?

명사절 말하기

-하는 것/ -하는지

'-하는 것'을 말할 때에는 **[that + 주어 + 동사]**의 구조로 말합니다.

She agrees **that the gym should be open to locals.**
그녀는 **체육관이 지역주민에게 개방되어야 한다는 것**에 찬성한다.

[누가/언제/무엇을/어디서/어떻게/왜 ~하는 것/~하는지]를 말할 때에는 **[의문사(who/when/what/where/how/why) + (주어) + 동사]**의 구조로 말합니다.

She knows **where the job fair is taking place.**
그녀는 **어디서 취업 박람회가 열리는지** 알고 있다.

*종속절의 주어가 주절의 주어와 동일할 경우에는 [의문사(who/when/what/where/how/why) + to 부정사]로 간단하게 말하기도 합니다.

I have to decide what I will do. → I have to decide **what to do.**
나는 **무엇을 할지** 결정해야 한다.

TIPS

- what과 who를 명사절의 주어 역할로 쓰게 되면, 바로 뒤에 동사를 말합니다.
  ex) The student knows **who will give the speech.**
- '~하는 것'이라는 명사절을 말할 때에는 what과 that을 둘 다 사용할 수 있지만, what의 경우에는 그 자체가 '것'이라는 명사 기능을 할 수 있기 때문에 what 다음에는 주어나 목적어, 보어 중 하나가 빠진 불완전한 문장을 말해야 합니다. 반면, that은 접속사 역할만을 하기 때문에 that 다음에는 완전한 문장을 말해야 합니다.
  ex) He knows **what she did last semester.**
  (she did last semester: 목적어가 빠진 불완전한 문장)
  The important thing is **that the experience was memorable.**
  (the experience was memorable: 완전한 문장)

EXERCISE

Track 35

초록색으로 주어진 우리말 표현을 영어로 바꾸어 문장을 말해 보세요.

01 그는 왜 그가 일찍 도착해야 하는지 이해하지 못했다.

He did not understand ____________ should arrive early.

02 그녀는 어디서 세미나가 개최되는지 잊어버렸다.

She forgot ____________ will be held.

03 나는 스포츠 센터에서 언제 테니스 수업이 시작하는지 확인했다.

I checked ____________ will begin in the sports center.

04 그룹 구성원들은 누가 그들의 새로운 대표가 될지 궁금해한다. (leader)

The group members are wondering ____________ will be.

05 학교에 셔틀버스가 있는 것은 이득이다.

____________ the campus has a shuttle is a plus.

06 우리는 행사를 위해 무엇을 준비해야 할지에 대해 이야기했다.

We talked about ____________ for the event.

07 우리는 어머니의 생신 파티를 위해 어디서 저녁을 먹을지 결정해야 했다. (have dinner)

We had to decide ____________ for my mom's birthday party.

08 나는 내가 언제 그 노래를 처음으로 들었는지 기억나지 않는다.

I can't remember ____________ for the first time.

09 나는 어떻게 등록금을 낼지 걱정했다. (pay)

I was worried about ____________ my tuition.

10 그녀는 내 생일이었다는 것을 몰랐다.

She did not know ____________ it was my birthday.

정답 p.291

Course 3 접속사의 힘 - 긴 문장, 형용사절로 다시 태어나다

Track 36

[Listen & Speak]

He is **the man who wrote the book.**
그는 그 책을 쓴 남자이다.

She wrote a report on **the book which she read.**
그녀는 그녀가 읽은 책에 관한 보고서를 썼다.

중요한 것을 먼저 말하고 부가적인 정보를 뒤에 말하는 영어의 성질, 기억하고 있겠지요? '그 책을 쓴 남자'라고 말하고 싶을 때에는 '남자(the man)'를 먼저 말하고 '그 책을 썼다(wrote the book)'를 뒤에서 말해 줍니다. 이때 이 둘 사이를 관계대명사 who로 연결해주지요. 자, 이제 다양한 형용사절을 자유롭게 쓸 수 있는 법을 배우고 연습해 볼까요?

형용사절 말하기	
~하는 -	'~하는 -'을 말할 때에는 **[명사 + 관계대명사 + (주어) + 동사]** 또는 **[명사 + 관계부사 + 주어 + 동사]**의 구조로 말합니다. 관계대명사에는 who, whom, whose, which, that이 있고, 관계부사에는 when, where, why, how가 있습니다. He is talking about **the woman who he met** yesterday. 그는 **그가** 어제 **만난 여자**에 대해서 말하고 있다. **Mobile phones which were once expensive** are now cheap. **한때 비쌌던 휴대폰**이 지금은 저렴하다. I like going to **parks where I can relax.** 나는 **내가 쉴 수 있는 공원**에 가는 것을 좋아한다. * 관계대명사 다음에는 주어나 목적어가 빠진 불완전한 절이 오고, 관계부사 다음에는 완전한 절이 옵니다.

TIPS

목적격 관계대명사와 관계부사는 생략해서 말할 수도 있습니다!

ex) He is taking **the class that she recommended**. → He is taking **the class she recommended**.
She explains **the reason why she left early**. → She explains **the reason she left early**.

EXERCISE

Track 37

관계대명사와 관계부사를 이용하여 초록색으로 주어진 우리말 표현을 영어로 바꾸어 문장을 말해 보세요.

01 그는 작년에 상을 받은 가수이다. (singer)

He is ______________________ an award last year.

02 나는 베스트셀러가 된 책을 읽었다. (book)

I read ______________________ a best seller.

03 그녀는 중고책을 파는 서점을 자주 방문한다. (bookstore)

She often visits ______________________ used books.

04 나는 좋은 서점을 가지고 있는 쇼핑몰에 가는 것을 좋아한다. (mall)

I love going to ______________________ a great bookstore.

05 나는 영어를 유창하게 말할 날을 고대한다. (day)

I look forward to ______________________ English fluently.

06 나는 할머니께서 직접 만드신 인형을 잃어버렸다. (doll)

I lost ______________________ my grandmother made by herself.

07 우리는 방 세 개를 가지고 있는 아파트로 옮겼다. (apartment)

We moved into ______________________ three rooms.

08 나는 아름다운 풍경을 가지고 있는 공원에서 산책하는 것을 좋아한다. (park)

I like taking a walk in ______________________ beautiful scenery.

정답 p.291

Course 4 접속사의 힘 - 긴 문장, 부사절로 다시 태어나다

Track 38

[Listen & Speak]

He got good grades **because he studied hard.**
열심히 공부했기 때문에 그는 좋은 성적을 받았다.

Although she studied hard, she didn't get good grades.
비록 열심히 공부했지만, 그녀는 좋은 성적을 받지 못했다.

다양한 부사절을 이용하여 주절의 의미를 보완하고 수식해주는 내용을 말할 수 있습니다. '그는 열심히 공부했기 때문에'를 영어로 말해 본다면, '그는 열심히 공부했다'라는 뜻의 'he studied hard' 앞에 '~하기 때문에'라는 뜻의 접속사 because를 붙여 표현할 수 있습니다. 자, 이제 여러 가지 내용을 전달할 때 유용하게 쓸 수 있는 부사절에 대해 배우고 연습해 볼까요?

부사절 말하기	
~하기 때문에	'~하기 때문에'는 [because/since + **주어** + **동사**]의 구조로 말합니다. I had to study at the café **because the library was closed**. **도서관이 문을 닫았기 때문에** 나는 카페에서 공부해야 했다.
비록 ~지만	'비록 ~지만'은 [although + **주어** + **동사**]의 구조로 말합니다. **Although I finished the report**, I still have a test to study for. **비록 보고서는 끝냈지만**, 나는 아직 공부해야 할 시험이 하나 있다.
만일 ~라면	'만일 ~라면'은 [if + **주어** + **동사**]의 구조로 말합니다. **If he gets the scholarship**, his parents will be proud of him. **만일 그가 장학금을 탄다면**, 그의 부모는 그를 자랑스러워 할 것이다.
~할 때/~할 때마다	'~할 때/~할 때마다'는 [when/whenever + **주어** + **동사**]의 구조로 말합니다. He couldn't study **when his roommate was home**. **그의 룸메이트가 집에 있었을 때** 그는 공부할 수 없었다. **Whenever he watches TV**, his brother plays loud music. **그가 텔레비전을 볼 때마다**, 그의 남동생은 시끄러운 음악을 튼다.

EXERCISE

Track 39

초록색으로 주어진 우리말 표현에 유의하여 주어진 단어를 이용해 문장을 말해 보세요.

01 그는 그의 자전거에서 떨어졌기 때문에 수업에 결석했다. (fall off)

He was absent from class ______________________ his bicycle.

02 비록 나는 그 책을 빌렸지만, 그것을 읽을 기회가 없었다. (borrow)

______________________ the book, I did not get to read it.

03 만약 내가 충분한 돈을 벌면, 나는 해외 여행을 할 것이다. (earn)

________________ enough money, I will travel abroad.

04 주차장이 만원이었기 때문에, 나는 길에 주차했다. (parking lot)

______________________ was full, I parked on the street.

05 시험을 볼 때마다, 그녀는 긴장한다. (take)

______________________ a test, she gets nervous.

06 나는 우리 집에서 내 친구들과 시간을 보낼 때 편안하다. (hang out with)

I feel comfortable ______________________ my friends at my house.

07 나는 그 언어를 알아들을 수 없었기 때문에 좌절했다. (understand)

I was frustrated __________________________________ the language.

08 비록 동네는 조용하지만, 내 남동생은 잠을 자는 데 어려움이 있다. (neighborhood)

________________________________ is quiet, my brother has a hard time sleeping.

정답 p.291

DAILY TEST

Track 40

초록색으로 주어진 우리말 표현을 영어로 바꾸어 문장을 말해 보세요.

01 나의 어머니는 내가 말한 것에 동의하지 않았다. (say)

My mom didn't agree with ______________________.

02 나는 금요일 또는 토요일 둘 중 하나에 쇼핑하러 가고 싶다. (Friday, Saturday)

I like to go shopping on ______________________.

03 나는 친구에게 내가 왜 그렇게 늦었는지 설명해야 했다. (late)

I needed to explain to my friend ______________________.

04 나는 용돈이 충분하지 않기 때문에 아르바이트를 구했다. (allowance)

I got a part-time job ______________________.

05 비록 나는 그녀를 오랫동안 기다렸지만, 그녀는 나타나지 않았다. (wait for)

______________________, she didn't show up.

06 내가 그를 방문할 때마다, 나는 그가 독서하고 있는 것을 발견한다. (visit)

______________________, I find him reading.

07 토마토는 맛있을 뿐만 아니라 건강에도 좋다. (delicious)

Tomatoes are ______________________.

08 그녀는 그녀의 언니가 언제 결혼할 것인지 알고 싶어 한다. (get married)

She wants to know ______________________.

09 그녀의 다리가 부러졌기 때문에, 그녀는 몇 달 동안 침대에 있어야 한다. (broken)

______________________, she has to stay in bed for months.

10 나는 영화를 보는 것과 책을 읽는 것 모두 좋아한다. (watch films, read books)

I like ______________________.

간단한 질문과 그에 대한 답변이 이어집니다. 우리말 답변을 영어로 바꾸어 말해 보세요.

11 What is a habit you find hard to break?

나는 너무 늦게 잠들고 피곤한 채로 일어난다.

____.

* 일어나다 wake up

12 What place do you enjoy going to relax?

나는 비디오 게임을 하며 쉴 수 있는 인터넷 카페에 가는 것을 즐긴다.

____.

* 비디오 게임을 하다 play video games * 쉬다 relax

13 What are you going to do during the summer?

나는 여행을 가는 것과 인턴으로 일하는 것 둘 중 하나를 할 것이다.

____.

* 여행을 가다 go on a trip * 인턴으로 일하다 work as an intern

14 What are your reasons for getting a higher education?

나의 주된 이유는 심리학에 관심이 있기 때문이다.

____.

* 주된 이유 main reason * 심리학 psychology

15 Describe your hometown.

나의 고향은 한국에서 최고의 사과가 재배되는 곳이다.

____.

* 고향 hometown * 재배되다 be grown

정답 p.292

HACKERS
IELTS
SPEAKING BASIC

goHackers.com
학습자료 제공·유학정보 공유

3주에서는 아이엘츠 스피킹 시험에서 출제되는 3개 파트에 대해 본격적으로 배웁니다. 각 파트별 답변 방법과 시험에 자주 사용되는 표현을 익힌 후 주제별 빈출 문제로 아이엘츠 스피킹에 대비해 봅시다.

스피킹 실전 대비하기 1

1일 [파트별 공략] Part 1

진행 방식 알아보기

입실 및 신분 검사

- 응시자는 본인의 스피킹 시간에 맞춰 시험장에 입실합니다.
- Part 1 시작 전, 시험관과 "Nice to meet you"와 같은 간단한 인사를 나눕니다.
- 시험관은 시험 내용을 녹음하기 위해 녹음기를 켠 후, 응시자의 이름과 여권을 확인합니다.

Part 1 진행 방식 설명 및 시작

- 간단한 신분 확인이 끝나면 Part 1 시험이 본격 시작됩니다.
- Part 1이 시작되기 전에 시험관은 일상 주제에 대한 몇 가지 질문을 할 것이라고 설명합니다.
- Part 1은 약 4~5분간 진행됩니다.

시험관에게 이런 질문을 받을 수 있어요!

당신의 이름을 말해주시겠어요?
Can you tell me your full name, please?

당신이 어디서 왔는지 말해주시겠어요?
Can you tell me where you're from?

당신의 신분증을 볼 수 있을까요?
Can I see your identification, please?

Part 1 진행 방식을 이렇게 설명할 거예요!

자, 시험의 이번 파트에서는 당신에 관한 몇 가지 질문을 하겠습니다.
Now in this part of the test, I'd like to ask you some questions about yourself.

일상 주제와 관련한 질문

- Part 1에서는 주로 개인적인 신상이나 일상 등 응시자에게 친숙한 3~4개의 주제에 대해 질문합니다.
- 한 주제 당 3~4문제씩, 총 10~15개 정도의 질문을 합니다.

질문에 대한 적절한 답변 제시

- Part 1은 자연스러운 대화 형태로, 답변 준비 시간이 별도로 주어지지 않습니다.
- Part 1 질문에 답변할 때는 주어진 질문에 대한 답변을 바로 말하고, 그 후에 답변에 대한 추가적인 설명을 하는 것이 좋습니다.

시험관에게 이런 질문을 받을 수 있어요!

(주제: 직업과 전공)

Q1. 당신은 학생인가요, 아니면 일을 하고 있나요?
Are you a student or do you work?

Q2. 당신의 전공을 선택한 이유는 무엇인가요?
Why did you choose your major?

Q3. 미래에 어떤 분야에서 일하고 싶나요?
In what field would you like to work in the future?

(주제: 음악과 미술)

Q4. 음악을 듣는 것을 좋아하나요?
Do you like listening to music?

⋮

Part 1은 이렇게 답변해요!

Q. 당신은 학생인가요, 아니면 일을 하고 있나요?

A. 저는 학생입니다.
I'm a student.

한국대학교 3학년이며, 경영학을 전공하고 있습니다.
I'm a junior at Hanguk University, and I'm majoring in business management.

답변 전략 익히기

· Part 1의 질문에 명확하고 조리 있게 답하기 위해서는 핵심답변을 말하고 이에 대한 부연설명을 덧붙여 답변을 완성하는 것이 좋습니다.

· 부연설명을 할 때는 앞서 말한 핵심답변에 대한 예시, 이유, 추가 설명 등을 2~3 문장으로 덧붙일 수 있습니다.

· 부연설명 없이 단답형으로 말하게 되면, 시험관의 "Why?" 질문을 반복적으로 받을 수 있으며 좋은 점수를 받기 힘들 수 있습니다.

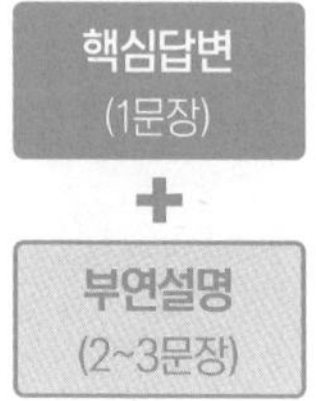

답변 전략 적용 예시

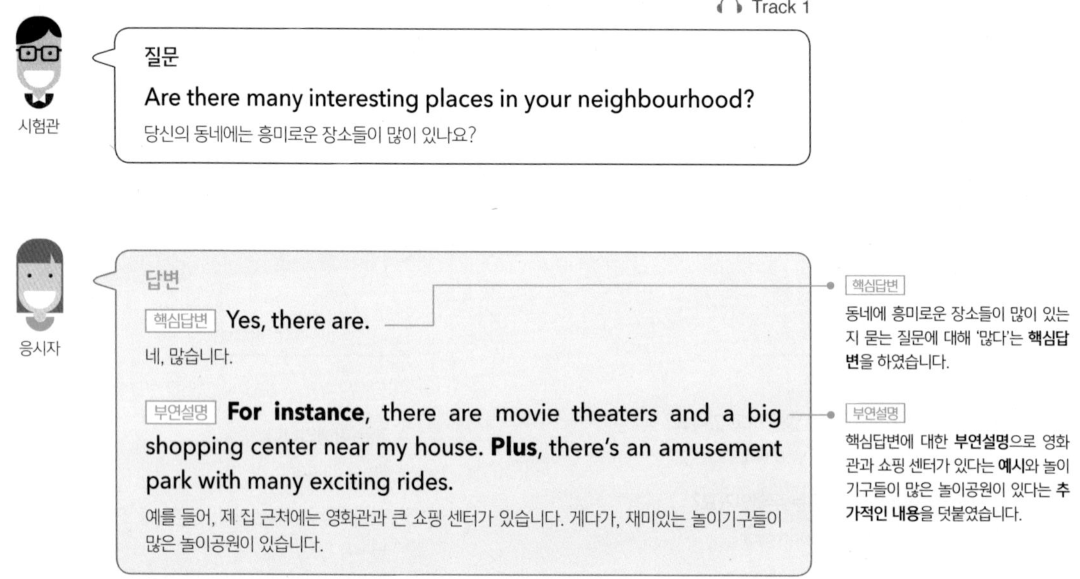

Track 1
시험관
질문
Are there many interesting places in your neighbourhood?
당신의 동네에는 흥미로운 장소들이 많이 있나요?
응시자
답변
핵심답변 Yes, there are.
네, 많습니다.
부연설명 For instance, there are movie theaters and a big shopping center near my house. Plus, there's an amusement park with many exciting rides.
예를 들어, 제 집 근처에는 영화관과 큰 쇼핑 센터가 있습니다. 게다가, 재미있는 놀이기구들이 많은 놀이공원이 있습니다.

핵심답변
동네에 흥미로운 장소들이 많이 있는지 묻는 질문에 대해 '많다'는 **핵심답변**을 하였습니다.

부연설명
핵심답변에 대한 **부연설명**으로 영화관과 쇼핑 센터가 있다는 **예시**와 놀이기구들이 많은 놀이공원이 있다는 **추가적인 내용**을 덧붙였습니다.

TIPS

핵심답변을 말할 때

위의 예시처럼 간단하게 핵심답변을 말해도 되지만, 답변 아이디어가 생각나지 않거나 쉽게 긴 문장으로 말하고 싶을 땐 질문에서 언급된 표현을 그대로 사용하여 'Yes, there are.' 대신에 'Yes, there are many interesting places in my neighborhood.(네, 저희 동네에는 흥미로운 장소들이 많습니다.)'라고 답변할 수 있습니다.

답변 표현 익히기

다음은 핵심답변에 예시, 이유, 추가 설명 등의 부연설명을 덧붙일 때 쓸 수 있는 표현입니다. 각 표현과 예문을 듣고 따라 말하며 익혀 보세요.

Track 2

1. 예시를 말할 때 쓸 수 있는 표현

① 예를 들어

For example / For instance

나는 항상 운동을 한다. 예를 들어, 나는 매일 아침 공원에서 뛴다.

I always exercise. **For example**, I run in the park every morning.

* 운동을 하다 exercise

② ~과 같은

Such as ~ / Like ~

나는 추리 소설과 전기와 같은 많은 종류의 책을 읽는다.

I read many types of books, **such as** mysteries and biographies.

* 추리 소설 mystery * 전기 biography

2. 이유를 말할 때 쓸 수 있는 표현

③ 그것은 / 이것은 ~이기 때문이다

That's because ~ / This is because ~

나는 새로운 휴대폰을 샀다. 그것은 내가 지난주에 내 예전 휴대폰을 잃어버렸기 때문이다.

I bought a new phone. **That's because** I lost my old one last week.

Quiz 초록색으로 주어진 우리말 표현을 영어로 바꾸어 말해보세요.

Track 3

1. 나는 한국 음식을 좋아한다. 예를 들어, 나는 김치와 불고기를 먹는 것을 좋아한다.

   I love Korean food. ____________________, I like eating kimchi and bulgogi.

2. 나는 종종 밤에 편의점에 간다. 그것은 그들이 늦게까지 열려 있기 때문이다.

   I often go to convenience stores at night. ________________________ they're open late.

정답 p.293

④ ~ 때문에

Because (of) / Since

나는 감기에 걸렸기 때문에 병원에 갔다.

I went to the doctor's office **since** I had a cold.

3. 추가적인 내용을 말할 때 쓸 수 있는 표현

⑤ 또한

Also / ~ as well

나는 종종 쇼핑몰에서 친구들을 만난다. 우리는 또한 때때로 카페에서 어울린다.

I often meet my friends at the mall. We sometimes hang out at cafés **as well**.

* 어울리다 hang out

⑥ 게다가 / 덧붙여서

Moreover / Besides / Plus

수영은 재미있다. 게다가, 그것은 당신의 건강에도 좋다.

Swimming is fun. **Moreover**, it's good for your health.

⑦ 더욱이

Furthermore

커피는 아침에 훌륭한 에너지원이다. 더욱이, 그것은 맛도 좋다.

Coffee is a good source of energy in the morning. **Furthermore**, it tastes great.

* 에너지원 source of energy

Quiz 초록색으로 주어진 우리말 표현을 영어로 바꾸어 말해보세요. Track 3

3. 나는 파스타를 만드는 것을 좋아한다. 나는 또한 수프를 만드는 것을 좋아한다.

I like making pasta. I enjoy making soup ______________.

4. 달걀은 맛있다. 더욱이, 그것들은 요리하기도 쉽다.

Eggs are delicious. ______________, they're easy to cook.

정답 p.293

⑧ 그뿐만 아니라

Aside from that

내 집은 지하철역과 가깝다. 그뿐만 아니라, 근처에 몇 개의 버스 정류장이 있다.

My house is close to the subway station. **Aside from that**, there are several bus stops nearby.

* ~과 가깝다 be close to * 근처에, 가까이에 nearby

4. 세부적인 내용을 말할 때 쓸 수 있는 표현

⑨ (더) 구체적으로

To be (more) specific/(More) Specifically

나는 단백질을 많이 먹으려고 노력한다. 더 구체적으로, 나는 달걀과 참치를 매일 먹는다.

I try to eat a lot of protein. **To be more specific**, I eat eggs and tuna every day.

* 단백질 protein * 참치 tuna

⑩ 사실은

Actually/In fact

'타이타닉'은 내가 가장 좋아하는 영화이다. 사실은, 나는 그것을 열 번도 넘게 봤다.

Titanic is my favorite film. **In fact**, I've watched it more than ten times.

Quiz 초록색으로 주어진 우리말 표현을 영어로 바꾸어 말해보세요. Track 3

5. 나는 중국어를 아주 잘 말할 수 있다. 사실은, 나는 상하이에서 자랐다.

I can speak Chinese very well. ________________, I grew up in Shanghai.

6. 내 여가 시간 동안, 나는 일본어를 공부한다. 그뿐만 아니라, 나는 체육관에서 운동한다.

During my free time, I study Japanese. ________________________, I work out at the gym.

정답 p.293

실전 문제 공략하기

다음 문제를 읽고 답변 아이디어 및 표현을 바탕으로 답변을 완성하여 말해보세요.

Track 4

What do you like about your major?

당신의 전공에 대해 좋아하는 점은 무엇인가요?

핵심답변	다양한 마케팅 전략에 대해 배운다	learn about various marketing strategies
부연설명	• 내 커뮤니케이션과 발표 능력을 향상시킨다 • 미래에 도움이 되는	• improve my communication and presentation skills • helpful in the future

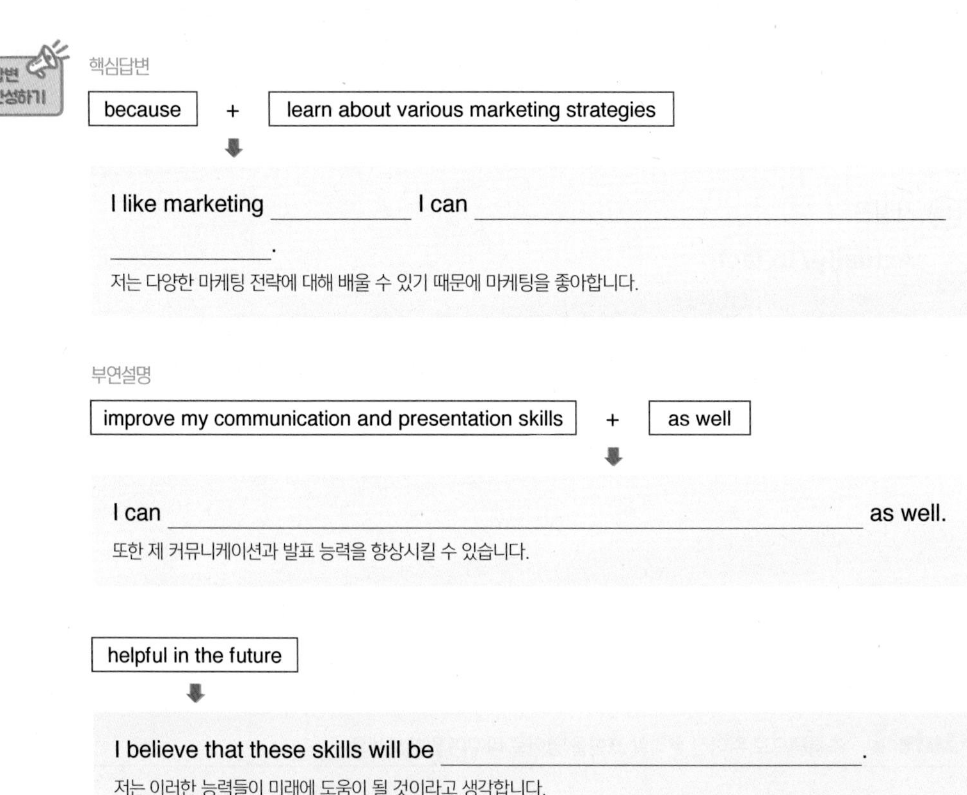

답변 완성하기

핵심답변

because + learn about various marketing strategies

I like marketing __________ I can ______________________________
__________.

저는 다양한 마케팅 전략에 대해 배울 수 있기 때문에 마케팅을 좋아합니다.

부연설명

improve my communication and presentation skills + as well

I can ______________________________ as well.

또한 제 커뮤니케이션과 발표 능력을 향상시킬 수 있습니다.

helpful in the future

I believe that these skills will be ______________________________.

저는 이러한 능력들이 미래에 도움이 될 것이라고 생각합니다.

Do you usually carry a bag with you?

Track 5

당신은 보통 가방을 가지고 다니나요?

답변 아이디어 & 표현

핵심답변	가방을 가지고 다니지 않는다	don't carry a bag
부연설명	• 물건을 가지고 다니는 것을 좋아하지 않는다 • 내 휴대폰과 지갑만 가지고 간다	• don't like carrying things • only take my phone and wallet

답변 완성하기

핵심답변

No + don't carry a bag

No, I usually ______________________.

아니요, 저는 보통 가방을 가지고 다니지 않습니다.

부연설명

This is because + don't like carrying things

______________________ I don't like carrying things.

이것은 제가 물건을 가지고 다니는 것을 좋아하지 않기 때문입니다.

only take my phone and wallet

I ______________________ when I go outside.

저는 외출할 때 제 휴대폰과 지갑만 가지고 갑니다.

정답 p.293

[파트별 공략] Part 2

진행 방식 알아보기

Part 2 진행 방식 설명 및 시작

- Part 1이 종료된 후 Part 2가 시작됩니다.
- 시험관은 응시자에게 한 가지 주제에 대해 1분의 준비 시간 뒤 1~2분 동안 말해야 함을 간단히 설명해줍니다.

Task Card 확인

- 간단한 진행 방식 설명 후, 주제가 적힌 Task Card가 주어집니다.
- Task Card에는 응시자가 답변해야 할 주제와 몇 가지 질문이 적혀있습니다.
- 주로 특정한 인물, 사물, 장소, 경험, 활동 등에 대해 말하도록 요구됩니다.

Part 2 진행 방식을 이렇게 설명할 거예요!

이제 제가 당신에게 한 가지 주제를 주면, 그것에 대해 1~2분 동안 말해주시기 바랍니다. 당신이 말하기 전에, 무엇을 말할 것인지 생각할 1분의 시간이 주어지고, 원한다면 노트를 할 수 있습니다.

Now I'm going to give you a topic, and I'd like you to talk about it for one to two minutes. Before you talk, you'll have one minute to think about what you are going to say, and you can make some notes if you want to.

시험관이 이런 말을 하며 Task Card를 줄 거예요!

여기 노트하기 위한 종이와 연필이 있고, 이건 주제입니다. 당신이 최근에 누군가에게 주었던 선물에 대해 말해주세요.

Here's some paper and a pencil for making notes, and here's your topic. I'd like you to describe a present that you recently gave to someone.

Task Card 예시

> Describe a present that you recently gave to someone.
>
> You should say:
> who you gave it to
> what you gave him/her
> how that person felt about the present
> and explain why you gave that present to him/her.

발표 내용 준비

- 1분의 발표 준비 시간이 주어지며, 노트할 수 있는 연필과 종이가 제공됩니다.
- 준비 시간 동안에는 발표할 때 참고할 내용을 종이에 빠르고 간단하게 적습니다.

발표 준비 시간이 끝나면 시험관이 이런 말을 할 거예요!

기억하세요, 당신은 1분에서 2분까지 말할 수 있으니, 제가 당신을 멈추게 하더라도 걱정하지 마세요. 시간이 다 되면 알려줄게요. 이제 발표를 시작해주시겠어요?

Remember, you can talk for one to two minutes, so don't worry if I stop you. I'll tell you when the time is up. Can you start speaking now, please?

발표 및 Part 2 종료

- 1~2분 동안 Task Card의 주제에 대해 발표합니다.
- 발표 시간이 2분을 초과할 경우, 시험관이 발표를 중지합니다.
- 발표가 끝난 후 1~2개의 추가 질문이 주어질 수 있습니다. 이때는 2~3 문장으로 간단히 답변합니다.

Part 2는 이렇게 답변해요!

(첫 번째 질문에 대한 답변)

저는 최근에 제 아버지께 드렸던 선물에 대해 이야기하고 싶습니다.

I'd like to talk about a present that I recently gave to my dad.

(두 번째 질문에 대한 답변)

몇 주 전, 저는 아버지께 생신 선물로 지갑을 드렸습니다.

A few weeks ago, I gave him a wallet for his birthday.

⋮

답변 후 시험관이 추가 질문을 할 수도 있어요!

Q. 다른 사람들에게도 그 선물을 추천할 건가요?

Would you recommend that present to others?

답변 전략 익히기

STEP 1 Task Card를 파악한 뒤 발표할 내용의 키워드를 빠르게 노트합니다.

① Task Card에 적힌 주제와 질문을 정확히 파악합니다.

· Task Card에는 'Describe ~'로 시작하는 주제와 육하원칙(who, when, where, what, why, how)이나 whether로 시작하는 질문들이 적혀 있습니다.

· Task Card에는 3~4개의 질문이 출제됩니다. 질문이 3개 출제되었을 때는 각 질문에 대한 부연설명을 더욱 구체적으로 준비하여 1분 이상 발표할 수 있도록 합니다.

Task Card 예시

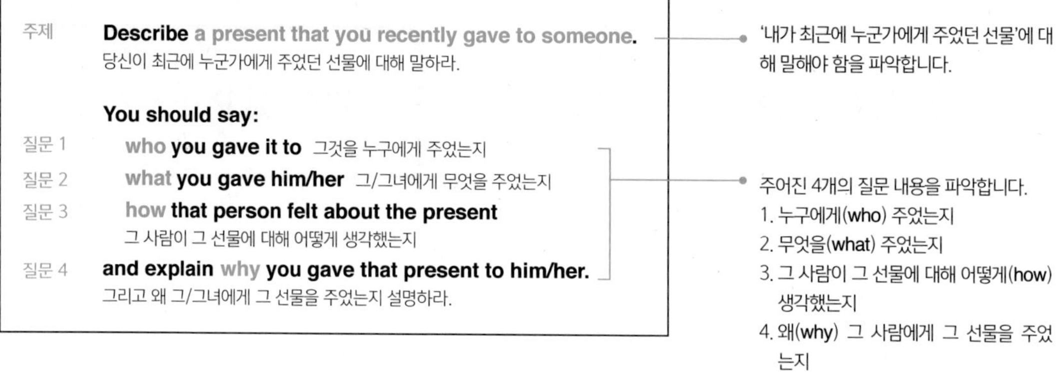

주제 **Describe** a present that you recently gave to someone.
당신이 최근에 누군가에게 주었던 선물에 대해 말하라.

You should say:

질문 1 who **you gave it to** 그것을 누구에게 주었는지
질문 2 what **you gave him/her** 그/그녀에게 무엇을 주었는지
질문 3 how **that person felt about the present**
그 사람이 그 선물에 대해 어떻게 생각했는지
질문 4 **and explain** why **you gave that present to him/her.**
그리고 왜 그/그녀에게 그 선물을 주었는지 설명하라.

'내가 최근에 누군가에게 주었던 선물'에 대해 말해야 함을 파악합니다.
주어진 4개의 질문 내용을 파악합니다.
1. 누구에게(who) 주었는지
2. 무엇을(what) 주었는지
3. 그 사람이 그 선물에 대해 어떻게(how) 생각했는지
4. 왜(why) 그 사람에게 그 선물을 주었는지

② 파악한 질문에 대해 떠오르는 답변의 키워드를 간단히 노트합니다.

Task Card

주제	**Describe a present that you recently gave to someone.**
	You should say:
질문 1	**who you gave it to**
질문 2	**what you gave him/her**
질문 3	**how that person felt about the present**
질문 4	**and explain why you gave that present to him/her.**

노트

답변 1	dad
답변 2	wallet, for his birthday
답변 3	pleased with it, happy, wanted a new one
답변 4	got my first paycheck
	the same wallet, more than 10 years

답변 1 누구에게(who) 주었는지에 대한 답변으로 dad(아버지)를 적었습니다.

답변 2 무엇을(what) 주었는지에 대한 답변으로 wallet(지갑), for his birthday(생신 선물로)를 적었습니다.

답변 3 그 사람이 그 선물에 대해 어떻게(how) 생각했는지에 대한 답변으로 pleased with it(그것을 마음에 들어 했다), happy(행복한), wanted a new one(새 것이 필요했다)을 적었습니다.

답변 4 왜(why) 그 사람에게 그 선물을 주었는지에 대한 답변으로 got my first paycheck(첫 월급을 받았다), the same wallet(같은 지갑), more than 10 years(10년이 넘은)를 적었습니다.

TIPS

- 1분 동안 빠르게 노트해야 하므로 꼭 필요한 키워드 위주로 적도록 합니다.

  예) wallet, for his birthday (o)
  gave him a wallet for his birthday (x)

- 노트는 한글로 적어도 상관은 없지만, 발표할 때 한글로 작성한 내용을 영어로 바꾸어 답변해야 하므로 처음부터 영어로 작성하는 것이 좋습니다.

STEP 2 노트를 참고하여 발표합니다.

노트를 참고하여 Task Card가 묻는 질문에 빠짐 없이 답변합니다. Part 2는 응시자의 유창성을 평가하는 파트이므로 1분 이상 발표하는 것이 좋습니다.

Task Card

주제	**Describe a present that you recently gave to someone.**
	You should say:
질문 1	**who you gave it to**
질문 2	**what you gave him/her**
질문 3	**how that person felt about the present**
질문 4	**and explain why you gave that present to him/her.**

답변 말하기

Track 6

노트

답변 1 dad 아버지

답변 2 wallet, for his birthday
지갑, 생신 선물로

나의 답변 말하기

① 답변 1 말하기

I'd like to talk about a present that I recently gave to my **dad**.
저는 최근에 제 아버지께 드렸던 선물에 대해 이야기하고 싶습니다.

최근에 누구에게 선물을 주었는지에 대해 말할 때, '최근에 아버지께 드렸던 선물에 대해 이야기하고 싶다'고 말하며 발표를 시작하였습니다.

② 답변 2 말하기

A few weeks ago, I gave him a **wallet for his birthday**.
몇 주 전, 저는 아버지께 생신 선물로 지갑을 드렸습니다.

선물로 무엇을 주었는지에 대해 gave him a wallet(아버지께 지갑을 드렸다), for his birthday(생신 선물로)라는 답변을 하였습니다.

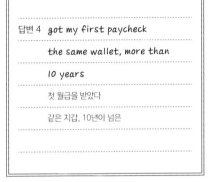

답변 3	pleased with it, happy, wanted
	a new one
	그것을 마음에 들어 했다, 행복한,
	새것이 필요했다

③ 답변 3 말하기

He was very **pleased with it**. He said he was **happy because** he **wanted a new one**.

아버지께서는 그것을 매우 마음에 들어 하셨습니다. 아버지께서는 새것이 필요했었기 때문에 행복하다고 말씀하셨습니다.

그 사람이 선물에 대해 어떻게 생각했는지에 대한 답변으로 pleased with it(그것을 마음에 들어 했다), happy(행복한), wanted a new one(새것이 필요했다)이라는 답변을 하였습니다.

답변 4	got my first paycheck
	the same wallet, more than
	10 years
	첫 월급을 받았다
	같은 지갑, 10년이 넘은

④ 답변 4 말하기

There are several reasons why I gave him a wallet. **First of all**, I **got my first paycheck** from work, so I decided to buy him a nice gift. **Second, since** he used **the same wallet** for **more than 10 years**, it was very old. **Therefore**, I thought that a new wallet would be the perfect gift for him.

제가 아버지께 지갑을 드린 몇 가지 이유가 있습니다. 우선, 제가 회사에서 첫 월급을 받아서, 아버지께 좋은 선물을 사드리기로 결심했습니다. 둘째로, 아버지께서 같은 지갑을 10년 넘게 사용하셨기 때문에, 그것은 매우 낡았습니다. 따라서, 저는 새 지갑이 아버지께 완벽한 선물이 될 것이라고 생각했습니다.

왜 그 선물을 주었는지에 대해 got my first paycheck from work(회사에서 첫 월급을 받았다), used the same wallet for more than 10 years(같은 지갑을 10년 넘게 사용했다) 등의 이유를 차례로 답변하였습니다.

TIPS

Why 질문에 답변할 때

Task Card의 마지막 질문으로는 보통 Why 질문이 나옵니다. 이 Why 질문에 답할 때는 한 가지 이유만 말하기보다는 여러 가지 이유가 있음을 언급한 후 몇 가지 이유를 차례로 설명하는 방식으로 답하면, 답변을 보다 길고 풍성하게 만들 수 있습니다.

답변 표현 익히기

다음은 발표를 전개할 때 쓸 수 있는 다양한 표현입니다. 각 표현과 예문을 듣고 따라 말하며 익혀 보세요.

Track 7

1. 발표를 시작할 때 쓸 수 있는 표현

① 나는 ~에 대해 이야기하고 싶다

I'd like to talk[tell you] about ~

나는 내 캘리포니아 여행에 대해 이야기하고 싶다.

I'd like to tell you about my trip to California.

② 많은[몇 가지] ~이 있지만, ~이 가장 먼저 떠오른다

There are many[several] ~, but ~ comes to mind first

내가 좋아하는 몇 가지 활동들이 있지만, 농구가 가장 먼저 떠오른다.

There are several activities that I like, **but** basketball **comes to mind first**.

2. Why 질문에 답할 때 쓸 수 있는 표현

③ ~하는 몇 가지 이유가 있다

There are several[a couple of] reasons why ~

내가 캐주얼 복장을 입는 것을 선호하는 몇 가지 이유가 있다.

There are a couple of reasons why I prefer wearing casual clothes.

* 선호하다 prefer

Quiz 초록색으로 주어진 우리말 표현을 영어로 바꾸어 말해보세요.

Track 8

1. 내가 방문하고 싶은 많은 곳들이 있지만, 파리가 가장 먼저 떠오른다.

   ____________________ places I want to visit, _______ Paris ______________________________.

2. 사람들이 충분한 휴식을 취해야 하는 몇 가지 이유가 있다.

   ____ people need to get enough rest.

정답 p.294

④ 몇 가지 이유로

For several[a couple of] reasons

내 이웃들과 친하게 지내는 것은 몇 가지 이유로 중요하다.

Being friendly with my neighbors is important **for several reasons**.

⑤ 우선/첫째로

First (of all)/Firstly/To begin with

우선, 그녀는 한국에서 최고의 가수 중 한 명이다.

First, she is one of the best singers in Korea.

⑥ 둘째로

Second/Secondly

둘째로, 그 공원에는 아름다운 꽃과 나무가 많다.

Second, the park has many beautiful flowers and trees.

⑦ 마지막으로

Lastly/Finally

마지막으로, 우리는 날씨가 안 좋을 때도 실내 활동을 할 수 있다.

Finally, we can do indoor activities when the weather is bad.

* 실내의 indoor

Quiz 초록색으로 주어진 우리말 표현을 영어로 바꾸어 말해보세요. Track 8

3. 나는 몇 가지 이유로 혼자서 공부하는 것을 선호한다.

   I prefer to study alone ______________________.

4. 마지막으로, 비용이 덜 들기 때문에 나는 온라인으로 쇼핑을 한다.

   __________, I shop online because it costs less.

정답 p.294

실전 문제 공략하기

다음 Task Card를 읽고 답변 아이디어 및 표현을 바탕으로 답변을 완성하여 말해보세요.

Track 9

1

Describe your favourite film. 당신이 가장 좋아하는 영화에 대해 말하라.

You should say:

what the title is 제목이 무엇인지

what that film is about 그 영화가 무엇에 관한 것인지

when you first saw it 언제 그것을 처음 보았는지

and explain why you like that film. 그리고 왜 그 영화를 좋아하는지 설명하라.

답변 아이디어 & 표현

① 제목이 무엇인지	• '아이언맨'	• *Iron Man*
② 그 영화가 무엇에 관한 것인지	• 토니 스타크 • 특수한 옷을 발명한다 • 적들과 싸우고 세상을 구한다	• Tony Stark • invents a special suit • fights enemies and saves the world
③ 언제 그것을 처음 보았는지	• 몇 년 전에	• a few years ago
④ 왜 그 영화를 좋아하는지	• 훌륭한 특수 효과와 멋진 영상들 • 이야기가 매우 흥미진진하다 • 절대 지루해지지 않는다	• great special effects and awesome visuals • the story is really exciting • never get bored

모범노트

• Iron Man

• Tony Stark, invents a special suit, fights enemies and saves the world

• a few years ago

• great special effects, awesome visuals

• story is really exciting, never get bored

답변 완성하기

① 제목이 무엇인지

My favorite film is

____________________ *Iron Man.*

제가 가장 좋아하는 영화는 '아이언맨'입니다.

② 그 영화가 무엇에 관한 것인지

invents a special suit + becomes the hero

⬇

The film is about Tony Stark, who ______________________ and becomes the hero, Iron Man.

그 영화는 토니 스타크에 관한 것인데, 그는 특수한 옷을 발명하여 영웅 아이언맨이 됩니다.

fights his enemies and saves the world

⬇

In the film, Iron Man ____.

영화에서, 아이언맨은 그의 적들과 싸우고 세상을 구합니다.

③ 언제 그것을 처음 보았는지

a few years ago

⬇

I first saw this film with my friend ______________________.

저는 이 영화를 몇 년 전에 제 친구와 처음 봤습니다.

④ 왜 그 영화를 좋아하는지

There are several reasons why

⬇

_____________________________________ I like this movie.

제가 이 영화를 좋아하는 몇 가지 이유가 있습니다.

First of all + great special effects and awesome visuals

⬇

____________, the movie has great special effects and awesome visuals.

우선, 그 영화에는 훌륭한 특수 효과와 멋진 영상들이 있습니다.

Secondly + the story is really exciting

⬇

Secondly, ________________________________, so I never get bored.

둘째로, 이야기가 매우 흥미진진해서, 저는 절대 지루해지지 않습니다.

Track 10

Describe an interesting neighbour. 흥미로운 이웃에 대해 말하라.

You should say:

who he/she is 그/그녀가 누구인지

how long you've known him/her 그/그녀를 얼마나 오래 알았는지

what he/she is like 그/그녀가 어떤지

and explain why you think he/she is interesting. 그리고 왜 그/그녀가 흥미롭다고 생각하는지 설명하라.

① 그/그녀가 누구인지	• 송 씨 • 옆집에 사는	• Mr. Song • lives next door
② 그/그녀를 얼마나 오래 알았는지	• 약 일 년 정도	• for about a year
③ 그/그녀가 어떤지	• 키가 큰 • 짧은 갈색 머리 • 상냥하고 수다스러운	• tall • short brown hair • friendly and talkative
④ 왜 그/그녀가 흥미롭다고 생각하는지	• 공원에서 노래를 하고 기타를 연주한다 • TV 노래 경연 프로그램 • 사람들이 그를 알아본다	• sings and plays the guitar at the park • a singing competition program on TV • people recognize him

- Mr. Song
- lives next door

- for about a year

- tall, short brown hair
- friendly and talkative

- sings and plays the guitar at the park
- singing competition program on TV
- people recognize him

① 그/그녀가 누구인지

I'd like to tell you about + lives next door

______________ Mr. Song, who ______________.

저는 옆집에 사는 송 씨에 대해 이야기하고 싶습니다.

② 그/그녀를 얼마나 오래 알았는지

for about a year

I've known him ________________________.

저는 그를 약 일 년 정도 알아 왔습니다.

③ 그/그녀가 어떤지

tall + short brown hair

Mr. Song is tall and has ________________________.

송 씨는 키가 크고 짧은 갈색 머리입니다.

Plus + friendly and talkative

__________, he is very ______________________________.

또한, 그는 매우 상냥하고 수다스럽습니다.

④ 왜 그/그녀가 흥미롭다고 생각하는지

for a couple of reasons

I think he's interesting ________________________________.

저는 몇 가지 이유로 그가 흥미롭다고 생각합니다.

First + sings and plays the guitar at the park

First, he works in an office, but he also ________________________________
______________.

우선, 그는 회사에서 일하지만 공원에서 노래를 하고 기타를 연주하기도 합니다.

Second + people recognize him

________________, he was on a singing competition program on TV, so some
____________________________.

둘째로, 그는 TV 노래 경연 프로그램에 나왔기 때문에 몇몇 사람들이 그를 알아봅니다.

정답 p.294

[파트별 공략] Part 3

진행 방식 알아보기

Part 3 진행 방식 설명 및 시작

- Part 2 종료 후 Part 3가 시작됩니다.
- 시험관이 Part 2와 연계된 몇 가지 일반적인 질문을 하겠다고 간단히 설명합니다.

Part 2 주제와 연계된 심층 질문

- Part 3에서는 Part 2 주제와 연계된 총 4~6개 정도의 심층적이고 까다로운 질문을 합니다.
- 주로 일반적인 사람들이나 사회와 관련된 질문들이 출제됩니다.

시험관이 이런 말을 할 거예요!

우리는 당신이 최근에 누군가에게 준 선물에 대해 이야기했는데, 이제 이것과 연관된 몇 가지 일반적인 질문을 드리겠습니다. 우선, 일반적인 특별한 행사에 대해 생각해봅시다.

We've been talking about a present that you recently gave to someone, and now I'd like to discuss a few more general questions related to this. First, let's consider special occasions in general.

시험관에게 이런 질문을 받을 수 있어요!

Part 2 Task Card 주제
'최근 누군가에게 준 선물'에 대해 말하라.

Part 3 질문

· 당신의 나라에서 아이들은 언제 선물을 받나요?
When do children receive presents in your country?

· 사람들은 어떤 종류의 행사에 다른 사람들을 초대하나요?
What types of events do people invite others to?

· 행사를 계획할 때 고려해야 할 것들은 무엇인가요?
What are some things to consider when planning an event?

질문에 대한 적절한 답변 제시

- Part 3는 Part 1과 같이 답변 준비 시간이 별도로 주어지지 않습니다.
- Part 1보다 좀 더 심층적인 질문인 만큼 답변도 더 논리적이고 세부적으로 하는 것이 좋습니다.
- 약 4~5분 동안 질문과 답변이 진행됩니다.

Part 3 종료 및 스피킹 시험 종료

- Part 3의 모든 질문에 대한 답변이 끝나면, 시험관이 스피킹 시험이 종료되었음을 알려줍니다.
- 시험관과 "Thank you", "Have a good day"와 같은 작별 인사를 나눈 후 퇴실합니다.

Part 3는 이렇게 답변해요!

Q. 당신의 나라에서 아이들은 언제 선물을 받나요?

A. 한국에서는, 아이들이 생일, 어린이날, 그리고 크리스마스에 선물을 받습니다.

In Korea, children receive presents on their birthday, Children's Day, and Christmas.

구체적으로, 생일에는, 아이들이 그들의 친구들과 가족으로부터 선물을 받습니다. 또한, …

To be specific, on their birthday, children get gifts from their friends and family. Also, …

시험관이 이런 말을 할 거예요!

고맙습니다. 이것으로 IELTS 스피킹 시험이 끝났습니다.

Thank you. That's the end of the IELTS speaking test.

답변 전략 익히기

· Part 3에서도 핵심답변을 먼저 말하고 부연설명을 덧붙이는 구조로 답변합니다.

· 두 가지 핵심답변을 말하고, 각각의 핵심답변에 부연설명을 덧붙여 답변할 수도 있습니다.

[방법 1]

답변 전략 적용 예시

Track 11

시험관

질문

When do children receive presents in your country?

당신의 나라에서 아이들은 언제 선물을 받나요?

응시자

답변

핵심답변 In Korea, children receive presents on their birthday, Children's Day, and Christmas.

한국에서는, 아이들이 생일, 어린이날, 그리고 크리스마스에 선물을 받습니다.

부연설명 **To be specific**, on their birthday, children get gifts from their friends and family. Also, they have a birthday party at their home or in a restaurant. On Children's Day and Christmas, parents give presents to their children to celebrate those special occasions.

구체적으로, 생일에는, 아이들이 그들의 친구들과 가족으로부터 선물을 받습니다. 또한, 그들은 집이나 식당에서 생일파티를 열기도 합니다. 어린이날과 크리스마스에는, 그러한 특별한 날을 기념하기 위해 부모가 아이들에게 선물을 줍니다.

핵심답변
응시자의 나라에서 아이들이 언제 선물을 받는지 묻는 질문에, 생일, 어린이날, 그리고 크리스마스에 선물을 받는다는 하나의 **핵심답변**을 말하였습니다.

부연설명
핵심답변에 대한 **부연설명**으로 생일에는 그들의 친구들과 가족으로부터 선물을 받고 파티를 열며, 어린이날과 크리스마스에는 그러한 특별한 날을 기념하기 위해 부모가 아이들에게 선물을 준다는 **세부적인 내용**을 언급하였습니다.

답변 전략 적용 예시

Track 12

질문
When do children receive presents in your country?
당신의 나라에서 아이들은 언제 선물을 받나요?

답변

[핵심답변 ①] In Korea, children receive presents on their birthday.
한국에서는, 아이들이 생일에 선물을 받습니다.

[부연설명] They have a birthday party at their home or in a restaurant and get gifts from friends and family.
그들은 집이나 식당에서 생일파티를 열고 친구들과 가족으로부터 선물을 받습니다.

[핵심답변 ②] **Plus**, children get gifts on certain holidays, **such as** Children's Day and Christmas.
게다가, 아이들은 어린이날과 크리스마스와 같은 특정한 휴일에 선물을 받습니다.

[부연설명] On these days, they receive presents from their parents. **Also**, on Christmas, they sometimes get gifts from people who are dressed up as Santa.
이러한 날에, 그들은 부모로부터 선물을 받습니다. 또한 크리스마스에는, 가끔 산타처럼 옷을 차려 입은 사람들로부터 선물을 받습니다.

[핵심답변 ① + 부연설명]
응시자의 나라에서 아이들이 언제 선물을 받는지 묻는 질문에, 생일에 선물을 받는다는 첫 번째 **핵심답변**을 하고, 이에 대한 부연설명으로 집이나 식당에서 생일파티를 연다는 **세부적인 내용**을 언급하였습니다.

[핵심답변 ② + 부연설명]
아이들이 어린이날과 크리스마스와 같은 특정한 휴일에도 선물을 받는다는 두 번째 **핵심답변**을 하고, 이에 대한 부연설명으로 부모로부터 선물을 받는다는 **세부적인 내용**과 크리스마스에는 가끔 산타처럼 옷을 차려 입은 사람들로부터 선물을 받는다는 **추가적인 내용**을 언급하였습니다.

TIPS

- 질문에 대한 답변 아이디어가 떠오르지 않는 경우, **서론**을 말하면서 답변 아이디어를 정리하는 시간을 가질 수 있습니다.
  예) **There are several** days **that** children receive presents in Korea.
  한국에서는 아이들이 선물을 받는 몇몇 날들이 있습니다.
- 답변 후 답변의 길이가 충분히 길지 않거나 답변의 흐름이 불분명하다는 생각이 들면, **결론**을 덧붙여서 답변 길이를 늘리거나 답변 내용을 명확하게 정리할 수 있습니다.
  예) **In conclusion**, in Korea, children get gifts on their birthday, Children's Day, and Christmas.
  결론적으로, 한국에서는, 아이들이 생일, 어린이날, 그리고 크리스마스에 선물을 받습니다.

답변 표현 익히기

다음은 답변을 유창하고 논리적으로 말할 때 쓸 수 있는 다양한 표현입니다. 각 표현과 예문을 듣고 따라 말하며 익혀 보세요.

Track 13

1. 서론을 말할 때 쓸 수 있는 표현

① ~하는 많은[몇몇/다양한] ~가 있다

There are many[several/various] ~ that ~

사람들이 해외에서 공부하기 전에 고려해야 하는 다양한 것들이 있다.

There are various things **that** people must consider before studying abroad.

② 그것은 ~에 따라 다르겠지만, ~

It[That] depends on ~, but ~

그것은 상황에 따라 다르겠지만, 나는 아이들이 그들의 실수로부터 교훈을 배울 수 있다고 생각한다.

It depends on the situation, **but** I think children can learn lessons from their mistakes.

* 상황 situation * 교훈 lesson

2. 결론을 말할 때 쓸 수 있는 표현

③ 따라서

Therefore

따라서, 부모는 자녀들에게 건강한 식습관을 가르치는 것에 책임이 있다.

Therefore, parents are responsible for teaching their children healthy eating habits.

* 식습관 eating habit * ~에 책임이 있다 be responsible for

Quiz 초록색으로 주어진 우리말 표현을 영어로 바꾸어 말해보세요. Track 14

1. 그것은 사람에 따라 다르겠지만, 나는 대부분의 사람들이 좋은 사람이 되려고 노력한다고 생각한다.

______________________ the person, _____ I think most people try to be good.

2. 따라서, 나는 보통 약속에 제시간에 도착한다.

____________, I usually arrive on time for my appointments.

정답 p.295

④ 이러한 (모든) 이유들 때문에, 나는 ~라고 생각한다

For (all) these reasons, I think (that) ~

이러한 이유들 때문에, 나는 아이들이 집안일로 부모를 도와야 한다고 생각한다.

For these reasons, I think that children should help their parents with housework.

3. 대조적인 내용을 말할 때 쓸 수 있는 표현

⑤ 비록 ~일지라도

Although / Even though

비록 그것들이 불편할지라도, 나는 스키니 진을 입는 것을 선호한다.

Even though they are uncomfortable, I prefer wearing skinny jeans.

⑥ 반대로 / 대조적으로

In contrast

시골은 조용하고 평화롭다. 반대로, 도시는 보통 분주하고 혼잡하다.

The countryside is quiet and peaceful. **In contrast**, cities are usually busy and crowded.

* 분주한 busy * 혼잡한 crowded

⑦ 반면에 / 다른 한편으로는

On the other hand

택시는 여행하기에 편리한 수단이다. 반면에, 그것은 버스보다 더 비싸다.

Taxis are a convenient way to travel. **On the other hand**, they are more expensive than buses.

Quiz 초록색으로 주어진 우리말 표현을 영어로 바꾸어 말해보세요. Track 14

3. 비록 매우 복잡할지라도, 나는 대중교통을 이용한다.

_______________ it's very crowded, I use public transportation.

4. 이러한 이유들 때문에, 나는 책을 읽는 것이 휴식을 취하는 좋은 방법이라고 생각한다.

_______________, _______________ reading books is a good way to relax.

정답 p.295

실전 문제 공략하기

다음 문제를 읽고 답변 아이디어 및 표현을 바탕으로 답변을 완성하여 말해보세요.

 Track 15

1 Do people of different ages prefer different movie genres?

다른 연령대의 사람들은 다른 영화 장르를 선호하나요?

핵심답변	다른 영화 장르를 선호한다	prefer different movie genres
부연설명	• 젊은 사람들은 주로 애니메이션, 공상 과학, 액션 영화를 좋아한다 • 신나는 장면과 흥미로운 등장인물들 • 나이가 더 많은 사람들은 다큐멘터리와 사실극을 선호한다 • 더 공감한다	• young people are usually fond of animation, sci-fi, and action films • exciting scenes and interesting characters • older people prefer documentaries and realistic dramas • feel more connected

핵심답변

Yes + prefer different movie genres

Yes, I think people of different ages ______________________.

네, 저는 다른 연령대의 사람들은 다른 영화 장르를 선호한다고 생각합니다.

부연설명

To be specific

______________, young people are usually fond of animation, sci-fi, and action films.

구체적으로, 젊은 사람들은 주로 애니메이션, 공상 과학, 액션 영화를 좋아합니다.

This is because + exciting scenes and interesting characters

______________ they like exciting scenes and interesting characters in movies.

이것은 그들이 영화 속의 신나는 장면과 흥미로운 등장인물들을 좋아하기 때문입니다.

On the other hand + documentaries and realistic dramas

⬇

_______________, older people tend to prefer _______________

_______________.

다른 한편으로, 나이가 더 많은 사람들은 다큐멘터리와 사실극을 선호하는 경향이 있습니다.

feel more connected

⬇

They enjoy movies related to real life because they _______________ to those types of movies.

그들은 그러한 종류의 영화에 더 공감하기 때문에 실생활과 관련된 영화를 즐깁니다.

Track 16

What are the benefits of being close with neighbors?

이웃들과 친하게 지내는 것의 이점은 무엇인가요?

핵심답변 ①	이웃들에게 도움을 요청한다	ask our neighbors for help
부연설명	• 부재중일 때 우편물을 받아준다	• get their mail while they're away
핵심답변 ②	모든 사람을 더 안전하게 한다	keeps everyone safer
부연설명	• 서로의 집을 봐준다 • 그들이 목격한 어떤 범행이라도 신고해준다	• watch each other's houses • report any crimes they see

서론

There are many

⬇

____________________ advantages of being close with our neighbors.

우리의 이웃들과 친하게 지내는 것에는 많은 장점이 있습니다.

핵심답변 ①

First + ask our neighbors for help

⬇

First, we can ______________________________________.

첫째로, 우리는 이웃들에게 도움을 요청할 수 있습니다.

부연설명

For example + get their mail while they're away

⬇

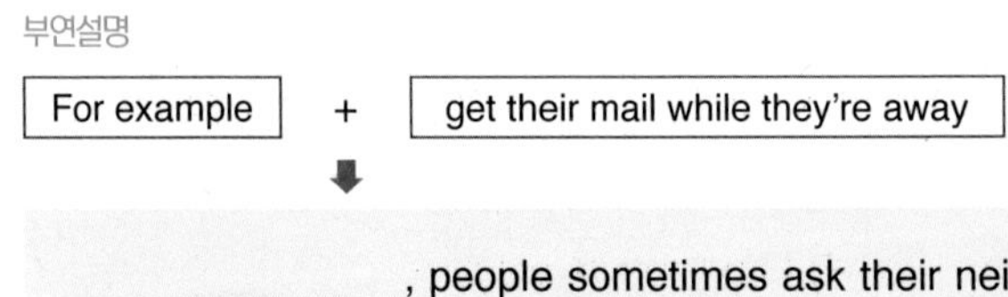

____________, people sometimes ask their neighbors to get their mail while they're away.

예를 들어, 사람들은 때때로 그들이 부재중일 때 이웃들에게 우편물을 받아달라고 부탁합니다.

핵심답변 ②

Secondly

⬇

_______________, it keeps everyone safer.

둘째로, 이는 모든 사람을 더 안전하게 합니다.

부연설명

For instance + watch each other's houses

⬇

_________________, neighbors who are close can __________________________

_________________ and report any crimes they see.

예를 들어, 친한 이웃들은 서로의 집을 봐주고 그들이 목격한 어떤 범행이라도 신고해줄 수 있습니다.

정답 p.296

[주제별 공략] 도시와 동네, 패션과 쇼핑

<도시와 동네, 패션과 쇼핑>은 Part 1에서 자주 출제되는 주제입니다. 이 주제들의 빈출 문제를 알아보고 주제별 표현을 익힌 후, 빈출 문제에 답변하며 실전에 대비해 보세요.

빈출 문제 알아보기

PART 1

동네

- 당신은 나라의 어느 지역에 사나요? 최빈출
- 당신은 당신이 사는 곳을 좋아하나요?
- 당신의 동네에는 흥미로운 장소들이 많이 있나요?

고향

- 당신의 고향에 대해 좋아하는 점은 무엇인가요? 최빈출

신발

- 당신은 온라인으로 신발을 구매해본 적이 있나요? 최빈출
- 당신은 편안한 신발을 선호하나요, 아니면 세련된 신발을 선호하나요?

거울

- 당신은 거울을 자주 보나요? 최빈출
- 당신은 거울을 사본 적이 있나요?

주제별 표현 익히기

다음은 <도시와 동네, 패션과 쇼핑> 주제의 문제에 답변할 때 유용하게 쓸 수 있는 표현입니다. 각 표현과 예문을 듣고 따라 말하며 익혀 보세요.

Track 17

① ~에 위치하다

be located in

그 백화점은 우리 동네 한가운데에 위치해 있다.

The department store **is located in** the center of our town.

* 백화점 department store

② 혼잡한 도시

a crowded city

서울은 1,000만 명 이상의 거주자들이 있는 혼잡한 도시이다.

Seoul is **a crowded city** with more than 10 million residents.

* 거주자 resident

③ 고객 이용 후기

customer reviews

그는 고객 이용 후기를 바탕으로 노트북을 구매했다.

He bought a laptop based on **customer reviews**.

* ~을 바탕으로 based on

Quiz 초록색으로 주어진 우리말 표현을 영어로 바꾸어 말해보세요. Track 18

1. 혼잡한 도시에서 운전하는 것은 스트레스를 준다.

   It is stressful to drive in ______________________________.

2. 내 고향은 한국의 남쪽 지역에 위치해 있다.

   My hometown ________________________ the southern part of Korea.

정답 p.296

④ 겉모습을 확인하다

check one's appearance

나는 집을 나가기 전에 내 겉모습을 확인한다.

I **check my appearance** before I leave my house.

⑤ 도심 지역

the downtown area

도심 지역은 상점과 식당으로 가득하다.

The downtown area is full of shops and restaurants.

* ~으로 가득한 full of

⑥ ~으로 유명한

famous for

제주도는 아름다운 해변들로 유명하다.

Jeju Island is **famous for** its beautiful beaches.

Quiz 초록색으로 주어진 우리말 표현을 영어로 바꾸어 말해보세요. Track 18

3. 전주는 비빔밥으로 유명하다.

Jeonju is ____________________ bibimbap.

4. 나는 내 겉모습을 확인하기 위해 항상 작은 거울을 가지고 다닌다.

I always carry a small mirror to ____________________________________.

정답 p.296

⑦ 쇼핑하러 가다

go shopping

나는 쇼핑하러 갈 때 할인된 제품을 사려고 노력한다.

I try to buy discounted products when I **go shopping**.

* 할인된 discounted

⑧ 저렴한, (가격이) 적당한

affordable

최근에, 컴퓨터는 더 저렴해졌다.

Recently, computers have become more **affordable**.

* 최근에 recently

⑨ 수도

capital city

정부 청사는 수도에 위치해 있다.

The government office is located in the **capital city**.

* 정부 청사 government office

Quiz 초록색으로 주어진 우리말 표현을 영어로 바꾸어 말해보세요. Track 18

5. 서울은 한국의 수도이다.

Seoul is the ____________________ of South Korea.

6. 나는 휴일에 보통 쇼핑하러 간다.

I usually ____________________ during the holidays.

정답 p.296

빈출 문제 공략하기

여기에서는 <도시와 동네, 패션과 쇼핑> 주제의 빈출 문제를 공략해봅니다. 각 문제에 대한 답변 아이디어 및 표현과 모범답변을 살펴본 후 나의 답변을 말해보세요.

PART 1

Track 19

1 Which part of the country do you live in?

당신은 나라의 어느 지역에 사나요?

핵심답변	한국의 수도	the capital city of Korea
부연설명	• 가장 혼잡한 도시 • 1,000만 명의 사람들이 이곳에 산다	• the most crowded city • 10 million people live here

핵심답변

I live in Seoul, which is the capital city of Korea.
저는 서울에 사는데, 이는 한국의 수도입니다.

부연설명

It's the most crowded city in my country.
이곳은 우리 나라에서 가장 혼잡한 도시입니다.

In fact, about 10 million people live here.
사실은, 약 1,000만 명의 사람들이 이곳에 삽니다.

어휘 crowded[kráudid] 혼잡한, 붐비는 about[əbáut] 약, 대략 million[míljən] 100만

답변 아이디어 및 표현과 모범답변을 참고하여 나의 답변을 말해보세요.

Do you like the place where you live?
당신은 당신이 사는 곳을 좋아하나요?

핵심답변	좋아한다	Yes
부연설명	• 살기에 매우 편리한 장소 • 버스 정류장과 지하철역에 가까운 • 근처에 많은 상점들	• a very convenient place to live • close to bus stops and a subway station • many stores nearby

핵심답변

Yes.
좋아합니다.

부연설명

That's because it's a very convenient place to live.
그것은 이곳이 살기에 매우 편리한 장소이기 때문입니다.

It's close to bus stops and a subway station.
이곳은 버스 정류장과 지하철역에 가깝습니다.

There are **also** many stores nearby.
또한 근처에 많은 상점들이 있습니다.

어휘 convenient [kənví:njənt] 편리한, 간편한 nearby [nìərbái] 근처에, 가까이에

나의 답변 말하기

답변 아이디어 및 표현과 모범답변을 참고하여 나의 답변을 말해보세요.

Track 21

Have you ever purchased shoes online?

당신은 온라인으로 신발을 구매해본 적이 있나요?

핵심답변	구매해본 적이 있다	I have
부연설명	• 더 싸다 • 다른 사람들의 의견을 확인한다	• it's cheaper • check other people's comments

핵심답변

Yes, I have.

네, 구매해본 적이 있습니다.

부연설명

I like buying shoes on the Internet **because** it's cheaper.

저는 더 싸기 때문에 인터넷에서 신발을 사는 것을 좋아합니다.

Even though I can't try them on, I can choose the right size by checking other people's comments.

비록 제가 그것들을 신어볼 수 없을지라도, 저는 다른 사람들의 의견을 확인함으로써 알맞은 사이즈를 고를 수 있습니다.

어휘 try on 신어보다, 입어보다 comment[kάment] 의견, 논평

나의 답변 말하기

답변 아이디어 및 표현과 모범답변을 참고하여 나의 답변을 말해보세요.

Do you often look in the mirror?
당신은 거울을 자주 보나요?

핵심답변	꽤 자주	quite often
부연설명	• 손을 씻거나 이를 닦을 때마다	• every time I wash my hands or brush my teeth
	• 옷을 입어볼 때	• when I try on clothes

핵심답변

Yes, quite often.
네, 꽤 자주 봅니다.

부연설명

For instance, I look in the restroom mirror ㊀every time I wash my hands or brush my teeth.
예를 들어, 저는 손을 씻거나 이를 닦을 때마다 화장실 거울을 봅니다.

Also, I use a mirror when I try on clothes at the shopping mall.
또한, 쇼핑몰에서 옷을 입어볼 때 거울을 사용합니다.

어휘 quite [kwait] 꽤, 상당히 every time ~할 때마다

㊀ 언제 거울을 보는지 말할 때 아래 표현들을 활용할 수 있어요.
- before I meet someone 누군가를 만나기 전에
- when I do my hair 머리를 손질할 때
- when I put on my makeup 화장을 할 때

나의 답변 말하기

답변 아이디어 및 표현과 모범답변을 참고하여 나의 답변을 말해보세요.

나의 답변을 말해본 후, 266페이지의 답변 셀프 체크 포인트를 통해 나의 답변을 점검하고 보완하도록 합니다.

[주제별 공략] 음악과 미술, 음식과 건강

<음악과 미술, 음식과 건강>은 Part 1에서 자주 출제되는 주제입니다. 이 주제들의 빈출 문제를 알아보고 주제별 표현을 익힌 후, 빈출 문제에 답변하며 실전에 대비해 보세요.

빈출 문제 알아보기

PART 1

음악

- 당신은 악기를 연주할 수 있나요? 최빈출
- 당신은 악기를 연주하는 것이 쉽다고 생각하나요?
- 당신은 학교에서 음악 수업을 들어봤나요?
- 아이들이 학교에서 음악 수업을 듣는 것이 중요한가요?

간식

- 당신이 마지막으로 누군가에게 초콜릿을 선물로 준 것은 언제인가요? 최빈출
- 당신은 초콜릿 먹는 것을 좋아하나요?

과일

- 당신은 어떤 종류의 과일을 좋아하나요? 최빈출
- 당신은 사람들이 과일을 먹어야 한다고 생각하나요?

주제별 표현 익히기

다음은 <음악과 미술, 음식과 건강> 주제의 문제에 답변할 때 유용하게 쓸 수 있는 표현입니다. 각 표현과 예문을 듣고 따라 말하며 익혀 보세요.

Track 23

① 음악 수업을 듣다
take a music class

나는 모든 학생들이 학교에서 음악 수업을 들어야 한다고 생각한다.

I think all students should **take a music class** at school.

② 운동하다
work out

Mr. Kim은 살을 빼기 위해 규칙적으로 운동한다.

Mr. Kim **works out** regularly to lose weight.

* 살을 빼다 lose weight * 규칙적으로 regularly

③ 아침 식사[점심 식사, 저녁 식사]로
for breakfast[lunch, dinner]

아버지께서는 보통 아침 식사로 토스트를 드신다.

My dad usually has toast **for breakfast**.

Quiz 초록색으로 주어진 우리말 표현을 영어로 바꾸어 말해보세요. Track 24

1. 나는 점심 식사로 사무실 근처에 있는 식당에 갔다.

   I went to a restaurant near my office ________________.

2. 예린은 그녀가 중학생일 때 음악 수업을 들었다.

   Yelin ________________________________ when she was in middle school.

정답 p.297

④ 기억에 남는 노래

a memorable song

'Let it be'는 나의 가장 기억에 남는 노래들 중 하나이다.

Let it be is one of my most **memorable songs**.

⑤ 건강을 유지하다

stay healthy

그녀는 건강을 유지하기 위해 매일 비타민을 섭취한다.

She takes vitamins every day to **stay healthy**.

⑥ 신선한 재료

fresh ingredients

어머니는 우리의 식사를 준비할 때 항상 신선한 재료를 사용하신다.

My mom always uses **fresh ingredients** when she prepares our meals.

* 식사 meal

Quiz 초록색으로 주어진 우리말 표현을 영어로 바꾸어 말해보세요. Track 24

3. 가사가 의미 있기 때문에 그것은 기억에 남는 노래이다.

It is ______________________ because the lyrics are meaningful.

4. 나는 균형 잡힌 식단이 건강을 유지하기 위해 중요하다고 생각한다.

I think a balanced diet is important to ________________.

정답 p.297

⑦ 가장 좋아하는 작곡가

favorite composer

나는 내가 가장 좋아하는 작곡가의 앨범들을 수집한다.

I collect the albums of my **favorite composer**.

* 수집하다 collect

⑧ 외식하다

eat out

우리 가족은 생일이나 기념일과 같은 특별한 날에 외식한다.

My family **eats out** on special days, like birthdays and anniversaries.

* 기념일 anniversary

⑨ 악기

musical instrument

그 상점은 여러 다양한 악기들을 판매한다.

The store sells many different **musical instruments**.

Quiz 초록색으로 주어진 우리말 표현을 영어로 바꾸어 말해보세요. Track 24

5. 내가 연주할 수 있는 유일한 악기는 피아노이다.

The only ______________________ I can play is the piano.

6. 훨씬 더 빠르고 편리하기 때문에 나는 외식하는 것을 선호한다.

I prefer to ______________ because it's much faster and more convenient.

정답 p.297

빈출 문제 공략하기

여기에서는 <음악과 미술, 음식과 건강> 주제의 빈출 문제를 공략해봅니다. 각 문제에 대한 답변 아이디어 및 표현과 모범답변을 살펴본 후 나의 답변을 말해보세요.

PART 1

Track 25

1 Can you play any musical instruments?

당신은 악기를 연주할 수 있나요?

핵심답변	연주할 수 없다	I can't
부연설명	• 피아노를 연주하는 법을 배웠다 • 전혀 연습하지 않았다	• learned how to play the piano • never practiced

핵심답변

No, I can't.
아니요, 연주할 수 없습니다.

부연설명

Actually, I learned how to play the piano when I was young.
사실은, 제가 어렸을 때 피아노를 연주하는 법을 배웠습니다.

However, I can't play now **because** I never practiced.
하지만, 저는 전혀 연습하지 않았기 때문에 지금은 연주하지 못합니다.

어휘 practice [prǽktis] 연습하다

답변 아이디어 및 표현과 모범답변을 참고하여 나의 답변을 말해보세요.

Did you ever have music classes at school?
당신은 학교에서 음악 수업을 들어봤나요?

핵심답변	일주일에 두 번 음악 수업을 들었다	took music classes twice a week
부연설명	• 반 친구들과 함께 많은 노래를 배우고 연습했다 • 유명한 작곡가들에 대해서 배웠다	• learned and practiced many songs with my classmates • learned about famous composers

핵심답변

Yes, I took music classes twice a week in school.
네, 저는 학교에서 일주일에 두 번 음악 수업을 들었습니다.

부연설명

I learned and practiced many songs with my classmates.
저는 반 친구들과 함께 많은 노래를 배우고 연습했습니다.

Plus, we learned about famous composers, **like** Beethoven and Mozart.
게다가, 저희는 베토벤과 모차르트와 같은 유명한 작곡가들에 대해서 배웠습니다.

어휘 famous [féiməs] 유명한, 잘 알려진 composer [kəmpóuzər] 작곡가

★ 어떤 일을 얼마나 자주 했는지를 말할 때는 아래와 같은 표현을 사용하여 더 다양하게 빈도를 나타낼 수 있어요.
- once a month 한 달에 한 번
- three times a day 하루에 세 번
- every morning 매일 아침
- once every two weeks 2주에 한 번

나의 답변 말하기

답변 아이디어 및 표현과 모범답변을 참고하여 나의 답변을 말해보세요.

Track 27

When was the last time you gave chocolate to someone as a present?

당신이 마지막으로 누군가에게 초콜릿을 선물로 준 것은 언제인가요?

핵심답변	약 세 달 전에	about three months ago
부연설명	• 제주도에서 그 초콜릿을 샀다 • 내 친구들은 선물에 고마워했다	• bought the chocolate in Jeju Island • my friends appreciated the gift

핵심답변

I gave chocolate to my friends about three months ago.
저는 약 세 달 전에 제 친구들에게 초콜릿을 주었습니다.

부연설명

In fact, ㊝ I bought the chocolate in Jeju Island as a gift for my friends.
사실은, 저는 제 친구들을 위한 선물로 제주도에서 그 초콜릿을 샀습니다.

The chocolate tasted really good, so my friends appreciated the gift.
그 초콜릿이 정말 맛있어서, 제 친구들은 선물에 고마워했습니다.

어휘 taste [teist] 맛이 ~하다, ~맛이 나다 appreciate [əpríːʃièit] 고마워하다, 감사하다

㊝ 선물을 구입한 장소에 따라 at a convenience store(편의점에서), at a department store(백화점에서)와 같은 표현을 활용하여 말할 수 있어요. 직접 만들었다고 말하고 싶다면 I made it by myself(내가 직접 만들었다)라고 말하면 돼요.

나의 답변 말하기

답변 아이디어 및 표현과 모범답변을 참고하여 나의 답변을 말해보세요.

What kind of fruits do you like?

당신은 어떤 종류의 과일을 좋아하나요?

핵심답변	바나나	bananas
부연설명	• 달콤하고 맛있는 • 먹기에 간편한 • 회사에 아침 식사로 바나나를 가져간다	• sweet and delicious • convenient to eat • take bananas to work for breakfast

핵심답변

Bananas are my favorite fruit.
바나나가 제가 가장 좋아하는 과일입니다.

부연설명

This is because they are very sweet and delicious.
이는 그것들이 매우 달콤하고 맛있기 때문입니다.

Also, I don't need a knife to peel them, so they're convenient to eat.
또한, 껍질을 벗기는 데 칼이 필요하지 않아서, 그것들은 먹기에 간편합니다.

Therefore, I often take bananas to work for breakfast.
따라서, 저는 종종 회사에 아침 식사로 바나나를 가져갑니다.

어휘 peel[piːl] 껍질을 벗기다 convenient[kənvíːnjənt] 간편한, 편리한

나의 답변 말하기

답변 아이디어 및 표현과 모범답변을 참고하여 나의 답변을 말해보세요.

나의 답변을 말해본 후, 266페이지의 답변 셀프 체크 포인트를 통해 나의 답변을 점검하고 보완하도록 합니다.

[주제별 공략] 미디어와 커뮤니케이션, 여행과 교통

<미디어와 커뮤니케이션, 여행과 교통>은 Part 1에서 자주 출제되는 주제입니다. 이 주제들의 빈출 문제를 알아보고 주제별 표현을 익힌 후, 빈출 문제에 답변하며 실전에 대비해 보세요.

빈출 문제 알아보기

PART 1

미디어

- 당신은 재미있는 광고를 선호하나요, 아니면 진지한 광고를 선호하나요? 최빈출
- 당신이 가장 좋아하는 유명인은 누구인가요?
- 당신이 가장 좋아하는 TV 프로그램은 무엇인가요?

손글씨

- 당신은 손으로 쓰는 것과 타이핑하는 것 중에 어느 것을 더 좋아하나요? 최빈출

여행

- 당신은 버스로 여행하는 것을 좋아하나요? 최빈출

교통

- 당신은 지하철을 타는 것을 선호하나요, 아니면 버스를 타는 것을 선호하나요? 최빈출
- 당신은 출근하거나 학교에 갈 때 대중교통을 이용하나요?
- 지하철을 타는 것의 장단점은 무엇인가요?

주제별 표현 익히기

다음은 <미디어와 커뮤니케이션, 여행과 교통> 주제의 문제에 답변할 때 유용하게 쓸 수 있는 표현입니다. 각 표현과 예문을 듣고 따라 말하며 익혀 보세요.

Track 29

1 광고

advertisement

연예인들은 광고를 통해 많은 돈을 번다.

Celebrities earn a lot of money through **advertisements**.

* 연예인, 유명인 celebrity

2 대중교통

public transportation

혼잡 시간대 동안에는 대중교통을 이용하는 것이 훨씬 더 빠르다.

It's much faster to use **public transportation** during rush hour.

* (출퇴근) 혼잡 시간대 rush hour

3 ~에 도착하다

get to ~

그는 제시간에 학교에 도착하기 위해서 오전 7시에 일어난다.

He wakes up at 7 A.M. to **get to** school on time.

* 제시간에 on time

Quiz 초록색으로 주어진 우리말 표현을 영어로 바꾸어 말해보세요.

Track 30

1. 지하철역에 도착하는 데 15분이 걸린다.

   It takes 15 minutes to ____________ the subway station.

2. 나는 차가 없어서, 항상 대중교통을 이용한다.

   I don't have a car, so I always use ________________________.

정답 p.297

④ 외국어

a foreign language

외국어를 유창하게 말하는 것은 어렵다.

It is difficult to speak **a foreign language** fluently.

* 유창하게 fluently

⑤ 버스[지하철, 자동차, 기차]로

by bus[subway, car, train]

나는 돈을 절약하기 위해 버스로 여행했다.

I travelled **by bus** to save money.

* 절약하다 save

⑥ 교통 체증

a traffic jam

그녀는 교통 체증 때문에 회사에 늦었다.

She was late to work because of **a traffic jam**.

Quiz 초록색으로 주어진 우리말 표현을 영어로 바꾸어 말해보세요. Track 30

3. 나는 외국어를 배우는 데 관심이 있다.

I am interested in learning ______________________.

4. 나는 오늘 교통 체증에 갇혀 있었다.

I was stuck in ______________________ today.

정답 p.297

⑦ ~을 좋아하다

be fond of

내가 가장 좋아하는 영화는 '매트릭스'이다.

The movie that I **am** most **fond of** is *The Matrix*.

⑧ ~로 여행을 가다

take a trip to ~

나에게는 매년 유럽으로 여행을 가는 친구가 있다.

I have a friend who **takes a trip to** Europe every year.

⑨ 멀미

motion sickness

나는 멀미 때문에 약을 먹어야 했다.

I had to take medicine for **motion sickness**.

* 약 medicine

Quiz 초록색으로 주어진 우리말 표현을 영어로 바꾸어 말해보세요. Track 30

5. 나는 비행기에서 멀미를 자주 경험한다.

   I often experience ______________________ on airplanes.

6. 그는 이번 여름에 캐나다로 여행을 가려고 계획하고 있다.

   He is planning to ______________________ Canada this summer.

정답 p.297

빈출 문제 공략하기

여기에서는 <미디어와 커뮤니케이션, 여행과 교통> 주제의 빈출 문제를 공략해봅니다. 각 문제에 대한 답변 아이디어 및 표현과 모범답변을 살펴본 후 나의 답변을 말해보세요.

PART 1

Track 31

Do you prefer funny advertisements or serious ones?

당신은 재미있는 광고를 선호하나요, 아니면 진지한 광고를 선호하나요?

핵심답변	재미있는 광고	funny advertisements
부연설명	• 이해하기 쉬운 • 경쾌한 음악, 흥미로운 장면, 참신한 아이디어들이 있다	• easy to understand • have lively songs, interesting scenes, and fresh ideas

핵심답변

Personally, I prefer funny advertisements.

개인적으로, 저는 재미있는 광고를 선호합니다.

부연설명

I like them **because** they are easy to understand.

이해하기 쉽기 때문에 저는 그것들을 좋아합니다.

Also, I enjoy them **since** funny advertisements usually have lively songs, interesting scenes, and fresh ideas.

또한, 재미있는 광고에는 보통 경쾌한 음악, 흥미로운 장면, 그리고 참신한 아이디어들이 있기 때문에 저는 그것들을 즐깁니다.

어휘 lively [láivli] 경쾌한, 활기찬 fresh [freʃ] 참신한, 신선한

나의 답변 말하기

답변 아이디어 및 표현과 모범답변을 참고하여 나의 답변을 말해보세요.

Track 32

2 Which do you like better, writing by hand or typing?

당신은 손으로 쓰는 것과 타이핑하는 것 중에 어느 것을 더 좋아하나요?

핵심답변	타이핑하는 것	typing
부연설명	• 훨씬 더 빠른 • 변경하기가 더 쉽다	• much faster • it's easier to make changes

핵심답변

I like typing more than handwriting.

저는 손으로 쓰는 것보다 타이핑하는 것을 더 좋아합니다.

부연설명

This is because using a computer is much faster than writing by hand.

이는 컴퓨터를 사용하는 것이 손으로 쓰는 것보다 훨씬 더 빠르기 때문입니다.

Moreover, it's easier to make changes when I type documents on the computer.

게다가, 컴퓨터로 문서를 타이핑할 때 변경하기가 더 쉽습니다.

어휘 make a change 변경하다, 수정하다 document[dákjumənt] 문서, 서류

★ 타이핑을 더 좋아하는 이유로 I can use different fonts(여러 가지 글씨체를 사용할 수 있다), it's easier to print and copy(출력하고 복사하기 더 쉽다)를 말할 수 있어요.

나의 답변 말하기

답변 아이디어 및 표현과 모범답변을 참고하여 나의 답변을 말해보세요.

Track 33

Do you prefer taking the subway or the bus?

당신은 지하철을 타는 것을 선호하나요, 아니면 버스를 타는 것을 선호하나요?

핵심답변	지하철을 타는 것을 선호한다	prefer taking the subway
부연설명	• 교통 체증을 피할 수 있다 • 버스를 탈 때 멀미를 한다	• can avoid traffic jams • get motion sickness when I take the bus

핵심답변

I prefer taking the subway.
저는 지하철을 타는 것을 선호합니다.

부연설명

That's because I can avoid traffic jams on the road.
그것은 제가 도로의 교통 체증을 피할 수 있기 때문입니다.

Plus, I often get motion sickness when I take the bus.
게다가, 저는 버스를 탈 때 자주 멀미를 합니다.

어휘 **take**[teik] (~을) 타다, (얼마의 시간이) 걸리다 **avoid**[əvɔ́id] 피하다, 회피하다

나의 답변 말하기

답변 아이디어 및 표현과 모범답변을 참고하여 나의 답변을 말해보세요.

Track 34

Do you use public transportation when you commute to work or go to school? 당신은 출근하거나 학교에 갈 때 대중교통을 이용하나요?

핵심답변	거의 매일 대중교통을 이용한다	use public transportation almost every day
부연설명	• 지하철로 15분 밖에 걸리지 않는다 • 차를 운전하는 것보다 더 싸고 편리한	• only takes 15 minutes by subway • cheaper and more convenient than driving a car

핵심답변

I use public transportation almost every day when I go to work.
저는 출근할 때 거의 매일 대중교통을 이용합니다.

부연설명

Actually, it only takes 15 minutes by subway to get to the office.
사실은, 사무실에 도착하는 데 지하철로 15분 밖에 걸리지 않습니다.

Also, taking public transportation is cheaper and more convenient than driving a car.
또한, 대중교통을 이용하는 것이 차를 운전하는 것보다 더 싸고 편리합니다.

어휘 go to work 출근하다

나의 답변 말하기

답변 아이디어 및 표현과 모범답변을 참고하여 나의 답변을 말해보세요.

나의 답변을 말해본 후, 266페이지의 답변 셀프 체크 포인트를 통해 나의 답변을 점검하고 보완하도록 합니다.

HACKERS
IELTS
SPEAKING BASIC

goHackers.com
학습자료 제공·유학정보 공유

4주에서는 3주에 이어 아이엘츠 스피킹 시험에서 자주 등장하는 주제들을
학습합니다. 주제별 빈출 문제와 답변에 유용하게 사용할 수 있는 표현들을 통해
아이엘츠 스피킹 실전에 대비해 봅시다.

스피킹 실전 대비하기 2

[주제별 공략] 특별 행사, 날씨와 자연

<특별 행사, 날씨와 자연>은 Part 2와 Part 3에서 자주 출제되는 주제입니다. 이 주제들의 빈출 문제를 알아보고 주제별 표현을 익힌 후, 빈출 문제에 답변하며 실전에 대비해 보세요.

빈출 문제 알아보기

PART 2&3

PART 2

과거에 당신이 연 행복했던 행사에 대해 말하라. 최빈출

어떤 종류의 행사였는지
그 행사를 준비하기 위해서 무엇을 했는지
그것이 성공적이었는지
그리고 어떤 기분이 들었는지 설명하라.

PART 3

사람들은 어떤 종류의 행사에 다른 사람들을 초대하나요? 최빈출

행사를 계획할 때 고려해야 할 것들은 무엇인가요?

날씨

PART 2

당신이 가장 좋아하는 날씨에 대해 말하라. 최빈출

그것이 어떤 날씨인지
그런 날씨에 보통 무엇을 하는지
그리고 왜 그 날씨를 좋아하는지 설명하라.

PART 3

당신 나라의 사람들은 일기예보를 어떻게 확인하나요? 최빈출

날씨가 사람들이 옷을 입는 방식에 영향을 미치나요?

주제별 표현 익히기

다음은 <특별 행사, 날씨와 자연> 주제의 문제에 답변할 때 유용하게 쓸 수 있는 표현입니다. 각 표현과 예문을 듣고 따라 말하며 익혀 보세요.

Track 1

① 결혼기념일

a wedding anniversary

결혼기념일은 부부들에게 매우 특별한 날이다.

A wedding anniversary is a very special day for couples.

② 반려동물을 기르다

have a pet

사람들은 반려동물을 기르는 것은 큰 책임이 따른다고 말한다.

People say **having a pet** is a big responsibility.

* 책임 responsibility

③ 식물에 물을 주다

water the plant

나는 일주일에 두 번 식물에 물을 준다.

I **water the plant** twice a week.

Quiz 초록색으로 주어진 우리말 표현을 영어로 바꾸어 말해보세요. Track 2

1. 나는 반려동물을 기르는 사람들은 일반적으로 더 행복하다고 생각한다.

   I think people who ________________ are generally happier.

2. 식물에 물을 주는 것은 나의 책임이다.

   It is my responsibility to ______________________.

정답 p.298

④ 특별한 날

special occasions

남자들은 보통 특별한 날에 넥타이를 맨다.

Men usually wear a tie on **special occasions**.

⑤ 귀중한 시간

quality time

부모가 자녀들과 귀중한 시간을 보내는 것은 중요하다.

It's important that parents spend **quality time** with their children.

* (시간을) 보내다 spend

⑥ 예약하다

make a reservation

우리는 인기 있는 식당에 예약해야 한다.

We need to **make a reservation** at the popular restaurant.

* 인기 있는 popular

Quiz 초록색으로 주어진 우리말 표현을 영어로 바꾸어 말해보세요. Track 2

3. 우리 가족은 보통 휴가에 호텔을 예약한다.

My family usually ______________________ for a hotel on holidays.

4. 나는 친구들과 함께 귀중한 시간을 보내는 것을 좋아한다.

I like to spend ________________ with my friends.

정답 p.298

⑦ 일기예보

the weather forecast

일기예보는 내일 맑을 것이라고 했다.

The weather forecast said it would be sunny tomorrow.

⑧ 집들이

a housewarming party

지수는 그녀의 새집에서 집들이를 했다.

Jisoo had **a housewarming party** at her new house.

⑨ 동물 애호가

an animal lover

그는 동물 애호가이기 때문에, 동물 보호소에서 자원 봉사를 한다.

Since he is **an animal lover**, he does volunteer work at an animal shelter.

* 보호소 shelter * 자원 봉사를 하다 do volunteer work

Quiz 초록색으로 주어진 우리말 표현을 영어로 바꾸어 말해보세요. Track 2

5. 나는 지난주에 집들이를 위해 케이크를 구웠다.

   I baked a cake for ______________________ last weekend.

6. 나는 매일 아침에 일기예보를 확인한다.

   I check ______________________ every morning.

정답 p.298

빈출 문제 공략하기

여기에서는 <특별 행사, 날씨와 자연> 주제의 빈출 문제를 공략해봅니다. 각 문제에 대한 답변 아이디어 및 표현과 모범답변을 살펴본 후 나의 답변을 말해보세요.

PART 2&3

Track 3

Describe a happy event you had in the past. 과거에 당신이 연 행복했던 행사에 대해 말하라.

You should say:

what kind of event it was 어떤 종류의 행사였는지

what you did to prepare for the event 그 행사를 준비하기 위해서 무엇을 했는지

whether it was successful 그것이 성공적이었는지

and explain how you felt. 그리고 어떤 기분이 들었는지 설명하라.

① 어떤 종류의 행사였는지	• 내 부모님의 결혼기념일 파티	• my parents' wedding anniversary party
② 준비하기 위해서 무엇을 했는지	• 집을 풍선과 꽃으로 장식했다 • 케이크를 구웠다	• decorated the house with balloons and flowers • baked a cake
③ 성공적이었는지	• 완전히 성공적인 • 부모님께서 놀라셨다 • 모두가 내가 만든 케이크를 좋아했다	• totally successful • my parents were surprised • everyone loved the cake I made
④ 어떤 기분이 들었는지	• 행복했다 • 부모님께 내가 그들을 얼마나 사랑하는지 보여드린다 • 그들의 반응은 정말 감동적이었다	• felt happy • show my parents how much I love them • their reaction was really touching

- parents' wedding anniversary party
- decorated the house, baked a cake
- successful
- surprised, loved the cake
- happy, show my parents how much I love them
- reaction was touching

① **I'd like to tell you about** my parents' wedding anniversary party last year. It was their 30th anniversary, so I wanted to make it special.

저는 작년 저희 부모님의 결혼기념일 파티에 대해 이야기하고 싶습니다. 그들의 30주년 기념일이어서, 저는 그것을 특별하게 만들고 싶었습니다.

② In order to prepare for this event, I decorated the house with balloons and flowers with my brother. **Also**, I baked a cake for them especially for this party.

이 행사를 준비하기 위해서, 저는 제 남동생과 함께 집을 풍선과 꽃으로 장식했습니다. 또한, 저는 특별히 이 파티를 위해 그들을 위한 케이크를 구웠습니다.

③ It was totally successful. My parents were surprised by the beautiful decorations in the house. **Moreover**, everyone loved the cake I made.

그것은 완전히 성공적이었습니다. 부모님께서는 집의 아름다운 장식들에 놀라셨습니다. 게다가, 모두가 제가 만든 케이크를 좋아했습니다.

④ I felt happy **because** I was able to show my parents how much I love them with this party. Their reaction was really touching on that day.

저는 이 파티로 부모님께 제가 그들을 얼마나 사랑하는지 보여드릴 수 있었기 때문에 행복했습니다. 그날 그들의 반응은 정말 감동적이었습니다.

어휘 prepare [pripέər] 준비하다, 마련하다 decorate [dékərèit] 장식하다, 꾸미다 totally [tóutəli] 완전히, 정말
be surprised by ~에 놀라다 touching [tʌ́tʃiŋ] 감동적인

나의 노트

나의 답변 말하기

답변 아이디어 및 표현과 모범답변을 참고하여 나의 답변을 말해보세요.

PART 3

Track 4

What types of events do people invite others to?

사람들은 어떤 종류의 행사에 다른 사람들을 초대하나요?

핵심답변	특별한 날의 파티	parties on special occasions
부연설명	• 행복한 순간들을 기념한다 • 친구들과 가족에게 오라고 초대한다	• celebrate happy moments • ask their friends and family to come

핵심답변

People like to invite others to parties on special occasions.
사람들은 특별한 날의 파티에 다른 사람들을 초대하는 것을 좋아합니다.

부연설명

This is because people want to celebrate happy moments with them.
이것은 사람들이 행복한 순간들을 그들과 함께 기념하고 싶어 하기 때문입니다.

For instance, they ask their friends and family to come to their ★birthday party or housewarming party.
예를 들어, 그들은 친구들과 가족에게 생일 파티나 집들이에 오라고 초대합니다.

어휘 celebrate[séləbrèit] 기념하다, 축하하다 ask[æsk] 초대하다, 묻다

★ 사람들을 초대하는 특별한 행사로 이런 행사들을 말할 수 있어요.

- graduation 졸업식
- wedding ceremony 결혼식
- first-birthday party 돌잔치

나의 답변 말하기

답변 아이디어 및 표현과 모범답변을 참고하여 나의 답변을 말해보세요.

Track 5

PART 3

3 What are some things to consider when planning an event?

행사를 계획할 때 고려해야 할 것들은 무엇인가요?

핵심답변 ①	시간을 고려해야 한다	should consider the time
부연설명	• 모든 손님에게 편한 시간을 찾는다	• find a convenient time for every guest
핵심답변 ②	완벽한 장소를 찾는 것	finding the perfect location
부연설명	• 행사를 위해 큰 장소가 필요하다	• need a big place for the event

핵심답변 ①

I think ★we should consider the time.

저는 우리가 시간을 고려해야 한다고 생각합니다.

부연설명

That's because we need to find a convenient time for every guest.

그것은 모든 손님에게 편한 시간을 찾아야 하기 때문입니다.

핵심답변 ②

Aside from that, finding the perfect location is important.

그뿐만 아니라, 완벽한 장소를 찾는 것이 중요합니다.

부연설명

If many guests plan to come, we'll need a big place for the event.

만약 많은 손님들이 올 계획이라면, 우리는 행사를 위해 큰 장소가 필요할 것입니다.

어휘 consider [kənsídər] 고려하다 location [loukéiʃən] 장소, 위치

★ 행사를 계획할 때 고려해야 할 요소로 making a budget(예산을 세우는 것)을 말하고 싶을 땐, helps people to spend money wisely(사람들이 돈을 현명하게 쓸 수 있도록 도와준다)를 이유로 말할 수 있어요.

나의 답변 말하기

답변 아이디어 및 표현과 모범답변을 참고하여 나의 답변을 말해보세요.

나의 답변을 말해본 후, 266페이지의 답변 셀프 체크 포인트를 통해 나의 답변을 점검하고 보완하도록 합니다.

[주제별 공략] 역사와 전통, 사회

<역사와 전통, 사회>는 Part 2와 Part 3에서 자주 출제되는 주제입니다. 이 주제들의 빈출 문제를 알아보고 주제별 표현을 익힌 후, 빈출 문제에 답변하며 실전에 대비해 보세요.

빈출 문제 알아보기

PART 2&3

역사

PART 2

역사 속 사건에 대해 말하라. 최빈출

그것이 언제 일어났는지
그것에 대해 어떻게 알게 되었는지
그리고 그것이 당신에게 왜 중요한지 설명하라.

PART 3

박물관 입장료가 무료여야 한다고 생각하나요? 최빈출

미래에 우리가 박물관에서 보게 될 21세기 물건은 무엇인가요?

소음

PART 2

당신이 가봤던 조용한 장소에 대해 말하라. 최빈출

그곳이 어디인지
그곳에서 무엇을 했는지
그곳을 얼마나 자주 방문하는지
그리고 왜 그 장소를 좋아하는지 설명하라.

PART 3

보통 어떤 장소들이 시끄러운가요? 최빈출

당신은 시끄러운 장소를 선호하나요, 아니면 조용한 장소를 선호하나요?

주제별 표현 익히기

다음은 <역사와 전통, 사회> 주제의 문제에 답변할 때 유용하게 쓸 수 있는 표현입니다. 각 표현과 예문을 듣고 따라 말하며 익혀 보세요.

Track 6

① 오래된 관습

an old custom

많은 한국인들은 여전히 오래된 관습을 따른다.

Many Koreans still follow **old customs**.

② 오래 전에

a long time ago

한글은 오래 전에 창제되었다.

Hangeul was created **a long time ago**.

③ 역사적인 장소

a historic place

한국에는 역사적인 장소들이 많이 있다.

There are many **historic places** in South Korea.

Quiz 초록색으로 주어진 우리말 표현을 영어로 바꾸어 말해보세요.

Track 7

1. 그 절은 오래 전에 지어졌다.

   The temple was built ____________________.

2. 경복궁은 많은 관광객들이 방문하는 역사적인 장소이다.

   Gyeongbok Palace is ____________________ that many tourists visit.

정답 p.298

④ 법을 위반하다
break the law

나는 거리에 주차함으로써 뜻하지 않게 법을 위반했다.

I accidentally **broke the law** by parking on the street.

* 뜻하지 않게 accidentally

⑤ 웃어른을 공경하다
respect one's elders

아이들에게 웃어른을 공경하도록 가르치는 것은 매우 중요하다.

It is very important to teach children to **respect their elders**.

⑥ 환경 문제
environmental issue

지구온난화는 세계에서 가장 심각한 환경 문제이다.

Global warming is the most serious **environmental issue** in the world.

* 지구온난화 global warming

Quiz 초록색으로 주어진 우리말 표현을 영어로 바꾸어 말해보세요. Track 7

3. 나는 법을 위반하는 사람들이 처벌받아야 한다고 생각한다.

I think people who ____________ should be punished.

4. 수질오염은 요즘 중요한 환경 문제이다.

Water pollution is an important ____________ these days.

정답 p.298

⑦ 전통 음식
traditional food

김치는 유명한 한국 전통 음식이다.
Kimchi is a famous Korean **traditional food**.

⑧ 소음을 내다
make a lot of noise

내 아파트 주변의 고양이들은 밤에 소음을 낸다.
Cats around my apartment **make a lot of noise** at night.

⑨ 오염된 공기
polluted air

오염된 공기는 여러 건강 문제들을 일으킬 수 있다.
Polluted air can cause various health problems.
* 건강 문제 health problem

Quiz 초록색으로 주어진 우리말 표현을 영어로 바꾸어 말해보세요. Track 7

5. 나는 운전자가 도로에서 소음을 낼 때 짜증이 난다.
   I get annoyed when a driver ________________ on the road.

6. 안동에 있는 많은 식당들은 전통 음식을 제공한다.
   Many restaurants in Andong serve ________________.

정답 p.298

빈출 문제 공략하기

여기에서는 <역사와 전통, 사회> 주제의 빈출 문제를 공략해봅니다. 각 문제에 대한 답변 아이디어 및 표현과 모범답변을 살펴본 후 나의 답변을 말해보세요.

PART 2&3

Track 8

PART 2

Describe a quiet place you have been to. 당신이 가봤던 조용한 장소에 대해 말하라.

You should say:

where it is 그곳이 어디인지

what you did there 그곳에서 무엇을 했는지

how often you visit 얼마나 자주 방문하는지

and explain why you like the place. 그리고 왜 그 장소를 좋아하는지 설명하라.

① 그곳이 어디인지	• 예술의전당	• the Seoul Arts Center
② 그곳에서 무엇을 했는지	• 모네 전시를 보았다 • 모네에 대한 강의가 있는 투어를 했다	• saw the Monet exhibition • took the tour with a lecture on Monet
③ 얼마나 자주 방문하는지	• 한 달에 한 번 주말에	• once a month on the weekend
④ 왜 그 장소를 좋아하는지	• 내 창의력을 북돋우고 내게 영감을 준다 • 유명한 작품을 보는 것을 대단히 좋아한다 • 편안함을 느낀다	• boosts my creativity and gives me inspiration • love seeing famous artwork • feel relaxed

- the Seoul Arts Center

- saw the Monet exhibition
- lecture on Monet

- once a month on the weekend

- boosts creativity, gives inspiration
- see famous artwork
- feel relaxed

모범답변

① **There are several** quiet places that I've been to, **but** the Seoul Arts Center **comes to mind first.**

제가 가봤던 몇몇 조용한 장소들이 있지만, 예술의전당이 가장 먼저 떠오릅니다.

② I saw the Monet exhibition there, and it was absolutely amazing. I took the tour with a lecture on Monet.

저는 그곳에서 모네 전시를 보았고, 그것은 굉장히 멋졌습니다. 저는 모네에 대한 강의가 있는 투어를 했습니다.

③ I usually go there once a month on the weekend.

저는 보통 한 달에 한 번 주말에 그곳에 갑니다.

④ I like the Seoul Arts Center **for several reasons**. **First**, going there boosts my creativity and gives me inspiration. **Second**, I love seeing famous artwork that was created a long time ago. **Lastly**, I feel relaxed **since** it's really quiet and peaceful.

저는 예술의전당을 몇 가지 이유로 좋아합니다. 첫째로, 그곳에 가는 것은 제 창의력을 북돋우고 제게 영감을 줍니다. 둘째로, 저는 오래전에 창작된 유명한 작품을 보는 것을 대단히 좋아합니다. 마지막으로, 이곳은 매우 조용하고 평화롭기 때문에, 저는 편안함을 느낍니다.

어휘 exhibition [èksəbíʃən] 전시, 전시회 absolutely [æbsəlú:tli] 굉장히, 전적으로 boost [bu:st] 북돋우다
inspiration [ìnspəréiʃən] 영감

나의 노트

나의 답변 말하기

답변 아이디어 및 표현과 모범답변을 참고하여 나의 답변을 말해보세요.

PART 3

What sort of place is usually noisy?

보통 어떤 장소들이 시끄러운가요?

Track 9

핵심답변	도심 지역	downtown areas
부연설명	• 혼잡하고 시끄럽다	• are crowded and noisy
	• 고객들을 끌어들이기 위해 큰 소리의 음악을 튼다	• turn on loud music to attract customers
	• 그 지역의 극심한 교통량	• the heavy traffic in the areas

핵심답변

I think ⊛downtown areas, **such as** Gangnam or Itaewon, are generally very noisy places.

저는 강남이나 이태원과 같은 도심 지역이 일반적으로 매우 시끄러운 장소라고 생각합니다.

부연설명

Many people go there for the big stores and famous restaurants, so these areas are always crowded and noisy.

많은 사람들이 큰 가게와 유명한 식당을 위해 그곳에 가서, 이런 지역은 항상 혼잡하고 시끄럽습니다.

Besides, the stores often make a lot of noise **because** they turn on loud music to attract customers.

게다가, 그 가게들은 고객들을 끌어들이기 위해 큰 소리의 음악을 틀기 때문에 종종 많은 소음을 냅니다.

Also, the heavy traffic in the areas makes them even noisier.

또한, 그 지역의 극심한 교통량은 그곳들을 훨씬 더 시끄럽게 만듭니다.

어휘 generally[dʒénərəli] 일반적으로, 대개 crowded[kráudid] 혼잡한, 붐비는 turn on (음악을) 틀다
attract[ətrǽkt] 끌어들이다, 끌어당기다 heavy[hévi] 극심한

⊛ 시끄러운 장소들에는 이런 곳들도 있어요.

- popular tourist destinations 유명한 관광지
- (sports) stadiums 경기장
- concert halls 공연장
- amusement parks 놀이공원

나의 답변 말하기

답변 아이디어 및 표현과 모범답변을 참고하여 나의 답변을 말해보세요.

PART 3

Do you prefer a noisy place or a quiet place?

당신은 시끄러운 장소를 선호하나요, 아니면 조용한 장소를 선호하나요?

핵심답변	조용한 장소	quiet places
부연설명	• 대화를 나누기 더 쉬운 • 내 일에 집중할 수 있다 • 집중을 방해하는 것들이 더 적다	• easier to have a conversation • can concentrate on my work • there are fewer distractions

핵심답변

It depends on the situation, **but** I usually prefer quiet places.
그것은 상황에 따라 다르겠지만, 저는 보통 조용한 장소를 선호합니다.

부연설명

This is because it's easier to have a conversation.
이것은 대화를 나누기가 더 쉽기 때문입니다.

When I chat in a noisy place, I often have to speak loudly and this makes me feel tired.
시끄러운 장소에서 이야기를 나눌 때, 저는 대개 큰 소리로 말해야 하고 이는 저를 피곤하게 만듭니다.

Moreover, I can concentrate on my work better in quiet places **since** there are fewer distractions.
게다가, 집중을 방해하는 것들이 더 적어서 저는 조용한 장소에서 제 일에 더 잘 집중할 수 있습니다.

결론

For these reasons, I enjoy spending time in quiet places.
이러한 이유들 때문에, 저는 조용한 장소에서 시간을 보내는 것을 즐깁니다.

어휘 have a conversation 대화를 나누다 chat [tʃæt] 이야기를 나누다, 수다를 떨다
concentrate on ~에 집중하다 distraction [distrǽkʃən] 집중을 방해하는 것, 주의 산만

나의 답변 말하기

답변 아이디어 및 표현과 모범답변을 참고하여 나의 답변을 말해보세요.

나의 답변을 말해본 후, 266페이지의 답변 셀프 체크 포인트를 통해 나의 답변을 점검하고 보완하도록 합니다.

[주제별 공략] 직업과 전공, 집과 건물

<직업과 전공, 집과 건물>은 모든 파트에서 자주 출제되는 주제입니다. 이 주제들의 빈출 문제를 알아보고 주제별 표현을 익힌 후, 빈출 문제에 답변하며 실전에 대비해 보세요.

빈출 문제 알아보기

PART 1

직업

- 당신은 학생인가요, 아니면 일을 하나요? 최빈출
- 당신은 미래에 어떤 분야에서 일하고 싶나요?

전공

- 당신의 전공을 선택한 이유는 무엇인가요? 최빈출
- 당신의 전공에 대해 좋아하는 점은 무엇인가요?

집

- 당신은 아파트에 사나요, 아니면 주택에 사나요? 최빈출
- 미래에 당신은 어떤 종류의 집에서 살고 싶나요?
- 당신의 주택 또는 아파트의 창문에서 무엇을 볼 수 있나요?
- 당신은 당신이 현재 살고 있는 집을 좋아하나요?

PART 2&3

직업

PART 2

당신이 잘할 것이라고 생각하는 직업에 대해 말하라. 최빈출

- 그 직업이 무엇인지
- 그 직업을 얻기 위해 어떤 종류의 교육이나 자격 요건이 요구되는지
- 그 직업이 보수가 좋은지

그리고 왜 이 직업을 잘할 것이라고 생각하는지 설명하라.

PART 3

요즘 어떤 종류의 직업들이 인기가 있나요? 최빈출

사람들이 열심히 일하도록 동기를 부여하는 것은 무엇인가요?

카페

PART 2

당신이 자주 방문하는 카페에 대해 말하라. 최빈출

- 그곳이 어디에 위치해 있는지
- 그곳에 얼마나 자주 가는지
- 그 카페에서 보통 무엇을 마시는지

그리고 왜 그곳에 자주 가는지 설명하라.

PART 3

사람들은 보통 카페에서 무엇을 하나요? 최빈출

식당과 카페의 차이점은 무엇인가요?

주제별 표현 익히기

다음은 <직업과 전공, 집과 건물> 주제의 문제에 답변할 때 유용하게 쓸 수 있는 표현입니다. 각 표현과 예문을 듣고 따라 말하며 익혀 보세요.

Track 11

① ~을 전공하다

major in

우리 아버지께서는 내가 경영학을 전공하기를 원하신다.

My father wants me to **major in** business management.

* 경영학 business management

② ~로 이사하다

move to

우리 가족은 이번 겨울에 부산으로 이사할 예정이다.

My family is going to **move to** Busan this winter.

③ 대학 시절에

in college

나는 민경이를 대학 시절에 처음 만났고 우리는 함께 수업을 들었다.

I first met Minkyung **in college** and we took classes together.

* 수업을 듣다 take a class

Quiz 초록색으로 주어진 우리말 표현을 영어로 바꾸어 말해보세요.

Track 12

1. 나는 아름다운 풍경 때문에 해안으로 이사하고 싶다.

   I want to ______________ the coast because of the beautiful scenery.

2. 나는 화학을 전공하고 있다.

   I ____________________ chemistry.

정답 p.298

④ 초과 근무를 하다

work overtime

나는 중요한 프로젝트가 있을 때 때때로 초과 근무를 한다.

I sometimes **work overtime** when I have an important project.

⑤ 15층짜리 건물

a fifteen-story building

시청 옆에 쇼핑몰이 있는 15층짜리 건물이 있다.

There's **a fifteen-story building** with a shopping mall next to city hall.

* 시청 city hall * ~ 옆에 next to

⑥ 팀으로 일하다

work in a team

팀으로 일할 때 우리는 책임을 분담해야 한다.

We should share responsibilities when we **work in a team**.

* 책임을 분담하다 share responsibility

Quiz 초록색으로 주어진 우리말 표현을 영어로 바꾸어 말해보세요. Track 12

3. 나는 혼자서 일하는 것보다는 팀으로 일하는 것을 선호한다.

   I prefer to ______________ rather than work alone.

4. 나는 최소한 일주일에 세 번은 초과 근무를 한다.

   I ______________ at least three times a week.

정답 p.298

7 구직 활동을 하다

look for a job

요즘에는 많은 사람들이 온라인으로 구직 활동을 한다.

Many people **look for a job** online nowadays.

* 요즘에는 nowadays

8 ~으로 구성되다

consist of

그 사무실은 12개의 방과 구내식당으로 구성되어 있다.

The office **consists of** 12 rooms and a cafeteria.

* 구내식당 cafeteria

9 과중한 업무량

a heavy workload

우리 사무실의 몇몇 사람들은 과중한 업무량 때문에 초과 근무를 한다.

Some people in my office work overtime because of the **heavy workload**.

Quiz 초록색으로 주어진 우리말 표현을 영어로 바꾸어 말해보세요. Track 12

5. 내 아파트는 침실 두 개와 거실로 구성되어 있다.

My apartment ______________ two bedrooms and a living room.

6. 과중한 업무량은 지나친 스트레스를 야기할 수 있다.

______________________ can cause too much stress.

정답 p.298

⑩ 대학원

graduate school

나는 대학원에 가기 위해서 높은 학점 평점을 받아야 한다.

I need to get a high GPA to go to **graduate school**.

* 학점 평점 GPA(Grade Point Average)

⑪ 돈을 벌다

make money

나는 대학교 때 돈을 벌기 위해 아르바이트를 했다.

I had a part-time job to **make money** in college.

* 아르바이트를 하다 have a part-time job

⑫ 완벽한 장소

the perfect place

나는 시골이 살기에 완벽한 장소라고 생각한다.

I think the countryside is **the perfect place** to live.

* 시골, 지방 countryside

Quiz 초록색으로 주어진 우리말 표현을 영어로 바꾸어 말해보세요. Track 12

7. 우리나라에서 의사들은 많은 돈을 번다.

Doctors __________ a lot of __________ in my country.

8. 나는 내년에 대학원에 가려고 계획 중이다.

I'm planning to go to ____________________ next year.

정답 p.298

빈출 문제 공략하기

여기에서는 <직업과 전공, 집과 건물> 주제의 빈출 문제를 공략해봅니다. 각 문제에 대한 답변 아이디어 및 표현과 모범답변을 살펴본 후 나의 답변을 말해보세요.

PART 1

Track 13

1 Are you a student or do you work?

당신은 학생인가요, 아니면 일을 하나요?

핵심답변	일을 한다	I work
부연설명	• 건설 회사의 영업 사원 • 과도한 업무량 때문에 바쁜	• a salesperson at a construction company • busy because of my heavy workload

핵심답변

I work.
저는 일을 합니다.

부연설명

I'm a salesperson at a construction company.
저는 건설 회사의 영업 사원입니다.

Actually, I'm always busy because of my heavy workload.
사실은, 저는 과도한 업무량 때문에 항상 바쁩니다.

어휘 salesperson [séilzpə̀:rsn] 영업 사원 construction [kənstrʌ́kʃən] 건설

학생일 경우에는 I'm a student(저는 학생입니다)라고 말한 뒤, 자신의 전공을 말할 수 있어요.

- I major in design. 저는 디자인을 전공합니다.
- I'm majoring in computer science. 저는 컴퓨터 공학을 전공하고 있습니다.
- I'm studying accounting. 저는 회계학을 공부하고 있습니다.
- My major is business management. 제 전공은 경영학입니다.

나의 답변 말하기

답변 아이디어 및 표현과 모범답변을 참고하여 나의 답변을 말해보세요.

In what field would you like to work in the future?

당신은 미래에 어떤 분야에서 일하고 싶나요?

핵심답변	소프트웨어 개발 분야에서	in the field of software development
부연설명	• 스마트폰 애플리케이션 개발자 • 작은 소프트웨어 회사를 시작하다	• a smartphone application developer • start a small software company

핵심답변

I'd like to work in the field of software development.

저는 소프트웨어 개발 분야에서 일하고 싶습니다.

부연설명

To be specific, I want to be a smartphone application developer.

구체적으로, 저는 스마트폰 애플리케이션 개발자가 되고 싶습니다.

My goal is to start a small software company someday.

제 목표는 언젠가 작은 소프트웨어 회사를 시작하는 것입니다.

어휘 field [fi:ld] 분야 development [divéləpmənt] 개발 someday [sʌ́mdèi] 언젠가, 훗날

자신이 일하고 싶은 분야로 바꾸어 말해보세요.

- finance 재무
- nursing 간호
- advertising 광고
- publishing 출판
- education 교육
- insurance 보험

나의 답변 말하기

답변 아이디어 및 표현과 모범답변을 참고하여 나의 답변을 말해보세요.

Track 15

Do you live in an apartment or a house?

당신은 아파트에 사나요, 아니면 주택에 사나요?

핵심답변	아파트	an apartment
부연설명	• 15층짜리 건물에 있는 • 7층에 산다 • 나는 그곳에서 10년 동안 살았다 • 편안한	• in a fifteen-story building • live on the seventh floor • I've lived there for 10 years • comfortable

핵심답변

I live in an apartment.
저는 아파트에 삽니다.

부연설명

It's in a fifteen-story building, and I live on the seventh floor.
이것은 15층짜리 건물에 있고, 저는 7층에 삽니다.

In fact, I've lived there for 10 years.
사실은, 저는 그곳에서 10년 동안 살았습니다.

The building is kind of old, but I still find my apartment comfortable.
건물은 약간 낡았지만, 저는 여전히 제 아파트가 편안하다고 생각합니다.

어휘 kind of 약간, 어느 정도 old [ould] 낡은, 오래된 find [faind] ~라고 생각하다
comfortable [kʌ́mfərtəbl] 편안한, 편한

나의 답변 말하기

답변 아이디어 및 표현과 모범답변을 참고하여 나의 답변을 말해보세요.

In the future, what kind of house would you like to live in?

미래에 당신은 어떤 종류의 집에서 살고 싶나요?

핵심답변	마당이 있는 이층집	a two-story house with a yard
부연설명	• 큰 개를 기르고 싶다 • 부모님의 취미가 채소를 기르는 것이다	• want to have a big dog • my parents' hobby is growing vegetables

핵심답변

I'd like to live in a two-story house with a yard.
저는 마당이 있는 이층집에서 살고 싶습니다.

부연설명

This is because I want to have a big dog in the future.
이것은 제가 미래에 큰 개를 기르고 싶기 때문입니다.

Also, **since** my parents' hobby is growing vegetables, it would be nice to have a yard.
또한, 부모님의 취미가 채소를 기르는 것이기 때문에, 마당이 있다면 좋을 것입니다.

어휘 two-story house 이층집 yard [jɑːrd] 마당, 뜰

나의 답변 말하기

답변 아이디어 및 표현과 모범답변을 참고하여 나의 답변을 말해보세요.

PART 2&3

PART 2

Track 17

Describe a café you visit often. 당신이 자주 방문하는 카페에 대해 말하라.

You should say:

- **where it is located** 그곳이 어디에 위치해 있는지
- **how often you go there** 그곳에 얼마나 자주 가는지
- **what you usually drink at the café** 그 카페에서 보통 무엇을 마시는지

and explain why you go there often. 그리고 왜 그곳에 자주 가는지 설명하라.

① 그곳이 어디에 위치해 있는지	• 내 사무실 바로 옆	• right next to my office
② 그곳에 얼마나 자주 가는지	• 거의 매일	• almost every day
③ 그 카페에서 보통 무엇을 마시는지	• 보통 블랙커피를 마신다 • 가끔 녹차를 마신다	• usually get black coffee • sometimes get green tea
④ 왜 그곳에 자주 가는지	• 음료 크기가 매우 크다 • 가격이 싸다 • 아늑하고 조용한	• the drink sizes are very large • the prices are low • cozy and quiet

- right next to my office
- almost every day
- black coffee
- green tea
- drink sizes are large, prices are low
- cozy and quiet

① I often visit a café that is located right next to my office.
저는 제 사무실 바로 옆에 위치해 있는 카페에 자주 방문합니다.

② I go there almost every day. **That's because** I get sleepy after eating lunch and need some caffeine to wake up.
저는 그곳에 거의 매일 갑니다. 그것은 제가 점심을 먹은 후에 졸려서 잠에서 깨기 위해 카페인이 필요하기 때문입니다.

③ At the café, I usually get black coffee **since** I don't like sweet drinks. **However**, I sometimes get green tea instead.
그 카페에서, 저는 달콤한 음료를 좋아하지 않기 때문에 보통 블랙커피를 마십니다. 하지만, 가끔 그 대신에 녹차를 마시기도 합니다.

④ **There are several reasons why** I like going to this café. **To begin with**, ★the drink sizes are very large, and the prices are pretty low. **Moreover**, the café is cozy and quiet, so it's a good place to read magazines or relax.
제가 이 카페에 가는 것을 좋아하는 몇 가지 이유가 있습니다. 우선, 음료 크기가 매우 크고, 가격이 매우 쌉니다. 게다가, 그 카페는 아늑하고 조용해서, 잡지를 읽거나 휴식을 취하기에 좋은 장소입니다.

어휘 wake up 잠에서 깨다, 정신을 차리다 instead [instéd] 그 대신에 cozy [kóuzi] 아늑한, 편안한

★ 카페를 좋아하는 이유로 여러 가지를 말할 수 있어요.
- it sells great desserts 그곳은 훌륭한 디저트를 판매합니다
- it has a great atmosphere 그곳은 분위기가 아주 좋습니다
- the baristas are very friendly 바리스타들이 매우 친절합니다

나의 노트

나의 답변 말하기
답변 아이디어 및 표현과 모범답변을 참고하여 나의 답변을 말해보세요.

PART 3

What do people usually do at cafés?

사람들은 보통 카페에서 무엇을 하나요?

핵심답변 ①	친구들을 만난다	meet their friends
부연설명	• 수다를 떨고, 커피를 마시고, 디저트를 먹기에 완벽한 장소	• the perfect place to chat, drink coffee, and eat dessert
핵심답변 ②	공부한다	study
부연설명	• 과제를 하거나 책을 읽는다	• do their assignments or read books

핵심답변 ①

People usually meet their friends at cafés.

사람들은 보통 카페에서 친구들을 만납니다.

부연설명

This is because coffee shops are the perfect place to chat, drink coffee, and eat dessert.

이것은 카페가 수다를 떨고, 커피를 마시고, 디저트를 먹기에 완벽한 장소이기 때문입니다.

핵심답변 ②

Also, many people like to study at cafés.

또한, 많은 사람들은 카페에서 공부하는 것을 좋아합니다.

부연설명

Since cafés are normally pretty quiet, lots of people do their assignments or read books there.

보통 카페는 꽤 조용하기 때문에, 많은 사람들이 그곳에서 과제를 하거나 책을 읽습니다.

어휘 chat[tʃæt] 수다를 떨다 normally[nɔ́ːrməli] 보통, 보통 때는 assignment[əsáinmənt] 과제, 과제물

나의 답변 말하기

답변 아이디어 및 표현과 모범답변을 참고하여 나의 답변을 말해보세요.

PART 3

3 What are the differences between restaurants and cafés?

식당과 카페의 차이점은 무엇인가요?

핵심답변 ①	다른 종류의 음식을 가지고 있다	have different types of food
부연설명	• 식당은 식사를 제공한다 • 카페는 주로 음료와 디저트를 판다	• restaurants serve meals • cafés mostly sell drinks and desserts
핵심답변 ②	식당에서보다 카페에서 더 오래 머문다	stay in cafés longer than in restaurants
부연설명	• 식사를 끝내면 식당을 떠난다 • 음료를 다 마신 후에도 카페에 오랫동안 앉아 있는다	• leave restaurants after they finish eating • sit in cafés for a long time after finishing their drinks

서론

I think there are some differences between restaurants and cafés.
저는 식당과 카페 간에 몇 가지 차이점이 있다고 생각합니다.

핵심답변 ①

First of all, they have different types of food.
우선, 그들은 다른 종류의 음식을 가지고 있습니다.

부연설명

Usually, restaurants serve meals, but cafés mostly sell drinks and desserts.
보통, 식당은 식사를 제공하지만, 카페는 주로 음료와 디저트를 팝니다.

핵심답변 ②

Secondly, people tend to stay in cafés longer than in restaurants.
둘째로, 사람들은 식당에서보다 카페에서 더 오래 머무는 경향이 있습니다.

부연설명

For example, customers often leave restaurants right after they finish eating.
예를 들어, 고객들은 종종 그들이 식사를 끝내면 바로 식당을 떠납니다.

However, many people sit in cafés for a long time after finishing their drinks.
하지만, 많은 사람들은 음료를 다 마신 후에도 카페에 오랫동안 앉아 있습니다.

어휘 serve[sə:rv] (음식·서비스를) 제공하다 tend to ~하는 경향이 있다 right after ~이 끝나면 바로, 직후에

나의 답변 말하기

답변 아이디어 및 표현과 모범답변을 참고하여 나의 답변을 말해보세요.

나의 답변을 말해본 후, 266페이지의 답변 셀프 체크 포인트를 통해 나의 답변을 점검하고 보완하도록 합니다.

4일 [주제별 공략] 여가시간과 취미, 스포츠와 활동

<여가시간과 취미, 스포츠와 활동>은 모든 파트에서 자주 출제되는 주제입니다. 이 주제들의 빈출 문제를 알아보고 주제별 표현을 익힌 후, 빈출 문제에 답변하며 실전에 대비해 보세요.

빈출 문제 알아보기

PART 1

여가

- 당신은 일 또는 수업이 끝난 후에 무엇을 하나요? 최빈출
- 당신은 자유 시간에 보통 무엇을 하나요?

책

- 당신은 어렸을 때 책을 많이 읽었나요? 최빈출

영화

- 당신은 영화 보는 것을 좋아하나요? 최빈출

활동

- 당신은 실내 활동을 좋아하나요? 최빈출
- 당신은 어렸을 때 어떤 실내 활동을 배웠나요?
- 당신은 미래에 어떤 종류의 실내 활동을 배우고 싶나요?
- 당신이 물 근처에서 하는 활동에 대해 말해주세요.

PART 2&3

휴식

PART 2

휴식을 취하기에 좋은 장소에 대해 말하라. 최빈출

그곳이 어디인지
보통 누구와 함께 가는지
그곳에서 무엇을 하는지
그리고 왜 이 장소가 편안한지 설명하라.

PART 3

당신은 충분한 휴식을 취하는 것이 중요하다고 생각하나요? 최빈출

당신 나라의 사람들에게 휴식을 취하기 위해서 책을 읽는 것은 흔한 일인가요?

스포츠

PART 2

당신이 최근에 배운 스포츠에 대해 말하라. 최빈출

어떤 스포츠인지
어떻게 그 스포츠를 배웠는지
그것을 즐기는지
그리고 그것을 다른 사람들에게 추천할 것인지 설명하라.

PART 3

사람들은 왜 익스트림 스포츠를 즐기나요? 최빈출

당신은 사람들이 익스트림 스포츠를 시도하는 것을 두려워한다고 생각하나요?

주제별 표현 익히기

다음은 <여가시간과 취미, 스포츠와 활동> 주제의 문제에 답변할 때 유용하게 쓸 수 있는 표현입니다. 각 표현과 예문을 듣고 따라 말하며 익혀 보세요.

Track 20

① 스트레스를 풀다

relieve stress

그녀는 스트레스를 풀기 위해 퇴근 후에 요가를 한다.

She does yoga after work to **relieve stress**.

② 여가시간

free time

나는 여가시간에 음악을 듣거나 영화를 본다.

I listen to music or watch movies in my **free time**.

③ 연습하다

practice

나는 연습을 아주 많이 하기 때문에 농구를 잘 한다.

I'm good at playing basketball because I **practice** a lot.

* ~을 잘 하다 be good at

Quiz 초록색으로 주어진 우리말 표현을 영어로 바꾸어 말해보세요. Track 21

1. 춤을 추는 것은 스트레스를 푸는 좋은 방법이다.

   Dancing is a good way to ______________________.

2. 나는 매일 기타를 연습하려고 노력하지만, 가끔 못 할 때도 있다.

   I try to ______________ guitar every day, but sometimes I can't.

정답 p.299

④ 낚시하러 가다

go fishing

나는 한 달에 한 번 삼촌과 낚시하러 간다.

I **go fishing** with my uncle once a month.

⑤ ~에 관심이 있다

be interested in

그녀는 사진 촬영에 관심이 있어서, 그것에 관한 책들을 많이 읽는다.

She **is interested in** photography, so she reads a lot of books about it.

* 사진 촬영 photography

⑥ 인터넷 서핑을 하다

surf the Internet

그는 요리법을 찾아야 할 때마다 인터넷 서핑을 한다.

He **surfs the Internet** whenever he needs to find recipes.

* 요리법 recipe * ~할 때마다 whenever

Quiz 초록색으로 주어진 우리말 표현을 영어로 바꾸어 말해보세요. Track 21

3. 나는 버스에 타고 있을 때 보통 인터넷 서핑을 한다.

I usually ______________________ when I'm on the bus.

4. 나는 해외의 엽서를 모으는 것에 관심이 있다.

I ______________________ collecting postcards from abroad.

정답 p.299

7 건강을 증진하다

improve one's health

나는 건강을 증진하기 위해 설탕을 덜 먹는다.

I eat less sugar to **improve my health**.

8 실내 활동

indoor activities

우리는 비 오는 날에 보통 실내 활동을 한다.

We usually do **indoor activities** on a rainy day.

9 재충전하다

recharge

그녀는 주말에 집에서 휴식을 취하며 재충전하는 것을 좋아한다.

She likes to **recharge** on weekends by relaxing at home.

Quiz 초록색으로 주어진 우리말 표현을 영어로 바꾸어 말해보세요. Track 21

5. 올해 내 목표는 나의 건강을 증진하는 것이다.

   My goal for this year is to ______________________.

6. 나는 비디오 게임을 하고 영화를 보는 것과 같은 실내 활동을 즐긴다.

   I enjoy ________________, such as playing video games and watching movies.

정답 p.299

⑩ 체육관에 가다

go to the gym

그녀는 체중을 감량하기 위해서 매일 체육관에 간다.

She **goes to the gym** every day to lose weight.

* 체중을 감량하다 lose weight

⑪ 산책하다

take a walk

나는 일주일에 두 번 저녁에 강아지와 산책한다.

I **take a walk** with my dog twice a week in the evenings.

⑫ 충분한 휴식을 취하다

get enough rest

사람들이 충분한 휴식을 취하는 것은 매우 중요하다.

It's very important for people to **get enough rest**.

Quiz 초록색으로 주어진 우리말 표현을 영어로 바꾸어 말해보세요. Track 21

7. 우리는 체육관에 가면 러닝머신에서 뛴다.

We run on treadmills when we ______________________.

8. 나는 점심을 먹고 난 후 종종 공원에서 산책한다.

I often ________________ in the park after eating lunch.

정답 p.299

빈출 문제 공략하기

여기에서는 <여가시간과 취미, 스포츠와 활동> 주제의 빈출 문제를 공략해봅니다. 각 문제에 대한 답변 아이디어 및 표현과 모범답변을 살펴본 후 나의 답변을 말해보세요.

PART 1

Track 22

① What do you do after work or class?

당신은 일 또는 수업이 끝난 후에 무엇을 하나요?

답변 아이디어 & 표현

핵심답변	운동을 한다	exercise
부연설명	• 공원에서 걷거나 조깅한다 • 체육관에 간다	• walk or jog in the park • go to the gym

모범답변

핵심답변

I usually exercise after work.
저는 보통 일이 끝난 후에 운동을 합니다.

부연설명

On sunny days, I like to walk or jog in the park near my house.
맑은 날에는, 집 근처의 공원에서 걷거나 조깅하는 것을 좋아합니다.

If it's raining outside, I go to the gym instead.
만약 밖에 비가 오면, 저는 그 대신에 체육관에 갑니다.

어휘 jog [dʒɑg] 조깅하다, 뛰다 gym [dʒim] 체육관, 헬스장

㊉ 일 또는 수업이 끝난 후에 하는 활동을 말할 땐 아래 표현들을 활용할 수 있어요.

- watch TV shows TV 프로그램을 보다
- hang out with my friends 친구들과 어울리다
- play computer games 컴퓨터 게임을 하다
- chat with my friends in a café 카페에서 친구들과 수다를 떨다

나의 답변 말하기

답변 아이디어 및 표현과 모범답변을 참고하여 나의 답변을 말해보세요.

Track 23

Did you read a lot of books when you were young?

당신은 어렸을 때 책을 많이 읽었나요?

핵심답변	책을 많이 읽지 않았다	I didn't read a lot of books
부연설명	• 책 읽는 것을 싫어했다 • 영화를 보거나 친구들과 축구를 했다 • 일 년에 최소한 다섯 권의 책을 읽으려고 노력하고 있다	• hated reading books • watched movies or played soccer with my friends • trying to read at least five books a year

핵심답변

No, I didn't.

아니요, 저는 책을 많이 읽지 않았습니다.

부연설명

Actually, I hated reading books when I was young.

사실은, 저는 어렸을 때 책 읽는 것을 싫어했습니다.

I often watched movies or played soccer with my friends rather than read.

저는 책을 읽기보다는 종종 영화를 보거나 친구들과 축구를 했습니다.

However, now I'm trying to read at least five books a year.

하지만, 저는 이제 일 년에 최소한 다섯 권의 책을 읽으려고 노력하고 있습니다.

어휘 hate [heit] (몹시) 싫어하다 rather than ~보다는 try to ~하려고 노력하다 at least 최소한

나의 답변 말하기

답변 아이디어 및 표현과 모범답변을 참고하여 나의 답변을 말해보세요.

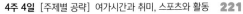

Track 24

Do you like indoor activities?

당신은 실내 활동을 좋아하나요?

핵심답변	매우 좋아한다	very much
부연설명	• 특히 보드게임 하는 것을 좋아한다 • 다양한 종류의 게임이 있다 • 실내 스포츠를 즐긴다	• especially love to play board games • there are various kinds of games • enjoy indoor sports

핵심답변

Yes, I like indoor activities very much.
네, 저는 실내 활동을 매우 좋아합니다.

부연설명

I especially love ★to play board games.
저는 특히 보드게임 하는 것을 좋아합니다.

That's because there are various kinds of games, **like** Monopoly and Jenga.
그것은 모노폴리와 젠가와 같은 다양한 종류의 게임이 있기 때문입니다.

I **also** enjoy indoor sports, **like** bowling and ping-pong.
저는 또한 볼링과 탁구와 같은 실내 스포츠를 즐깁니다.

어휘 especially [ispéʃəli] 특히, 더욱 various [vɛ́əriəs] 다양한, 여러 가지의 ping-pong [píŋpὰŋ] 탁구

★ 자신이 좋아하는 실내 활동으로 바꾸어 말해보세요.

- doing flower arranging 꽃꽂이하기
- playing with my dog 강아지와 놀기
- reading books 책 읽기
- playing pool 당구 치기

나의 답변 말하기

답변 아이디어 및 표현과 모범답변을 참고하여 나의 답변을 말해보세요.

Track 25

Tell me about an activity you do near the water.

당신이 물 근처에서 하는 활동에 대해 말해주세요.

핵심답변	물에 발을 담그거나 모래성을 쌓는다	put my feet in the water or build sandcastles
부연설명	• 앉아서 경치를 즐긴다 • 강 근처에서 아버지와 함께 낚시한다	• sit and enjoy the view • fish with my father near the river

핵심답변

I put my feet in the water or build sandcastles at the beach.
저는 해변에서 물에 발을 담그거나 모래성을 쌓습니다.

부연설명

Also, I just sit and enjoy the view when I want to relax.
또한, 휴식을 취하고 싶을 때는 그냥 앉아서 경치를 즐깁니다.

Sometimes, I like fishing with my father near the river **as well**.
때때로는, 강 근처에서 아버지와 함께 낚시하는 것도 좋아합니다.

어휘 sandcastle [sǽndkæ̀sl] 모래성 fish [fiʃ] 낚시하다

나의 답변 말하기

답변 아이디어 및 표현과 모범답변을 참고하여 나의 답변을 말해보세요.

PART 2&3

Track 26

PART 2

1

Describe a good place to relax. 휴식을 취하기에 좋은 장소에 대해 말하라.

You should say:

where it is 그곳이 어디인지

who you usually go with 보통 누구와 함께 가는지

what you do there 그곳에서 무엇을 하는지

and explain why this place is relaxing. 그리고 왜 이 장소가 편안한지 설명하라.

답변 아이디어 & 표현

① 그곳이 어디인지	• 양재 시민의 숲 • 양재동에 위치한 큰 공원	• Yangjae Citizens' Forest • a big park located in Yangjae-dong
② 보통 누구와 함께 가는지	• 내 여동생과 그곳에 가는 것을 좋아한다 • 머리를 식히고 싶으면 혼자서 간다	• like going there with my sister • go alone when I want to clear my head
③ 그곳에서 무엇을 하는지	• 잔디밭에서 피크닉을 한다 • 오솔길을 따라 자전거를 탄다	• have a picnic on the grass • ride a bicycle along the trail
④ 왜 이 장소가 편안한지	• 자연을 즐길 수 있다 • 아주 조용하고 평화롭다	• can enjoy nature • it's so quiet and peaceful

모범노트

- Yangjae Citizens' Forest, in Yangjae-dong

- with my sister
- go alone

- have a picnic, ride a bicycle

- enjoy nature
- quiet and peaceful

모범답변

① **I'd like to talk about** Yangjae Citizens' Forest, which is my favorite place to relax. It's a big park ⊛ located in Yangjae-dong, and it takes about 15 minutes to get there from my house on foot.
저는 휴식을 취하기에 제가 가장 좋아하는 장소인 양재 시민의 숲에 대해 이야기하고 싶습니다. 이곳은 양재동에 위치한 큰 공원이며, 집에서 그곳에 도착하는 데 도보로 15분 정도 걸립니다.

② I like going there with my sister on weekends. Sometimes, I just go alone when I want to clear my head.
저는 제 여동생과 주말에 그곳에 가는 것을 좋아합니다. 가끔, 머리를 식히고 싶으면 그냥 혼자서 갑니다.

③ When I go there, I normally have a picnic on the grass or ride a bicycle along the trail.
그곳에 갈 때, 저는 보통 잔디밭에서 피크닉을 하거나 오솔길을 따라 자전거를 탑니다.

④ I find Yangjae Citizens' Forest very relaxing **for a couple of reasons**. **First**, I can enjoy nature there **because** it has lots of beautiful trees and flowers. **Plus**, I can calm down and relax at the park **since** it's so quiet and peaceful.
저는 몇 가지 이유로 양재 시민의 숲이 매우 편안하다고 생각합니다. 첫째로, 그곳에는 아름다운 나무와 꽃이 많기 때문에 저는 그곳에서 자연을 즐길 수 있습니다. 게다가, 그곳은 아주 조용하고 평화롭기 때문에 저는 공원에서 마음을 가라앉히고 휴식을 취할 수 있습니다.

어휘 take 시간 to ~하는 데 (시간)이 걸리다 on foot 도보로 clear one's head 머리를 식히다, 머리를 맑게 하다
have a picnic 피크닉을 하다, 소풍을 가다 trail [treil] 오솔길, 산길 calm down 마음을 가라앉히다, 진정하다

⊛ 위치를 이야기할 때에는 be located 뒤에 in my neighborhood(우리 동네에), near Jamsil Station(잠실역 근처에), in front of the hospital(병원 앞에), in the center of the city(시내 중심에)와 같은 표현을 덧붙여 말할 수 있어요.

나의 노트

나의 답변 말하기

답변 아이디어 및 표현과 모범답변을 참고하여 나의 답변을 말해보세요.

Track 27

Do you think it's important to get enough rest?

당신은 충분한 휴식을 취하는 것이 중요하다고 생각하나요?

핵심답변	충분한 휴식을 취하는 것이 중요하다	getting enough rest is important
부연설명	• 사람들을 더 잘 집중하도록 한다 • 스트레스를 받고 집중할 수가 없다 • 더 활기가 넘치고 논리적으로 생각할 수 있다	• allows people to concentrate better • get stressed out and can't focus • can be more energetic and think straight

핵심답변

I think getting enough rest is important **because** it allows people to concentrate better.
저는 충분한 휴식을 취하는 것이 사람들을 더 잘 집중하도록 하기 때문에 중요하다고 생각합니다.

부연설명

When people are tired, they get stressed out and can't focus.
사람들은 피곤할 때, 스트레스를 받고 집중할 수가 없습니다.

On the other hand, when people rest well, they can be more energetic and think straight.
반면에, 사람들이 잘 쉬었을 때에는, 더 활기가 넘치고 논리적으로 생각할 수 있습니다.

결론

Therefore, people should get enough rest to study and work efficiently.
따라서, 사람들이 능률적으로 공부하고 일하기 위해서는 충분한 휴식을 취해야 합니다.

어휘 allow[əláu] ~하도록 하다, 허락하다 get stressed out 스트레스를 받다 focus[fóukəs] 집중하다
energetic[ènərdʒétik] 활기가 넘치는, 활동적인 think straight 논리적으로 생각하다
efficiently[ifíʃəntli] 능률적으로, 효율적으로

나의 답변 말하기

답변 아이디어 및 표현과 모범답변을 참고하여 나의 답변을 말해보세요.

Track 28

PART 3

Is it common for people in your country to read books in order to relax? 당신 나라의 사람들에게 휴식을 취하기 위해서 책을 읽는 것은 흔한 일인가요?

핵심답변	별로 그렇지 않다	Not really
부연설명	• 국내 곳곳을 여행하는 것을 선호한다 • 사람들이 휴식을 취할 수 있는 장소가 많다 • 그냥 집에 머무르며 휴식을 취한다 • 인터넷 서핑을 하거나, TV를 보거나, 잠을 잔다	• prefer to travel around the country • there are many places where people can take a break • just stay at home and rest • surf the Internet, watch TV, or sleep

모범답변

핵심답변

Not really.
별로 그렇지 않습니다.

부연설명

Instead, people prefer to travel around the country when they want to relax.
그 대신에, 사람들은 쉬고 싶을 때 국내 곳곳을 여행하는 것을 선호합니다.

In Korea, there are many places where people can take a break, **such as** mountains and beaches.
한국에는, 산과 바다와 같이 사람들이 휴식을 취할 수 있는 장소가 많습니다.

People who don't travel just stay at home and rest.
여행을 하지 않는 사람들은 그냥 집에 머무르며 휴식을 취합니다.

In this case, they usually surf the Internet, watch TV, or sleep.
이런 경우에는, 그들은 보통 인터넷 서핑을 하거나, TV를 보거나, 잠을 잡니다.

어휘 travel around 곳곳을 여행하다 take a break 휴식을 취하다

나의 답변 말하기

답변 아이디어 및 표현과 모범답변을 참고하여 나의 답변을 말해보세요.

나의 답변을 말해본 후, 266페이지의 답변 셀프 체크 포인트를 통해 나의 답변을 점검하고 보완하도록 합니다.

[주제별 공략] 사람, 교육과 배움

<사람, 교육과 배움>은 모든 파트에서 자주 출제되는 주제입니다. 이 주제들의 빈출 문제를 알아보고 주제별 표현을 익힌 후, 빈출 문제에 답변하며 실전에 대비해 보세요.

빈출 문제 알아보기

PART 1

가족

- 당신은 가족과 함께 얼마나 많은 시간을 보내나요? 최빈출
- 당신은 가족 중에 누구를 가장 많이 닮았나요?

친구

- 당신은 몇 명의 친한 친구들을 갖는 것을 선호하나요, 아니면 많은 친구들을 갖는 것을 선호하나요? 최빈출

이웃

- 당신은 당신의 이웃들을 잘 아나요? 최빈출

교육

- 당신은 누군가에게 무언가를 가르쳐본 적이 있나요? 최빈출
- 과거에 당신이 가장 좋아했던 선생님은 누구였나요?
- 당신은 고등학교 친구들과 여전히 연락하고 지내나요?
- 고등학생인 것의 가장 좋은 점은 무엇인가요?

PART 2&3

사람

PART 2

당신이 아는 가장 예의 바른 사람에 대해 말하라. 최빈출

그 사람이 누구인지
그/그녀를 어떻게 알게 되었는지
그 사람이 어떻게 예의가 바른지
그리고 그/그녀에 대해 어떻게 생각하는지 설명하라.

PART 3

어떤 사람들이 예의 바르다고 생각하나요? 최빈출

당신은 요즘 사람들이 과거보다 더 예의 바르다고 생각하나요?

연설

PART 2

당신이 최근에 들었던 연설에 대해 말하라. 최빈출

무엇에 관한 것이었는지
누가 했는지
어떤 행사에서 그 연설을 들었는지
그리고 그것을 듣고 어떤 기분이 들었는지 설명하라.

PART 3

많은 사람들이 연설을 할 때 긴장합니다. 왜 그렇다고 생각하나요? 최빈출

아이들이 학교에서 연설하는 법을 배워야 한다고 생각하나요?

주제별 표현 익히기

다음은 <사람, 교육과 배움> 주제의 문제에 답변할 때 유용하게 쓸 수 있는 표현입니다. 각 표현과 예문을 듣고 따라 말하며 익혀 보세요.

Track 29

① 과외 교사

a private tutor

그는 방학 동안 과외 교사로 일하고 싶어 했다.

He wanted to work as **a private tutor** during his vacation.

② 시간을 보내다

spend time

설날에, 우리나라의 많은 사람들은 친척들과 시간을 보낸다.

On New Year's Day, many people in my country **spend time** with their relatives.

* 친척 relative

③ 알게 되다

get to know

우리는 3년 전에 서로를 알게 되었다.

We **got to know** each other three years ago.

Quiz 초록색으로 주어진 우리말 표현을 영어로 바꾸어 말해보세요.

Track 30

1. 나는 퇴근 후에 보통 TV 드라마를 보며 시간을 보낸다.

I normally ____________________ watching TV dramas after work.

2. 나는 대학 시절에 과외 교사였다.

I was ________________________ when I was in college.

정답 p.299

④ 노인들
the elderly

노인들은 삶의 경험이 많기 때문에, 좋은 조언을 해줄 수 있다.

Since **the elderly** have a lot of life experience, they can give good advice.

* 조언 advice

⑤ ~을 배려하다
be considerate of

그녀는 항상 친구들을 배려한다.

She **is** always **considerate of** her friends.

⑥ 다양한 사람들을 만나다
meet a variety of people

나는 자선 행사에서 다양한 사람들을 만났다.

I **met a variety of people** at the charity event.

* 자선 행사 charity event

Quiz 초록색으로 주어진 우리말 표현을 영어로 바꾸어 말해보세요. Track 30

3. 우리는 다른 사람들의 감정을 배려해야 한다.

We should ________________ other people's feelings.

4. 다양한 사람들을 만나는 것은 우리가 다른 사람들을 더 잘 이해하도록 도와준다.

________________ helps us understand others better.

정답 p.299

7 롤 모델

a role model

그 연설자는 많은 젊은이들의 롤 모델이다.

The speaker is **a role model** for many young people.

8 ~와 어울리다

hang out with

주말에, 나는 보통 친구들이나 가족과 어울린다.

On weekends, I usually **hang out with** my friends or family.

9 예의가 바르다

have good manners

그는 예의가 바르기 때문에 모두가 그를 좋아한다.

Everyone likes him because he **has good manners**.

Quiz 초록색으로 주어진 우리말 표현을 영어로 바꾸어 말해보세요. Track 30

5. 우리 부모님은 나에게 예의가 바르도록 가르치셨다.

My parents taught me to ______________________.

6. 여름에, 나는 종종 해변에서 친구들과 어울린다.

In the summer, I often ____________________ my friends at the beach.

정답 p.299

⑩ 친구를 사귀다
make friends

나는 동호회에 가입하는 것이 친구를 사귀는 좋은 방법이라고 생각한다.

I think that joining clubs is a good way to **make friends**.

* 동호회 club

⑪ ~를 정중히 대하다
treat somebody with respect

내 의견으로는, 사람들은 다른 사람들을 정중히 대해야 한다.

In my opinion, people should **treat others with respect**.

⑫ 노력하다
make an effort

그녀는 연설을 하는 동안 긴장을 풀려고 노력하고 있었다.

She **was making an effort** to relax during her speech.

* 긴장을 풀다 relax

스피킹 실전 대비하기 2
4th Week
5일
Hackers IELTS Speaking Basic

Quiz 초록색으로 주어진 우리말 표현을 영어로 바꾸어 말해보세요. Track 30

7. 그는 시험에 합격하기 위해 노력했다.

He ______________________ to pass the exam.

8. 나는 외향적인 성격이어서 친구를 사귀기가 쉽다.

I have an outgoing personality, so it's easy for me to _________________.

정답 p.299

빈출 문제 공략하기

여기에서는 <사람, 교육과 배움> 주제의 빈출 문제를 공략해봅니다. 각 문제에 대한 답변 아이디어 및 표현과 모범답변을 살펴본 후 나의 답변을 말해보세요.

PART 1

Track 31

1 How much time do you spend with your family?

당신은 가족과 함께 얼마나 많은 시간을 보내나요?

핵심답변	거의 매일	almost every day
부연설명	• 평일에 함께 저녁을 먹는다 • 주말에 인근 도시로 드라이브를 간다	• eat dinner together on weekdays • drive to nearby cities on the weekends

핵심답변

I spend time with my family almost every day.
저는 거의 매일 가족과 함께 시간을 보냅니다.

부연설명

I live with them, so we eat dinner together on weekdays.
저는 그들과 같이 살아서, 저희는 평일에 함께 저녁을 먹습니다.

Sometimes, we drive to nearby cities on the weekends **as well**.
가끔, 저희는 또한 주말에 인근 도시로 드라이브를 갑니다.

어휘 weekday[wí:kdèi] 평일 nearby[nìərbái] 인근의, 가까이의

★ 자신이 주말에 가족들과 함께 하는 활동으로 바꾸어 말해보세요.

- walk the dog with my family 가족과 함께 개를 산책시키다
- go shopping at the clothes outlets 의류 아웃렛에 쇼핑하러 가다
- watch TV together in the living room 거실에서 함께 TV를 보다
- visit relatives in another city 다른 도시에 있는 친척들을 방문하다

답변 아이디어 및 표현과 모범답변을 참고하여 나의 답변을 말해보세요.

Track 32

 Do you know your neighbours well?

당신은 당신의 이웃들을 잘 아나요?

핵심답변	내 이웃들을 그렇게 잘 알지는 못한다	don't know my neighbors that well
부연설명	• 이야기할 기회가 별로 없었다 • 아침 일찍 집을 떠나서 밤에 돌아온다	• didn't really have a chance to talk • leave home early in the morning and come back at night

핵심답변

No, I don't know my neighbors that well.
아니요, 저는 제 이웃들을 그렇게 잘 알지는 못합니다.

부연설명

In fact, I didn't really have a chance to talk to them.
사실은, 저는 그들과 이야기할 기회가 별로 없었습니다.

This is because I usually leave home early in the morning and come back at night after work.
이것은 제가 보통 아침 일찍 집을 떠나서 퇴근 후 밤에 돌아오기 때문입니다.

어휘 chance [tʃæns] 기회 come back 돌아오다

나의 답변 말하기

답변 아이디어 및 표현과 모범답변을 참고하여 나의 답변을 말해보세요.

Track 33

Have you ever taught someone something?

당신은 누군가에게 무언가를 가르쳐본 적이 있나요?

핵심답변	지난 겨울에 과외 교사였다	was a private tutor last winter
부연설명	• 초등학생에게 수학을 가르쳤다	• taught math to an elementary school student
	• 어린 학생을 처음 가르친 것	• my first time to teach a young student
	• 매우 보람 있었다	• was very rewarding

핵심답변

Yes, I was a private tutor last winter.
네, 저는 지난 겨울에 과외 교사였습니다.

부연설명

To be specific, I taught math to an elementary school student.
구체적으로, 저는 초등학생에게 수학을 가르쳤습니다.

This was my first time to teach a young student, so it was quite difficult.
이것은 제가 어린 학생을 처음 가르친 것이어서, 아주 어려웠습니다.

However, when my student got high test scores, it was very rewarding.
하지만 제 학생이 높은 시험 점수를 받았을 때에는, 매우 보람 있었습니다.

어휘 rewarding [riwɔ́:rdiŋ] 보람 있는

㊉ 누군가를 가르쳤던 경험에 대해 아래 문장과 같이 말할 수 있어요.

· I taught English grammar to middle school students 중학생들에게 영문법을 가르쳤다
· I taught my colleague how to use a computer program 동료에게 컴퓨터 프로그램을 쓰는 방법을 가르쳤다
· I taught my friend how to play the guitar 친구에게 기타를 연주하는 방법을 가르쳤다
· I taught my grandmother how to use her smartphone 할머니께 스마트폰을 사용하는 방법을 가르쳐 드렸다

나의 답변 말하기

답변 아이디어 및 표현과 모범답변을 참고하여 나의 답변을 말해보세요.

Track 34

Do you still keep in touch with your friends from high school?

당신은 고등학교 친구들과 여전히 연락하고 지내나요?

핵심답변	많은 고등학교 친구들과 연락한다	contact lots of my high school friends
부연설명	• 댓글을 달고 메시지를 주고받는다 • 같은 동네에 산다 • 그들을 만날 때마다 매우 편안하다고 느낀다	• write comments and exchange messages • live in the same neighborhood • feel very comfortable whenever I meet them

핵심답변

Yes, I still contact lots of my high school friends through social media.

네, 저는 소셜 미디어를 통해 여전히 많은 고등학교 친구들과 연락합니다.

부연설명

★ We write comments on each other's posts and exchange messages.

저희는 서로의 게시물에 댓글을 달고 메시지를 주고받습니다.

Also, I often hang out with some of my close friends **since** we live in the same neighborhood.

또한, 저는 친한 친구들 몇 명과 같은 동네에 살기 때문에 그들과 자주 어울립니다.

We've been friends for many years, so I feel very comfortable whenever I meet them.

저희는 여러 해 동안 친구로 지내와서, 저는 그들을 만날 때마다 매우 편안하다고 느낍니다.

어휘 keep in touch with ~와 연락하고 지내다 contact[kántækt] 연락하다 comment[ká:ment] 댓글
hang out with ~와 어울리다 comfortable[kʌ́mfərtəbl] 편안한, 편한 whenever[hwenévər] ~할 때마다

★ 연락하고 지내는 고등학교 친구들이 별로 없다고 답할 경우, 그 이유로 I moved to another city(나는 다른 도시로 이사를 갔다), I am too busy to contact them(나는 너무 바빠서 그들과 연락할 수 없다), we don't have much in common(우리는 공통점이 많지 않다) 등을 이야기할 수 있어요.

나의 답변 말하기

답변 아이디어 및 표현과 모범답변을 참고하여 나의 답변을 말해보세요.

PART 2&3

Track 35

PART 2

1

Describe the most polite person you know. 당신이 아는 가장 예의 바른 사람에 대해 말하라.

You should say:

who that person is 그 사람이 누구인지

how you got to know him/her 그/그녀를 어떻게 알게 되었는지

how that person is polite 그 사람이 어떻게 예의가 바른지

and explain what you think about him/her. 그리고 그/그녀에 대해 어떻게 생각하는지 설명하라.

① 그 사람이 누구인지	• 내 친구 희선	• my friend, Hee-sun
② 그/그녀를 어떻게 알게 되었는지	• 내가 식당에서 아르바이트를 할 때 그녀를 처음 만났다 • 직장동료였다	• first met her when I had a part-time job at a restaurant • were coworkers
③ 그 사람이 어떻게 예의가 바른지	• 다른 사람들에게 정중하고 친절하게 대한다 • 마음을 상하게 하는 것들을 절대 말하지 않는다	• treats others with respect and kindness • never says hurtful things
④ 그/그녀에 대해 어떻게 생각하는지	• 존경스러운 사람 • 항상 얼굴에 미소를 띠고 있다 • 다른 사람들을 배려한다 • 어려운 일을 하기를 자원한다	• an admirable person • always has a smile on her face • is considerate of others • volunteers to do hard work

• friend, Hee-sun

• when I had a part-time job
• coworkers

• treats others with respect and kindness
• never says hurtful things

• an admirable person
• has a smile on her face
• is considerate of others
• volunteers

① **There are many** people I consider polite, **but** I think the most polite person is my friend, Hee-sun.

제가 예의 바르다고 생각하는 많은 사람들이 있지만, 가장 예의 바른 사람은 제 친구 희선이라고 생각합니다.

② I first met her when I had a part-time job at a restaurant. **Since** we were coworkers there, we got really close.

저는 제가 식당에서 아르바이트를 할 때 그녀를 처음 만났습니다. 저희는 그곳에서 직장동료였기 때문에, 정말 친해졌습니다.

③ She is very polite **because** she always treats others with respect and kindness. **Also**, she never says hurtful things to others.

그녀는 항상 다른 사람들에게 정중하고 친절하게 대하기 때문에 매우 예의 바릅니다. 또한, 그녀는 다른 사람들에게 마음을 상하게 하는 것들을 절대 말하지 않습니다.

④ I think she is an admirable person **for many reasons**. **First of all**, she has good manners and always has a smile on her face. **Second**, she is considerate of others. **For instance**, whenever there's hard work, she volunteers to do it. **For these reasons**, I believe that I can learn many things from her.

저는 그녀가 많은 이유로 존경스러운 사람이라고 생각합니다. 우선, 그녀는 예의가 바르고 항상 얼굴에 미소를 띠고 있습니다. 둘째로, 그녀는 다른 사람들을 배려합니다. 예를 들어, 그녀는 어려운 일이 있을 때마다 그것을 하기를 자원합니다. 이러한 이유들 때문에, 저는 제가 그녀로부터 많은 것을 배울 수 있다고 생각합니다.

어휘 polite [pəláit] 예의 바른, 공손한 coworker [kóuwə̀:rkər] 직장동료 get close 친해지다
kindness [káindnis] 친절, 다정함 hurtful [hə́:rtfəl] 마음을 상하게 하는
admirable [ǽdmərəbl] 존경스러운, 감탄할 만한 volunteer [vɑ̀ləntíər] 자원하다, 자진하다

나의 노트

나의 답변 말하기

답변 아이디어 및 표현과 모범답변을 참고하여 나의 답변을 말해보세요.

PART 3

Track 36

What kind of people do you think are polite?

어떤 사람들이 예의 바르다고 생각하나요?

핵심답변 ①	다른 사람들의 말을 경청하는 사람들	people who listen attentively to others
부연설명	• 사람들의 생각과 의견을 존중한다	• respect people's thoughts and opinions
핵심답변 ②	공손한 투로 말하는 사람들	people who speak in a respectful way
부연설명	• 다른 사람들에게 '부탁드립니다'와 '감사합니다'와 같은 것들을 말한다	• say things like 'please' and 'thank you' to others

핵심답변 ①

I think people who listen attentively to others are polite.
저는 다른 사람들의 말을 경청하는 사람들이 예의 바르다고 생각합니다.

부연설명

Listening carefully to others means that they are respecting those people's thoughts and opinions.
다른 사람들의 말을 주의 깊게 듣는 것은 그들이 그 사람들의 생각과 의견을 존중하고 있음을 의미합니다.

핵심답변 ②

People who speak in a respectful way are **also** polite.
공손한 투로 말하는 사람들 또한 예의 바릅니다.

부연설명

When people say things like 'please' and 'thank you' to others, it shows that they have good manners.
사람들이 다른 사람들에게 '부탁드립니다'와 '감사합니다'와 같은 것들을 말할 때, 이는 그들이 예의가 바르다는 것을 보여줍니다.

어휘 **listen attentively** 경청하다 **carefully** [kɛ́ərfəli] 주의 깊게, 조심스럽게 **respect** [rispékt] 존중하다, 존경하다

나의 답변 말하기

답변 아이디어 및 표현과 모범답변을 참고하여 나의 답변을 말해보세요.

PART 3

Track 37

3 Do you think that people nowadays are more polite than in the past?

당신은 요즘 사람들이 과거보다 더 예의 바르다고 생각하나요?

답변 아이디어 & 표현

핵심답변	그렇게 생각하지 않는다	I don't think so
부연설명	• 다른 사람들의 감정을 크게 신경 쓰지 않는다	• don't care much about others' feelings
	• 더 자기중심적인	• more self-centered
	• 다른 사람들에게 무례한 말을 더 쉽게 한다	• say impolite things to others more easily
	• 인터넷상에서 무례하고 마음을 상하게 하는 말을 한다	• make rude and hurtful comments on the Internet

모범답변

핵심답변

I don't think so.

그렇게 생각하지 않습니다.

부연설명

Compared to past generations, people nowadays don't care much about others' feelings.

과거 세대와 비교하여, 요즘 사람들은 다른 사람들의 감정을 크게 신경 쓰지 않습니다.

This is because people are becoming more self-centered now.

이는 오늘날 사람들이 더 자기중심적이 되어 가고 있기 때문입니다.

Moreover, I think people these days say impolite things to others more easily.

게다가, 저는 요즘 사람들이 다른 사람들에게 무례한 말을 더 쉽게 한다고 생각합니다.

For instance, some people make rude and hurtful comments about others on the Internet.

예를 들어, 몇몇 사람들은 인터넷상에서 다른 사람들에 대한 무례하고 마음을 상하게 하는 말을 합니다.

어휘 generation [dʒènəréiʃən] 세대 care about ~을 신경 쓰다 self-centered [sèlfséntərd] 자기중심적인 impolite [impəláit] 무례한, 불친절한 rude [ru:d] 무례한, 예의 없는 comment [kάment] 말, 의견

나의 답변 말하기

답변 아이디어 및 표현과 모범답변을 참고하여 나의 답변을 말해보세요.

나의 답변을 말해본 후, 266페이지의 답변 셀프 체크 포인트를 통해 나의 답변을 점검하고 보완하도록 합니다.

[주제별 공략] 일상생활과 삶의 경험들, 과학과 기술

<일상생활과 삶의 경험들, 과학과 기술>은 모든 파트에서 자주 출제되는 주제입니다. 이 주제들의 빈출 문제를 알아보고 주제별 표현을 익힌 후, 빈출 문제에 답변하며 실전에 대비해 보세요.

빈출 문제 알아보기

PART 1

일상

- 당신은 다음 주말에 무엇을 할 계획인가요? 최빈출
- 당신은 집으로 사람들을 초대하는 것을 좋아하나요?
- 당신이 밖에 나갈 때 항상 가지고 가는 것이 있나요?

집안일

- 당신은 집안일을 자주 하나요? 최빈출

로봇

- 당신은 로봇에 대해 어떻게 생각하나요? 최빈출
- 당신은 어렸을 때 로봇에 관한 영화를 본 적이 있나요?

컴퓨터

- 당신은 컴퓨터로 무엇을 하나요? 최빈출
- 당신은 사람들이 미래에 컴퓨터를 필요로 할 것이라고 생각하나요?

PART 2&3

계획

PART 2

일 또는 학교와 관련되지 않은 당신의 계획에 대해 말하라. 최빈출

그것이 무엇인지
얼마나 오래 걸리는지
그것을 어떻게 해내고자 하는지
그리고 왜 이것을 계획하고 있는지 설명하라.

PART 3

사람들은 어떤 것들을 위해 계획을 세우나요? 최빈출

사람들은 어떻게 일을 계획하나요?

기술

PART 2

가족에게 중요한 기기에 대해 말하라. 최빈출

그것이 무엇인지
그것을 누가 가장 많이 사용하는지
그것을 어떻게 사용하는지
그리고 왜 그것이 도움이 되는지 설명하라.

PART 3

요즘에는 집에서 어떤 종류의 기기들이 사용되나요? 최빈출

미래에 당신의 집에 로봇이 있기를 바라나요?

주제별 표현 익히기

다음은 <일상생활과 삶의 경험들, 과학과 기술> 주제의 문제에 답변할 때 유용하게 쓸 수 있는 표현입니다. 각 표현과 예문을 듣고 따라 말하며 익혀 보세요.

Track 38

① 집안일
household chores

과거에는, 대부분의 여성들이 집에 머무르며 집안일을 했다.

In the past, most women stayed at home and did **household chores**.

② 시간을 절약하다
save time

나는 바쁠 때, 시간을 절약하기 위해 즉석 식품을 먹는다.

When I'm busy, I eat fast food to **save time**.

* 즉석 식품 fast food

③ ~를 기다리다
wait for

사람들은 보통 다른 사람들을 기다리는 것을 좋아하지 않는다.

People usually don't like to **wait for** others.

Quiz 초록색으로 주어진 우리말 표현을 영어로 바꾸어 말해보세요. Track 39

1. 출퇴근 혼잡 시간대 동안에 지하철을 타는 것은 시간을 절약할 수 있다.

   Taking the subway can ____________ during rush hour.

2. 나는 주말에 집안일을 하려고 노력한다.

   I try to do ____________ on the weekends.

정답 p.300

④ ~에 가본 적이 있다

have been to ~

나는 한국의 많은 곳에 가본 적이 있지만, 해외로 여행을 간 적은 없다.

I **have been to** many places in Korea, but I've never traveled abroad.

* 해외로 abroad

⑤ 유용한 애플리케이션

a useful application

사람들이 무료 문자 메시지를 보내도록 해주는 유용한 애플리케이션이 많다.

There are many **useful applications** that allow people to send free text messages.

* 문자 메시지 text message

⑥ ~를 도와주다

help someone out

나는 항상 다른 사람들을 기꺼이 도와준다.

I'm always willing to **help others out**.

* 기꺼이 ~하다 be willing to

Quiz 초록색으로 주어진 우리말 표현을 영어로 바꾸어 말해보세요. Track 39

3. 사실은, 나는 영국에 몇 번 가본 적이 있다.

Actually, I ________________ England several times.

4. 나는 지하철 노선과 시간표가 있는 유용한 애플리케이션을 다운 받았다.

I downloaded ________________________ that has a subway map and a schedule.

정답 p.300

⑦ 처음으로

for the first time

나는 여섯 살에 처음으로 자전거를 탔다.

I rode a bicycle **for the first time** when I was six.

* 자전거를 타다 ride a bicycle

⑧ 일과

daily routine

밤에 일기를 쓰는 것은 내 일과의 일부분이다.

Writing a diary at night is a part of my **daily routine**.

* 일기 diary

⑨ ~에 중독되다

be addicted to

우리나라에는 스마트폰에 중독된 사람들이 많다.

There are a lot of people who **are addicted to** their smartphones in my country.

Quiz 초록색으로 주어진 우리말 표현을 영어로 바꾸어 말해보세요. Track 39

5. 요즘 많은 십 대들이 온라인 컴퓨터 게임에 중독되어 있다.

Many teenagers ____________________ online computer games these days.

6. 나는 이번 주말에 처음으로 뮤지컬을 볼 것이다.

I'm going to see a musical ____________________ this weekend.

정답 p.300

⑩ 일정을 세우다

make a schedule

여행을 가기 전에 일정을 세우는 것은 중요하다.

It is important to **make a schedule** before going on a trip.

* 여행을 가다 go on a trip

⑪ 제시간에

on time

나는 실수를 해서, 내 프로젝트를 제시간에 끝내지 못했다.

I made a mistake, so I couldn't finish my project **on time**.

* 실수를 하다 make a mistake

⑫ 소셜 미디어

social media

요즘, 전 세계적으로 소셜 미디어를 이용하는 것은 흔하다.

Nowadays, using **social media** is common around the world.

* 전 세계적으로 around the world * 흔한 common

Quiz 초록색으로 주어진 우리말 표현을 영어로 바꾸어 말해보세요. Track 39

7. 많은 사람이 친구들과 연락하기 위해 소셜 미디어를 이용한다.

Many people use ______________ to contact their friends.

8. 나는 시간을 현명하게 쓰기 위해서 월별 일정을 세운다.

I ______________ for the month to use my time wisely.

정답 p.300

빈출 문제 공략하기

여기에서는 <일상생활과 삶의 경험들, 과학과 기술> 주제의 빈출 문제를 공략해봅니다. 각 문제에 대한 답변 아이디어 및 표현과 모범답변을 살펴본 후 나의 답변을 말해보세요.

PART 1

Track 40

Do you like to invite people over to your house?

당신은 집으로 사람들을 초대하는 것을 좋아하나요?

핵심답변	물론 좋아한다	Of course I do
부연설명	• 편안하다고 느낀다 • 그곳에 내가 필요한 모든 것이 있다 • 함께 저녁 식사를 한다	• feel comfortable • have everything that I need there • have dinner together

핵심답변

Of course I do.
물론 좋아합니다.

부연설명

I feel comfortable when I hang out with my friends at my house.
저는 저희 집에서 친구들과 시간을 보낼 때 편안하다고 느낍니다.

This is because I have everything that I need there.
이는 그곳에 제가 필요한 모든 것이 있기 때문입니다.

Besides, since I love cooking, I often invite my friends over and have dinner together.
게다가, 저는 요리하는 것을 좋아하기 때문에, 종종 친구들을 저희 집으로 초대해서 함께 저녁 식사를 합니다.

어휘 comfortable [kʌ́mfərtəbl] 편안한, 편한 hang out with ~와 시간을 보내다, 어울리다
invite 사람 over ~를 자기 집으로 초대하다

나의 답변 말하기

답변 아이디어 및 표현과 모범답변을 참고하여 나의 답변을 말해보세요.

Track 41

Do you often do housework?

당신은 집안일을 자주 하나요?

핵심답변	집안일을 자주 하지 않는다	don't do household chores often
부연설명	• 나의 어머니께서 대부분의 집안일을 하신다 • 설거지와 빨래를 한다	• my mom does most of the housework • wash the dishes and do the laundry

핵심답변

No, I don't do household chores often.

아니요, 저는 집안일을 자주 하지 않습니다.

부연설명

My mom usually does most of the housework.

저희 어머니께서 보통 대부분의 집안일을 하십니다.

But I sometimes ★wash the dishes and do the laundry on the weekend to help her out.

하지만 저는 어머니를 도와드리기 위해서 가끔 주말에 설거지와 빨래를 합니다.

어휘 housework[háuswə̀:rk] 집안일 wash the dishes 설거지를 하다 do the laundry 빨래를 하다

★ 자신이 하는 집안일로 바꾸어 말해보세요.

- take out the trash 쓰레기를 밖에 갖다 버리다
- clean my room 내 방을 청소하다
- iron the clothes 옷을 다림질하다
- dust the furniture 가구의 먼지를 털다
- separate the garbage 분리수거를 하다
- set the table 식탁을 차리다

나의 답변 말하기

답변 아이디어 및 표현과 모범답변을 참고하여 나의 답변을 말해보세요.

Track 42

What do you think about robots?

당신은 로봇에 대해 어떻게 생각하나요?

핵심답변	내 삶을 더 편리하게 만들어 준다	make my life more convenient
부연설명	• 시간과 에너지를 절약한다 • 내가 다른 일을 하고 있을 때 나를 위해 집을 청소해 준다	• save time and energy • cleans my house for me when I'm doing other things

핵심답변

I think robots make my life more convenient.
저는 로봇이 제 삶을 더 편리하게 만들어 준다고 생각합니다.

부연설명

That's because I can save time and energy by using them in my daily life.
그것은 제가 일상 생활에서 그것들을 사용함으로써 시간과 에너지를 절약할 수 있기 때문입니다.

For instance, my robot vacuum cleaner cleans my house for me when I'm doing other things, **such as** cooking or reading.
예를 들어, 제 로봇 진공청소기는 제가 요리나 독서와 같은 다른 일을 하고 있을 때 저를 위해 집을 청소해 줍니다.

어휘 convenient[kənvíːnjənt] 편리한, 간편한 vacuum cleaner 진공청소기

나의 답변 말하기

답변 아이디어 및 표현과 모범답변을 참고하여 나의 답변을 말해보세요.

Track 43

What do you do on your computer?

당신은 컴퓨터로 무엇을 하나요?

핵심답변	온라인에서 쇼핑을 한다	shop online
부연설명	• 동영상을 보거나 온라인 뉴스를 읽는다 • 친구들과 수다를 떤다 • 메신저 프로그램을 사용하여	• watch video clips or read online news • chat with my friends • using a messenger program

핵심답변

I usually shop online when I use my computer.

저는 컴퓨터를 사용할 때 보통 온라인에서 쇼핑을 합니다.

부연설명

I sometimes watch video clips or read online news **as well**.

저는 때때로 동영상을 보거나 온라인 뉴스를 읽기도 합니다.

Also, I occasionally chat with my friends using a messenger program.

또한, 저는 가끔 메신저 프로그램을 사용하여 제 친구들과 수다를 떱니다.

어휘 video clip 동영상 occasionally[əkéiʒənəli] 가끔, 때때로

★ 자신이 컴퓨터를 사용할 때 하는 일로 바꾸어 말해보세요.

· send some e-mails 이메일을 보내다
· visit social media websites 소셜 미디어 웹사이트를 방문하다
· write reports 보고서를 작성하다

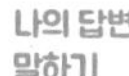

답변 아이디어 및 표현과 모범답변을 참고하여 나의 답변을 말해보세요.

PART 2&3

PART 2

1

Track 44

Describe a plan you have that is not related to work or school.
일 또는 학교와 관련되지 않은 당신의 계획에 대해 말하라.

You should say:
what it is 그것이 무엇인지
how long it takes 얼마나 오래 걸리는지
how you plan to accomplish it 그것을 어떻게 해내고자 하는지
and explain why you are planning this. 그리고 왜 이것을 계획하고 있는지 설명하라.

① 그것이 무엇인지	• 살을 뺀다	• lose weight
② 얼마나 오래 걸리는지	• 두 달 동안 운동한다	• exercise for two months
③ 그것을 어떻게 해내고자 하는지	• 일주일에 세 번 운동한다 • 요가를 하거나 복싱 수업을 듣다 • 건강한 음식을 먹고 간식을 가까이하지 않는 것	• work out three times a week • do yoga or take boxing lessons • eating healthy food and staying away from snacks
④ 왜 이것을 계획하고 있는지	• 내 정상 체중으로 돌아가고 싶다 • 나는 살이 좀 쪘다 • 내 옷이 나에게 더 이상 맞지 않는다 • 내 전반적인 건강에 대해 걱정이 된다	• want to get back to my normal weight • I've put on some weight • my clothes don't fit me anymore • worried about my overall health

- lose weight

- exercise for 2 months

- work out 3 times a week
- do yoga or take boxing lessons
- eat healthy food, stay away from snacks

- my normal weight
- clothes don't fit
- worried about my overall health

① **I'd like to talk about** my plan to lose weight.
저는 살을 빼려는 제 계획에 대해 이야기하고 싶습니다.

② I am planning to exercise for two months to lose five kilograms.
저는 5킬로그램을 빼기 위해 두 달 동안 운동을 할 계획입니다.

③ I'm going to work out three times a week. **More specifically**, I will do yoga or take boxing lessons. **Also**, I plan on eating healthy food and staying away from snacks, **like** cookies and chocolate.
저는 일주일에 세 번 운동할 것입니다. 더 구체적으로, 요가를 하거나 복싱 수업을 들을 것입니다. 또한, 건강한 음식을 먹고 쿠키와 초콜릿과 같은 간식을 가까이하지 않을 계획입니다.

④ **There are several reasons why** I'm doing this. **First of all**, I want to get back to my normal weight. I've put on some weight over the past few months. My clothes don't fit me anymore, and I want to wear them again. **Plus**, I'm worried about my overall health. I believe exercising and losing weight would make me healthier.
제가 이것을 하는 몇 가지 이유가 있습니다. 우선, 저는 제 정상 체중으로 돌아가고 싶습니다. 저는 지난 몇 달 동안 살이 좀 쪘습니다. 제 옷이 제게 더 이상 맞지 않는데, 그것들을 다시 입고 싶습니다. 게다가, 제 전반적인 건강에 대해 걱정이 됩니다. 저는 운동하고 살을 빼는 것이 저를 더 건강하게 만들 것이라고 생각합니다.

어휘 lose weight 살을 빼다 work out 운동하다 stay away from ~을 가까이하지 않다
normal [nɔ́:rməl] 정상의, 표준의 put on weight 살이 찌다 overall [oúvərɔ̀:l] 전반적인, 종합적인

★ 체중 감량 외에 save more money(더 많은 돈을 모으다)와 같은 계획을 이야기할 수도 있어요. 이때는 make a monthly budget(한 달 예산을 세우다), eat dinner at home more often(집에서 저녁 식사를 더 자주 하다)과 같은 표현을 활용하여 답변할 수 있어요.

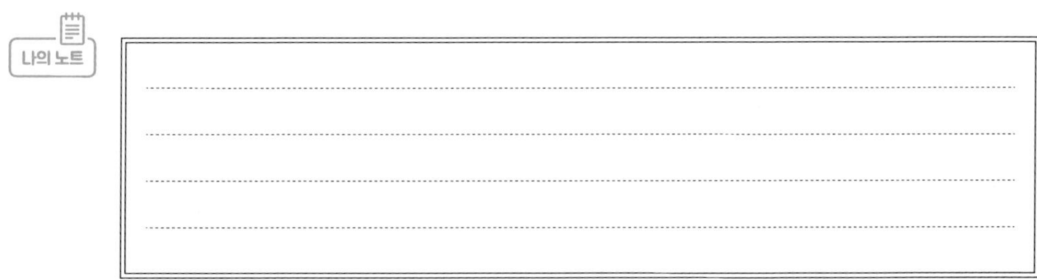

나의 답변 말하기

답변 아이디어 및 표현과 모범답변을 참고하여 나의 답변을 말해보세요.

PART 3

Track 45

What types of things do people plan for?

사람들은 어떤 것들을 위해 계획을 세우나요?

핵심답변 ①	여행을 위해 계획을 세운다	make plans for trips
부연설명	• 시간과 돈을 효율적으로 사용하기 위해 • 미리 일을 계획한다	• to use their time and money efficiently • arrange things in advance
핵심답변 ②	중요한 프로젝트를 위해 계획을 세운다	plan for important projects
부연설명	• 실수를 방지하고 싶어 한다 • 제대로 진행하여 그들의 목표를 성취한다	• want to avoid mistakes • stay on track and achieve their goals

서론

There are many things that people plan for.
사람들이 계획을 세우는 많은 것들이 있습니다.

핵심답변 ①

To begin with, people usually make plans for trips.
우선, 사람들은 보통 여행을 위해 계획을 세웁니다.

부연설명

In order to use their time and money efficiently, they try to arrange things in advance.
시간과 돈을 효율적으로 사용하기 위해, 그들은 미리 일을 계획하려고 합니다.

핵심답변 ②

Also, people tend to plan for important projects at school or work.
또한, 사람들은 학교 또는 직장에서의 중요한 프로젝트를 위해 계획을 세우는 경향이 있습니다.

부연설명

This is because they want to avoid mistakes.
이것은 그들이 실수를 방지하고 싶어 하기 때문입니다.

Having a specific plan can help people stay on track and achieve their goals.
구체적인 계획을 갖는 것은 사람들이 제대로 진행하여 그들의 목표를 성취하도록 도울 수 있습니다.

어휘 efficiently [ifíʃəntli] 효율적으로, 능률적으로 arrange [əréindʒ] 계획하다, 준비하다 in advance 미리, 사전에 tend to ~하는 경향이 있다 avoid [əvɔ́id] 방지하다, 피하다 on track 제대로 진행되고 있는

나의 답변 말하기

답변 아이디어 및 표현과 모범답변을 참고하여 나의 답변을 말해보세요.

PART 3

How do people plan things?

사람들은 어떻게 일을 계획하나요?

Track 46

핵심답변	일정을 세운다	make a schedule
부연설명	• 그들이 해야 할 모든 것의 목록을 작성한다	• list everything that they should do
	• 그들의 우선 순위를 고려한다	• consider their priorities
	• 각각의 업무를 언제 할 것인지 결정한다	• decide when they'll work on each task
	• 사람들이 그들의 일을 제시간에 완료할 수 있도록 한다	• allow people to complete their work on time

핵심답변

I think most people make a schedule in order to plan things.
저는 대부분의 사람들이 일을 계획하기 위해서 일정을 세운다고 생각합니다.

부연설명

First, they list everything that they should do.
우선, 그들은 그들이 해야 할 모든 것의 목록을 작성합니다.

Second, they consider their priorities and reorganize the list.
둘째로, 그들의 우선 순위를 고려하여 목록을 다시 정리합니다.

Finally, they decide when they'll work on each task.
마지막으로, 각각의 업무를 언제 할 것인지 결정합니다.

These steps allow people to complete their work on time.
이러한 단계들은 사람들이 그들의 일을 제시간에 완료할 수 있도록 해줍니다.

어휘 list[list] 목록을 작성하다, 열거하다 priority[praiɔ́:rəti] 우선 순위
reorganize[riɔ́:rgənàiz] 다시 정리하다, 재조직하다 decide[disáid] 결정하다 task[tæsk] 업무, 일
on time 제시간에

나의 답변 말하기

답변 아이디어 및 표현과 모범답변을 참고하여 나의 답변을 말해보세요.

나의 답변을 말해본 후, 266페이지의 답변 셀프 체크 포인트를 통해 나의 답변을 점검하고 보완하도록 합니다.

HACKERS
IELTS
SPEAKING BASIC

goHackers.com
학습자료 제공·유학정보 공유

HACKERS IELTS SPEAKING BASIC

ACTUAL TEST

258-259페이지에 수록된 Actual Test를 실제 시험과 유사한 환경에서 풀어볼 수 있도록
온라인에서 스피킹 실전모의고사 프로그램을 제공하고 있습니다.
실제 시험과 유사한 환경에서 Actual Test를 풀어보며 실전 감각을 키워 보세요.

이용경로: 해커스인강(HackersIngang.com) ▶ [MP3/자료] ▶ [실전모의고사 프로그램]

PART 1

Track 1~Track 6

Topic: Accommodation

1. Do you live in an apartment or a house?
2. What do you like about your house or apartment?
3. What do you not like about your house or apartment?

Topic: Shopping

4. Where do you usually do your shopping?
5. Do you consider colours when you buy clothes?
6. Do we shop differently now compared to in the past?

PART 2

Track 7

Task Card

Describe a website that you visit often.

You should say:
what website it is
how often you visit the website
what you usually do on that website
and explain why you like to visit that website.

Notes

PART 3

Track 8~Track 10

1. Do people think the Internet is a reliable source of information?
2. What kind of information is more reliable, the type on the Internet, or in the newspaper?
3. How does the Internet influence students?

모범답변 p.301

HACKERS
IELTS
SPEAKING BASIC

goHackers.com
학습자료 제공·유학정보 공유

1. 시험장 위기상황 대처 표현
2. 답변 셀프 체크 포인트

1. 시험장 위기상황 대처 표현을 통해 질문을 듣고 답하는 과정에서 발생하는 예상치 못한 상황에 대처할 수 있도록 하였습니다.

2. 답변 셀프 체크 포인트를 사용하여 본인의 답변이 어떤 부분에서 잘되었고 부족한지 체크해볼 수 있습니다.

1. 시험장 위기상황 대처 표현

IELTS 스피킹 시험은 면대면 시험인 만큼, 시험장에서 생각하지 못했던 상황을 겪게 될 수도 있습니다. 아래의 표현을 익혀 두면, 당황스러운 위기상황에 조금 더 자연스럽게 대처할 수 있습니다. 어떤 상황에서도 자유자재로 활용할 수 있도록 반복하여 연습하는 것이 좋습니다.

상황 1 질문을 명확히 듣지 못했을 때

질문을 명확히 듣지 못한 경우, 아래의 표현을 사용해 다시 질문하여 질문을 정확히 파악하도록 합니다. 단, 해당 질문을 많이 하지 않도록 시험관의 질문을 최대한 집중하여 듣도록 합니다.

죄송하지만 잘 못 들었습니다. 다시 한번 더 말해 주시겠습니까?	I'm sorry, I didn't get that. Could you say that again, please?
죄송하지만 질문을 다시 반복해 주시겠습니까?	Sorry, could you repeat that question, please?
다시 한번 말씀해 주시겠습니까?	Pardon me?

상황 2 질문을 이해하지 못했을 때

Part 3의 경우, 질문 자체가 어렵거나 질문에 모르는 단어가 포함되어 있어 이해하지 못하는 경우가 발생할 수 있습니다. 이때는 아래의 표현을 사용하여 시험관의 질문을 정확히 이해하도록 합니다. 하지만 아래의 표현을 남용하는 것은 시험관에게 좋지 않은 인상을 줄 수 있으니 유의하여 사용합니다.

죄송하지만 그 질문을 다른 방식으로 설명해 주시겠습니까?	Sorry, can you explain that question in a different way please?
죄송하지만 단어 ~을 이해하지 못했습니다. 그것을 제게 설명해주시겠습니까?	I'm sorry but I don't quite understand the word ~. Could you explain it to me?
죄송하지만 ~이 무엇을 의미하는지 설명해 주시겠습니까?	Sorry, can you explain what ~ means?

상황 3 답변을 다시 하고 싶을 때

본인이 답변을 잘못했다고 생각하거나 주제에 벗어난 이야기를 하여 답변을 다시 하고 싶을 때는 아래의 표현을 사용하여 새로운 답변을 합니다.

제가 지금 주제에서 벗어난 것 같아요. 명확하게 다시 말해보겠습니다.	I think I'm off topic now. Let me rephrase it clearly.
제가 말하는 것이 요점에서 벗어난 것 같아요. 다시 말해보겠습니다.	I think what I'm saying is out of the point. Let me say it again.

상황 4 질문에 대한 답변이 떠오르지 않아 시간이 필요할 때

질문에 답변할 내용이 바로 떠오르지 않을 경우 정적으로 시간을 보내거나 "uh…"로 일관하는 것보다는 아래의 표현을 사용하여 유연하게 대처하는 것이 좋습니다.

솔직히, 이 주제에 대해 익숙하지 않습니다.	To be honest, I'm not familiar with this subject.
그것에 대해 생각해본 적이 없습니다.	I haven't thought about it.
그것에 대해 생각할 시간을 좀 주시겠습니까?	Would you give me a second to think about that?
어려운 질문이네요.	That's a hard question.
~을 크게 좋아하지 않기 때문에 할 말이 많지는 않습니다.	I'm not a big fan of ~, so I really don't have much to talk about.

상황 5 답변에 사용할 영어 표현이 떠오르지 않을 때

답변에 사용할 영어 표현이 바로 떠오르지 않을 때는 아래의 표현을 사용하여 단어가 떠오르지 않는다고 말한 뒤, 바로 풀어서 설명하는 것이 좋습니다.

생각이 날 듯 말 듯 합니다. 하지만 그냥 풀어서 설명하겠습니다. 그것은 제시간에 오는 것과도 같습니다.	**It's on the tip of my tongue. But let me just explain it.** It's like being on time. * 시간을 지키는(punctual)이라는 표현을 잊어버려 풀어서 설명
지금 그 단어가 떠오르지 않습니다. 이건 오렌지와 비슷한 과일인데요, 좀 쓴 맛을 가지고 있습니다. 그것은 다이어트에도 좋습니다.	**I can't think of the word at the moment.** It's a fruit that is similar to an orange, but has a bitter taste. It's good for dieting, too. * 자몽(grapefruit)이라는 단어를 잊어버려 풀어서 설명
단어가 뭐였더라... 이것은 당신이 일하기 싫고 그냥 아무것도 하기 싫을 때 드는 감정입니다.	**What's the word for...** It's like a feeling that you have when you don't want to work but just want to do nothing. * 게으른(lazy)이라는 단어를 잊어버려 풀어서 설명
뭐라고 부르더라... 이건 사람을 그들의 생김새를 바탕으로 판단하는 것과 같습니다.	**What do you call...** It's something like judging people based on one's appearance. * 외모 지상주의(lookism)라는 단어를 잊어버려 풀어서 설명

상황 6 ▸ 내가 한 답변에 맞지 않는 연계 질문을 받았을 때

가끔 시험관으로부터 내가 앞서 말한 답변과 맞지 않는 질문을 받을 수도 있습니다. 예를 들어, "걷는 것을 좋아하나요?"라는 질문에 "걷는 것을 싫어해요."라는 답변을 했음에도 불구하고 "주변에 걷기 좋아하는 곳이 있나요?"라는 연계 질문을 받는 경우가 있습니다. 이런 상황에서는 당황하지 않고 아래의 표현을 사용하여 답변하면 됩니다.

제가 아까 말했듯이, 저는 걷는 것을 좋아하지 않습니다. **그러나** 어딘가를 걸**어야 한다면**, 저는 집 주위 공원을 걷겠습니다.

As I mentioned before, I don't like walking. **But if I have to** walk around somewhere, I would walk around the park near my house.

제가 말했듯이, 저는 걷는 것을 좋아하지 않아서 걷기 좋은 곳들을 잘 모릅니다. **그러나 그것에 관해 한 가지를 이야기해야 한다면,** 한강공원이 걷기에 좋은 곳인 것 같습니다.

Like I said, I'm not a big fan of walking so I don't know much about good places to walk. **But if I have to say a thing about it,** Han River Park seems to be a good place to walk.

2. 답변 셀프 체크 포인트

IELTS 스피킹의 평가 요소를 기준으로 응시자가 본인의 답변에서 어떤 점이 부족한지 파악할 수 있도록 점검해야 할 포인트를 모아두었습니다. 답변을 해본 후, 본인의 답변이 고득점 답변인지 점검하기 위해 아래에 직접 표시해보세요.

유창성과 일관성

1	답변을 말할 때 오랫동안 망설이거나 정적의 순간이 없이 답변했다.	☐ Yes	☐ No
2	같은 말을 반복하거나 이미 한 말을 자주 수정하지 않았다.	☐ Yes	☐ No
3	너무 빠르거나 느리지 않게 적당한 속도로 말했다.	☐ Yes	☐ No
4	문장 사이에 적절한 접속사와 연결어를 사용했다.	☐ Yes	☐ No
5	질문에 알맞은 답변을 했다.	☐ Yes	☐ No
6	단답형으로 답변하지 않았고 답변에 추가적인 설명을 제시하여 답했다.	☐ Yes	☐ No

어휘력

1	특정 단어를 여러 번 반복하지 않았고 동의어나 패러프레이징을 사용했다.	☐ Yes	☐ No
2	다양한 어휘와 일상적인 관용어구를 답변에 포함시켰다.	☐ Yes	☐ No
3	말하고자 하는 내용에 맞는 정확한 어휘를 사용하여 답변했다.	☐ Yes	☐ No

문법의 다양성과 정확성

1	단문뿐만 아니라 접속사, 관계대명사 등을 사용하여 복문으로 답변했다.	☐ Yes	☐ No
2	현재완료, 조건문(if), 비교급과 최상급 등 다양한 문법을 사용하여 답변했다.	☐ Yes	☐ No
3	주어와 동사가 수 일치가 되도록 답변했다.	☐ Yes	☐ No
4	올바른 시제를 답변에 사용했다.	☐ Yes	☐ No

발음

1	틀린 발음 없이 정확히 발음했다.	☐ Yes	☐ No
2	강세를 잘 살려 발음했다.	☐ Yes	☐ No
3	녹음된 나의 답변을 다시 들었을 때, 알아듣기 힘든 발음이 없었다.	☐ Yes	☐ No

아이엘츠 입문자를 위한 맞춤 기본서
HACKERS IELTS Speaking BASIC

초판 13쇄 발행 2025년 1월 6일
초판 1쇄 발행 2018년 2월 13일

지은이	해커스 어학연구소
펴낸곳	(주)해커스 어학연구소
펴낸이	해커스 어학연구소 출판팀
주소	서울특별시 서초구 강남대로61길 23 (주)해커스 어학연구소
고객센터	02-537-5000
교재 관련 문의	publishing@hackers.com
동영상강의	HackersIngang.com
ISBN	978-89-6542-250-1 (13740)
Serial Number	01-13-01

두려움은 언제나
무지에서 샘솟는다

HACKERS IELTS Speaking BASIC

모범답변 · 해석 · 어휘

아이엘츠 입문자를 위한 맞춤 기본서

HACKERS IELTS Speaking BASIC

모범답변 · 해석 · 어휘

스피킹을 위한 발음 익히기

쉬운 발음도 다시 보자

Course 1 뒤통수 치는 [b] & [g] 제대로 발음하기 Track 2 p.27

01 brain **02** signal **03** vague **04** obey **05** angry

06 figure **07** scrub **08** give **09** ground **10** game

11 I was happy to **begin jogging**.
나는 조깅을 시작해서 기뻤다.

12 My **baby brother** took a bus to come here.
나의 막내 남동생은 여기에 오기 위해 버스를 탔다.

13 I go to bed quietly when I **get home** late.
나는 집에 늦게 오면 조용히 잠자리에 든다.

14 Some people were against **the government's smoking ban**.
어떤 사람들은 정부의 흡연 금지에 반대했다.

15 The teacher was angry with the students **who broke the rules**.
선생님은 규칙을 어긴 학생들에게 화가 났다.

Course 2 내일 시험이 있다구! [w] & [kw] 제대로 발음하기 Track 4 p.29

01 question **02** wool **03** quiz **04** watch **05** acquire

06 sweater **07** square **08** one **09** adequate **10** would

11 I want to **quit working** at the bank.
나는 은행에서 일하는 것을 그만두고 싶다.

12 If I had time, I would **attend the banquet**.
만약 내가 시간이 있다면, 연회에 참석하겠다.

13 The guest speaker **quoted a famous book**.
초청 연사는 유명한 책을 인용했다.

14 I **want to watch** a movie, but I don't have time.
나는 영화를 보고 싶지만, 시간이 없다.

15 My brother asked my father **a few questions**.
내 남동생은 아버지께 몇 가지 질문을 했다.

Course 3 알쏭달쏭 천의 얼굴, [t] 특집 Track 6

p.31

01 table 02 traveler 03 nutritious 04 bought 05 team

06 tree 07 heat 08 mute 09 post 10 tropical

11 The **teacher talked** about the importance of transportation.
선생님은 교통수단의 중요성에 대해 이야기했다.

12 I have **two types of** jeans.
나는 두 종류의 청바지를 갖고 있다.

13 A trip across the United States by **train takes** a long time.
미국 전역을 기차로 여행하는 것은 오랜 시간이 걸린다.

14 She felt bad about **the terrible fight** with her friend.
그녀는 친구와 심하게 싸운 것에 대하여 기분이 좋지 않았다.

15 Doctors suggest we **sleep at least** seven hours every night.
의사들은 매일 밤 적어도 일곱 시간의 수면을 취해야 한다고 제안한다.

DAILY TEST Track 7

p.32

01 I ⓐ **won't** quit asking questions.
나는 질문하는 것을 멈추지 않을 것이다.

02 The woman ⓑ **quotes** her English professor.
여자는 그녀의 영어 교수를 인용한다.

03 My ⓐ **quilt** is dirty and needs to be dry-cleaned.
나의 퀼트는 더러워서 드라이클리닝을 할 필요가 있다.

04 A friend is someone who tells you the ⓐ **truth**.
친구란 너에게 진실을 말해주는 사람이다.

05 My team ⓑ **won** the math competition last week.
나의 팀은 지난주 수학 경시 대회에서 우승을 했다.

06 My keys and wallet were in the ⓐ **bag** I lost.
나의 열쇠와 지갑은 내가 잃어버린 가방 안에 있었다.

07 In order to go camping, you must have the right ⓒ **gear**.
캠핑을 가기 위해서, 너는 적절한 장비를 가지고 있어야 한다.

08 The trash can was full of ⓐ **litter**.
쓰레기통은 잡동사니로 가득 차 있었다.

09 My **favorite food** is hamburgers.
내가 가장 좋아하는 음식은 햄버거이다.

10 I like to read **biographies and stories** about battles.
나는 전기와 전쟁에 관한 이야기를 읽는 것을 좋아한다.

11 I like to **take walks in the woods**.
나는 숲속을 산책하는 것을 좋아한다.

12 I think students should **be curious**.
나는 학생들이 호기심이 많아야 한다고 생각한다.

13 **What works best** for me is watching someone do something.
나에게 가장 잘 맞는 것은 다른 사람이 무언가를 하는 것을 지켜보는 것이다.

14 I **jog and play volleyball** often to stay in shape.
건강을 유지하기 위하여 나는 종종 조깅을 하고 배구를 한다.

15 I'm **going to graduate school** to study engineering.
나는 공학을 공부하기 위해 대학원에 갈 것이다.

2일 낯선 영어 발음 친해지기

Course 1 혀를 움직여라, [l]과 [r] Track 9 p.35

01	learn	02	whirl	03	brown	04	held	05	large
06	curl	07	lead	08	repeat	09	world	10	culture

11 She dislikes the color of the **lamps and the wallpaper**.
그녀는 램프와 벽지의 색깔을 싫어한다.

12 **Lots of young girls** think looking good is important.
많은 어린 소녀들은 아름다워 보이는 것이 중요하다고 생각한다.

13 I prefer to have a picnic **by the riverside**.
나는 강가에서 피크닉하는 것을 좋아한다.

14 I was late for class because there was a **long line** at the bus stop.
버스정류장에 긴 줄이 있었기 때문에 나는 수업에 늦었다.

15 My father loves to **play golf**, but he doesn't have much free time.
나의 아버지는 골프 치는 것을 좋아하시지만, 여가 시간이 많지는 않으시다.

Course 2 혀를 내미느냐 마느냐, [d]와 [ð]와 [θ] Track 11 p.37

01	leather	02	thick	03	ladder	04	weather	05	design
06	anything	07	dare	08	throw	09	either	10	dance

11 When I was a student, I was good at **math and science**.
나는 학생이었을 때, 수학과 과학을 잘 했다.

12 He is going to Jeju Island **this weekend**.
그는 이번 주말에 제주도에 갈 예정이다.

13 I like to **eat delicious food** with my family.
나는 가족과 맛있는 음식을 먹는 것을 좋아한다.

14 She started playing the violin **when she was thirteen**.
그녀는 열세 살이었을 때 바이올린을 연주하는 것을 시작했다.

15 I go to **the gym with my brother** in the evenings.
나는 저녁에 남동생과 체육관에 간다.

Course 3 [ʒ]와 [dʒ]와 [z], 다 같은 [ㅈ]가 아니다! Track 13

p.39

01 schedule	**02** zealous	**03** precision	**04** edge	**05** amaze
06 oblige	**07** version	**08** zip	**09** fudge	**10** zebra

11 My favorite **subject is zoology**.
내가 가장 좋아하는 과목은 동물학이다.

12 I had to **make revisions** to my report.
나는 내 보고서를 수정해야 했다.

13 I don't want to be **lazy in studying** Chinese.
나는 중국어를 공부하는 것을 게을리하고 싶지 않다.

14 My parents liked **my decision to become** a doctor.
나의 부모님은 의사가 되겠다는 나의 결정을 좋아하셨다.

15 I usually **wear casual clothes**, but I sometimes dress up.
나는 보통 캐주얼한 옷을 입지만, 가끔 격식을 차려 입는다.

DAILY TEST Track 14

p.40

01 I used to ⓐ **play** basketball until the gym closed.
나는 체육관이 문을 닫을 때까지 농구를 하곤 했었다.

02 She bought a pearl necklace but she ⓑ **left** it in the taxi.
그녀는 진주 목걸이를 샀지만 그것을 택시 안에 두고 내렸다.

03 He walked out in a ⓒ **rage** after his classmates laughed at his story.
그는 반 친구들이 그의 이야기를 비웃고 난 후 화가 난 상태로 걸어 나왔다.

04 It's hard to ⓒ **breathe** when I run fast.
내가 빨리 뛸 때 숨을 쉬기가 어렵다.

05 She was ⓑ **jealous** that the teacher complimented a new girl in class.
그녀는 교사가 반의 새로운 여학생을 칭찬하자 질투심을 느꼈다.

06 I ⓐ **listed** the items that need to be purchased.
나는 사야 할 물건들을 목록으로 만들었다.

07 A brave boy rescued a child from the ⓐ **blaze**.
용감한 소년이 화염으로부터 한 아이를 구조했다.

08 When I'm ⓑ **thirsty**, I try to drink water instead of soft drinks.
내가 목이 마를 때, 나는 청량음료 대신에 물을 마시려고 노력한다.

09 I **jog at least** an hour every day.
나는 매일 최소한 한 시간씩 조깅을 한다.

10 I like watching comedies because they **relieve stress**.
스트레스가 해소되기 때문에 나는 코미디를 보는 것을 좋아한다.

11 I'd like to visit Germany and **take the rail** across Europe.
나는 독일을 방문하여 유럽을 가로지르는 기차를 타보고 싶다.

12 I **treasure the watch** my parents gave me.
나는 부모님이 주신 시계를 소중히 여긴다.

13 I think office employees should **wear casual clothing**.
나는 사무실 직원들이 캐주얼한 옷을 입어야 한다고 생각한다.

14 I **idolize Bill Gates** for his vision.
나는 빌 게이츠의 통찰력 때문에 그를 존경한다.

15 I'd like to go to **a tropical place**.
나는 열대 지방에 가고 싶다.

3일 생김새는 비슷해도 소리는 전혀 달라요

Course 1 아 다르고 어 다르다고? [æ] 다르고 [e]도 달라! Track 16 p.43

01	ⓑ send	**02**	ⓑ mess	**03**	ⓐ band	**04**	ⓑ lend	**05**	ⓑ bed
06	ⓑ ten	**07**	ⓐ lad	**08**	ⓐ sad	**09**	ⓑ bet	**10**	ⓐ and

11 I have to **attend a seminar** tomorrow.
나는 내일 세미나에 참석해야 한다.

12 Many students want to reduce **the length of the semesters**.
많은 학생들은 학기의 기간을 줄이고 싶어 한다.

13 The process has both positive and **negative side effects**.
그 과정은 긍정적인 부작용과 부정적인 부작용을 모두 가지고 있다.

14 I saw **the man wearing** a blue shirt.
나는 파란 셔츠를 입은 남자를 봤다.

15 I am going to spend my **winter vacation in Australia**.
나는 호주에서 겨울 방학을 보낼 것이다.

Course 2 영어에는 [오]가 없다! Track 18 p.45

01	ⓐ coast	**02**	ⓐ pole	**03**	ⓐ sew	**04**	ⓑ call	**05**	ⓐ woke
06	ⓑ stall	**07**	ⓑ pause	**08**	ⓐ low	**09**	ⓑ lawn	**10**	ⓐ row

11 The article **talks about an author** of romance novels.
그 기사는 로맨스 소설의 작가에 대하여 이야기한다.

12 The construction will **cause awful** traffic jams.
그 건설 공사는 지독한 교통 체증을 야기할 것이다.

13 I **bought a new coat** for my mother as a present.
나는 어머니를 위한 선물로 새 코트를 샀다.

14 I could see the water **flowing over** the dam.
나는 물이 댐 위로 넘쳐흐르는 것을 볼 수 있었다.

15 I turned my **mobile phone** off during the lecture.
나는 강의 시간 동안 휴대폰을 껐다.

Course 3 떠나느냐 사느냐, [iː]와 [i]가 결정한다! Track 20 p.47

01	ⓑ achieve	02	ⓐ neat	03	ⓑ history	04	ⓒ wheel	05	ⓐ interest
06	ⓒ meat	07	ⓓ unique	08	ⓓ big	09	ⓒ hit	10	ⓑ deal

11 I **think people** who break the rules should be punished.
나는 규칙을 어기는 사람들이 벌을 받아야 한다고 생각한다.

12 She **went to the hospital** to meet the doctor.
그녀는 의사를 만나기 위해 병원에 갔다.

13 The woman disagrees with the **recent change in** policy.
여자는 최근의 정책 변화에 동의하지 않는다.

14 I **waited in line** for two hours to see the free concert.
나는 무료 콘서트를 보기 위해 두 시간 동안 줄을 서서 기다렸다.

15 I visited my friend's dormitory **without calling her**.
나는 친구에게 전화를 하지 않고 그녀의 기숙사를 방문했다.

Course 4 바보가 아니라, 배가 부른 거라고! Track 22 p.49

01	ⓐ look	02	ⓒ mood	03	ⓒ shoot	04	ⓐ choose	05	ⓑ push
06	ⓒ prove	07	ⓓ would	08	ⓐ hood	09	ⓓ bull	10	ⓒ foot

11 When it's **rainy and gloomy**, people tend to stay indoors.
비가 오고 어두컴컴할 때, 사람들은 실내에 머무는 경향이 있다.

12 I think **the blue wallpaper looks** great in my room.
나는 파란색 벽지가 내 방에 잘 어울린다고 생각한다.

13 I **would find a cheaper place** to live in the neighborhood.
나는 살기에 더 저렴한 장소를 근처에서 찾아보겠다.

14 He **should look** for a job.
그는 일을 구해야 한다.

15 My sister was elected **president of the student council**.
나의 여동생은 학생회 회장으로 뽑혔다.

DAILY TEST Track 23 p.50

01 Some companies ask employees to wear **suits**.
어떤 회사들은 직원들에게 정장을 입기를 요구한다.

02 I found the **wheel** in the garage.
나는 차고에서 바퀴를 찾았다.

03 He **set** it down behind the desk.
그는 그것을 책상 뒤에 놓았다.

04 I was supposed to use my **mitt** at the game.
나는 시합에서 내 글러브를 사용해야 했다.

05 I was pleased to buy the house with a **lawn**.
나는 잔디가 있는 집을 사서 기뻤다.

06 My team decided to **pool** our money to buy a gift for our coach.
나의 팀은 감독님께 드릴 선물을 사기 위해 돈을 모으기로 결정했다.

07 I was pleased to finally **leave**.
나는 마침내 떠나게 되어 기뻤다.

08 I had a **pet** when I was young.
나는 어렸을 때 반려동물을 길렀다.

09 I respect my mother because she is **kind and sweet**.
나의 어머니는 친절하시고 상냥하시기 때문에 나는 그분을 존경한다.

10 I believe **talent is more crucial** to getting a job than good grades.
나는 직업을 얻는 데 좋은 성적보다 재능이 더 중요하다고 믿는다.

11 My favorite movies are **thrillers and romantic** comedies.
내가 가장 좋아하는 영화는 스릴러와 로맨틱 코미디이다.

12 An effective instructor **must be strict**, but understanding.
유능한 교사는 엄격하지만, 이해심이 있어야 한다.

13 I like it when it's **cloudy and windy**.
나는 흐리고 바람 부는 날을 좋아한다.

14 A good book is **absolutely necessary** for me when I go on a trip.
여행을 할 때 좋은 책이 나에게 반드시 필요하다.

15 I love **preparing my own** meals.
나는 식사를 직접 준비하는 것을 좋아한다.

4일 발음 규칙은 지키라고 있는 거야!

Course 1 힘센 자음과 뭉치기 좋아하는 자음들! Track 25

p.53

01 spare 02 start 03 inscribe 04 display 05 story

06 boss 07 apple 08 tattoo 09 puddle 10 pass

11 I am going to **start daily runs** with my dog.
나는 나의 개와 매일 달리는 것을 시작할 것이다.

12 The weather was so stormy that I **wore my scarf**.
비바람이 너무 심해서 나는 목도리를 둘렀다.

13 The story of his **stunning success** spread fast.
그의 놀라운 성공 이야기는 빠르게 퍼졌다.

14 There was a **basket full of apples** on the table.
탁자 위에 사과가 가득 찬 바구니가 있었다.

15 I can't forget an **odd and scary** scene from the movie.
나는 그 영화 속의 기이하고 무서운 장면을 잊을 수 없다.

Course 2 영어에는 역행동화가 없다! Track 27

p.55

01 bad language 02 steak knife 03 broad line 04 arid land 05 break new ground

06 good life 07 book number 08 crack nuts 09 loud laughter 10 quick nap

11 In the past, my parents **worked long** hours to support me.
과거에, 부모님은 나를 부양하기 위해 오랜 시간 일을 하셨다.

12 It is hard to **make new** friends at school.
학교에서 새로운 친구들을 사귀는 것은 어렵다.

13 I plan to **take new** Chinese language courses next year.
나는 내년에 새로운 중국어 강의들을 들을 계획이다.

14 I **think napping** is a good idea, despite the lack of time.
시간이 부족함에도 불구하고, 나는 낮잠을 자는 것이 좋은 생각이라고 여긴다.

15 Children should enjoy a **good life**.
아이들은 좋은 삶을 누려야 한다.

Course 3 한없이 약해지는 자음들! Track 29

p.57

01 test score 02 first time 03 speak Korean 04 dessert time 05 pass sentence

06 want to 07 wide door 08 a bit tired 09 bus stop 10 leap back

11 He stopped the **first taxi** he saw after he left his office.
그는 사무실을 떠나서 본 첫 번째 택시를 잡았다.

12 I need to study **English sentence structures**.
나는 영어 문장 구조들을 공부해야 한다.

13 She can count on her mother to **help pay** for her living costs.
그녀가 생활비 내는 것을 도와줄 수 있도록 그녀의 어머니에게 의지할 수 있다.

14 We've **got to set up** our living room to watch the big game.
우리는 큰 경기를 보기 위해 우리의 거실을 세팅해야 한다.

15 I used to work at the gas station, but I **had to quit**.
나는 주유소에서 일을 했었지만, 그만두어야 했다.

Course 4 물 흐르듯 흘러가는 영어의 연음! Track 31 p.59

01 as I said	**02** meet you	**03** ad agency	**04** let it	**05** wait around
06 need you	**07** won't you	**08** don't you	**09** sad about	**10** pack up

11 He **did a lot of** work before the exhibition.
그는 전시회 전에 많은 일을 했다.

12 She is on a diet because she **put on a** few pounds.
그녀는 몸무게가 몇 파운드 늘었기 때문에 다이어트 중이다.

13 The school **ran out of** funds for the library.
학교는 도서관을 위한 자금이 바닥났다.

14 You have to reserve a **computer in advance** to use the computer lab.
컴퓨터실을 사용하기 위해서는 컴퓨터를 사전에 예약해야 한다.

15 Cheating can **get you in a lot of** trouble.
부정행위를 하는 것은 당신을 아주 곤란한 처지에 놓이게 할 수 있다.

DAILY TEST Track 32 p.60

01 She should ⓐ **let him in** immediately.
그녀는 당장 그를 안으로 들어오게 해야 한다.

02 I tried not to ⓑ **laugh at** the stupid story.
나는 그 바보 같은 이야기에 웃지 않으려고 노력했다.

03 The man escaped to the room behind the ⓒ **wide door**.
남자는 넓은 문 뒤에 있는 방으로 도망쳤다.

04 I went to the store to ⓐ **get a** new jacket.
나는 새 재킷을 사기 위해 상점에 갔다.

05 We ⓒ **had to** leave because it started to rain.
비가 오기 시작해서 우리는 떠나야만 했다.

06 He joined a drama club to ⓐ **step up** his acting abilities.
그는 연기력을 향상하기 위해 연극 동아리에 가입했다.

07 I ⓑ **tend to** work harder when my efforts are appreciated.
나는 나의 노력이 인정을 받으면 더 열심히 일하는 경향이 있다.

08 He is against the idea of buying computers ⓑ **instead of** books.
그는 책 대신 컴퓨터를 산다는 의견에 반대한다.

09 My bicycle is **important to me** because my brother gave it to me.
나의 형이 주었기 때문에 나의 자전거는 나에게 중요하다.

10 I love Thanksgiving because I can **eat a lot of roasted turkey**.
구운 칠면조를 많이 먹을 수 있기 때문에 나는 추수감사절을 좋아한다.

11 I take slow, deep breaths and **think of pleasant things**.
나는 천천히, 깊은 숨을 들이마시고 즐거운 것들을 생각한다.

12 I think it has **made life much more convenient**.
나는 그것이 삶을 훨씬 더 편리하게 만들었다고 생각한다.

13 I love **rich dark chocolate**.
나는 진한 다크 초콜릿을 좋아한다.

14 My friend Andrea is important because **she is always there for me**.
나의 친구인 Andrea는 항상 내 곁에 있기 때문에 중요하다.

15 I'd rather **live in my own house**.
나는 차라리 내 집에서 살겠다.

5일 굴곡이 살아있는 영어 강세

Course 1 강세를 살리면 발음이 산다! Track 34 p.63

01	ⓑ event	02	ⓑ replace	03	ⓐ physical	04	ⓐ video	05	ⓐ popular
06	ⓑ component	07	ⓐ beverage	08	ⓑ reaction	09	ⓑ inactive	10	ⓐ register

11 The manager **postponed the meeting**.
관리자는 회의를 연기했다.

12 She was not **satisfied with his explanation**.
그녀는 그의 설명에 만족하지 않았다.

13 The **scholarship policy** should be revised.
장학금 정책은 개정되어야 한다.

14 I gave **chocolates and flowers** to my grandmother.
나는 할머니께 초콜릿과 꽃을 드렸다.

15 The list of **suggested readings** was longer than we expected.
참고 도서의 목록은 우리가 예상했던 것보다 더 길었다.

Course 2 있는 듯 없는 듯 발음하는 [ə] Track 36

p.65

01	amount	02	Saturday	03	understand	04	occupant	05	apply
06	corner	07	appear	08	pursue	09	pleasant	10	pattern

11 I find math to be a very **difficult subject**.
나는 수학이 매우 어려운 과목이라고 여긴다.

12 I had to present a great **amount of information**.
나는 엄청난 양의 정보를 발표해야 했다.

13 It **appears that** people shop online often now.
오늘날 사람들은 자주 온라인으로 쇼핑하는 것 같다.

14 I am planning to **pursue a career** in politics.
나는 정치 분야에서 경력을 쌓을 계획이다.

15 She recorded his speeches so she can **listen to them again** later.
그녀는 나중에 다시 들을 수 있도록 그의 연설을 녹음했다.

Course 3 각양각색 강세 익히기 Track 38

p.67

01	employees	02	object	03	address	04	economics	05	politician
06	linguistics	07	Catholic	08	trainee	09	Thanksgiving	10	increase

11 I enjoy reading books about the **history of Renaissance**.
나는 르네상스의 역사에 관한 책들을 읽는 것을 좋아한다.

12 I am **majoring in linguistics** at university.
나는 대학교에서 언어학을 전공하고 있다.

13 A college degree **does not guarantee** future success.
대학 학위는 미래의 성공을 보장하지 않는다.

14 Many scientists study the **Pacific Ocean**.
많은 과학자들은 태평양을 연구한다.

15 There still remain **mysteries in Egypt**.
이집트에는 아직도 미스터리가 남아 있다.

DAILY TEST Track 39

p.68

01 The library is going to be closed ⓑ **tomorrow**.
도서관은 내일 문을 닫을 것이다.

02 ⓑ **Compared** to a big city, the countryside is safer.
대도시와 비교해서, 시골은 더 안전하다.

03 The course is taught by a well-known ⓐ **physicist**.
그 과목은 유명한 물리학자가 가르친다.

04 Punishing the class by giving everyone a low grade is ⓑ **unjust**.
모두에게 낮은 성적을 주면서 반 전체를 벌주는 것은 부당하다.

05 The theory has not been ⓑ **disproved**.
그 이론은 반증된 적이 없다.

06 The teacher gave a clear ⓒ **definition** of the term.
교사는 용어의 명확한 정의를 내려 주었다.

07 The scientist is a ⓒ **pioneer** in biotechnology.
그 과학자는 생물공학의 선구자이다.

08 I ⓒ **recommended** that we should take a vacation.
나는 우리가 휴가를 가져야 한다고 제안했다.

09 I like **studying chemistry** because I want to be a great chemist.
나는 위대한 화학자가 되고 싶기 때문에 화학을 공부하는 것을 좋아한다.

10 I think Greece is interesting because of **its long history**.
나는 긴 역사 때문에 그리스가 흥미롭다고 생각한다.

11 I prefer to study alone because I can **proceed at my own pace**.
나의 속도로 진행할 수 있기 때문에 나는 혼자서 공부하는 것을 선호한다.

12 I **favor exercising outdoors** because I can breathe fresh air.
나는 상쾌한 공기를 마실 수 있기 때문에 야외에서 운동하는 것을 좋아한다.

13 I'd like to be **a good singer**.
나는 훌륭한 가수가 되고 싶다.

14 People who marry after the age of 30 **are more mature**.
서른살 이후에 결혼하는 사람들은 더 성숙하다.

15 I think **academic subjects help students** prepare for the future.
나는 학문적인 과목들이 학생들로 하여금 미래를 준비할 수 있도록 도와준다고 생각한다.

6일 리듬이 살아있는 영어 문장

Course 1 끊어 말하는 당신은 이미 프로! - 주어 뒤 또는 목적어 앞에서 끊어 말하기 Track 41 p.71

01 Students with old computers / **have to buy** new ones.
오래된 컴퓨터를 가지고 있는 학생들은 새로운 컴퓨터를 사야 한다.

02 I believe / that **schools should keep** music classes for children.
나는 학교가 아이들을 위해 음악 수업을 유지해야 한다고 생각한다.

03 One solution the doctor offered / is **to do some stretching**.
의사가 제시한 한 가지 해결책은 약간의 스트레칭을 하는 것이다.

04 I think / that he should **talk to his parents** immediately.
나는 그가 그의 부모님에게 당장 이야기해야 한다고 생각한다.

05 My conclusion is / that I should **look for a new job**.
나의 결론은 내가 새로운 직업을 찾아야 한다는 것이다.

06 Separate dormitories for males and females / are a **thing of the past**.
남자와 여자용으로 분리된 기숙사는 시대에 뒤떨어진 것이다.

07 Providing more tutoring / will be **a big help** to the students.
더 많은 개인 교습을 제공하는 것은 학생들에게 큰 도움이 될 것이다.

08 The report **I submitted** / had several errors.
내가 제출한 보고서에는 몇 가지 실수가 있었다.

09 He complained / that tuition would **increase by** 10 percent.
그는 등록금이 10% 오를 것이라고 불평했다.

10 The kitchen staff **at the cafeteria** / prepares delicious meals.
카페테리아의 주방 직원들은 맛있는 식사를 준비한다.

11 Watching American movies / **helps me learn** English.
미국 영화를 보는 것은 내가 영어를 배우는 데 도움이 된다.

12 I know / that my boss is **strict about attendance**.
나는 내 상사가 출석에 엄격하다는 것을 알고 있다.

13 I'm not sure about / **going to graduate school**.
나는 대학원에 진학하는 것에 대해 확신하고 있지 않다.

Course 2 끊어 말하는 당신은 이미 프로! - 구와 절 단위로 끊어 말하기 Track 43 p.73

01 In my opinion, / **hands-on experience** is important.
나의 의견으로는, 직접적인 경험이 중요하다.

02 If I were **in her position**, / I would try to finish the course.
내가 만약 그녀의 입장이라면, 나는 그 과목을 마칠 수 있도록 노력하겠다.

03 According to the book, / people have **trouble remembering things**.
책에 따르면, 사람들은 기억을 하는 데 어려움을 가지고 있다.

04 On the other hand, / **fast food** is unhealthy.
다른 한편으로는, 패스트푸드는 건강에 좋지 않다.

05 First of all, / it was the result of **hard work**.
무엇보다도, 그것은 열심히 일한 결과였다.

06 I spent all day at the library, / **studying for exams**.
나는 시험 공부를 하며 하루 종일 도서관에서 보냈다.

07 My brother **is really helpful** / when it comes to French.
프랑스어에 관해서는 나의 남동생이 정말 도움이 된다.

08 **All things considered**, / big cities offer more entertainment options.
모든 상황을 고려할 때, 대도시가 더 많은 오락거리들을 제공한다.

09 When the **temperature drops quickly**, / people tend to get a headache.
갑자기 기온이 떨어지면, 사람들은 두통을 겪는 경향이 있다.

10 He had to go back home / because he **forgot his mobile phone**.
그는 휴대폰을 두고 와서 집으로 돌아가야만 했다.

11 Most of the time, / I like to study **with a group of people**.
대부분의 경우에, 나는 사람들과 함께 그룹으로 공부하는 것을 좋아한다.

12 If I **had the choice** to study anything, / I would study history.
만약 내가 어떤 것이라도 공부할 수 있는 선택권이 있다면, 나는 역사를 공부하겠다.

13 In order to stay healthy, / people need to eat **three meals everyday**.
건강을 유지하기 위해서, 사람들은 매일 세 끼의 식사를 할 필요가 있다.

Course 3 하고 싶은 말만 강조해도 다 들린다?! Track 45 p.75

01 Parents are children's **first teachers**.
부모들은 자녀들의 첫 번째 선생님이다.

02 He has many hobbies, such as **swimming**, **jogging**, and hiking.
그는 수영, 조깅, 그리고 하이킹과 같은 많은 취미를 가지고 있다.

03 **It depends on the person**, but I think students should pay their own tuition.
사람에 따라 다르겠지만, 나는 학생들이 자신의 등록금을 지불해야 한다고 생각한다.

04 I support my sister because I **believe in her**.
나는 내 여동생을 믿기 때문에 그녀를 지지한다.

05 Traveling in Europe is one of **my happiest memories**.
유럽에서 여행한 것은 나의 가장 행복한 추억 중 하나이다.

06 My mom thinks that **I should exercise more**.
나의 엄마는 내가 더 운동해야 한다고 생각한다.

07 He **spent a year** in Mexico after he graduated.
그는 졸업 후에 멕시코에서 일 년을 보냈다.

08 She planned a **three-day trip** to Taiwan.
그녀는 대만으로 3일 여행을 계획했다.

09 He was absent from his classes for a week because he **caught the flu**.
그는 독감에 걸렸기 때문에 일주일 동안 수업에 결석했다.

10 She's **thinking about dropping** one of her classes.
그녀는 수업 중 하나를 취소할 것을 생각 중이다.

11 She didn't take the subway **at rush hour** as it was very crowded.
너무 붐볐기 때문에 그녀는 혼잡 시간대에 지하철을 타지 않았다.

12 She stopped by the deli to **pick up a sandwich**.
그녀는 샌드위치를 사기 위해 식품 가게에 들렀다.

13 Reducing water pollution in every city is **a difficult task**.
모든 도시의 수질 오염을 줄이는 것은 어려운 과제이다.

DAILY TEST Track 46

p.76

01 What he liked about the class / was the **chance to interact** with others.
그가 그 수업에 대하여 좋아했던 점은 다른 사람들과 상호 작용할 기회가 있다는 점이었다.

02 Exercising in the morning / is an **effective way to** boost metabolism.
아침에 운동을 하는 것은 신진대사를 활발하게 하는 효과적인 방법이다.

03 Some people say / that **teacher-oriented classes** are not effective.
어떤 사람들은 선생님 중심의 수업은 효과적이지 않다고 말한다.

04 Without her contributions, / the **whole group might** fail the project.
그녀의 공헌이 없다면, 그 그룹 전체는 프로젝트에서 낙제할지도 모른다.

05 My plan is / to **study first** and travel later.
내 계획은 먼저 공부하고 나중에 여행하는 것이다.

06 One problem is / that I have **a lot of studying** to do.
한 가지 문제는 공부할 것이 많다는 것이다.

07 He believes / that it's **important to learn history**.
그는 역사를 배우는 것이 중요하다고 생각한다.

08 He has to work / because **he lost his scholarship**.
그는 장학금을 놓쳤기 때문에 일을 해야만 한다.

09 **First of all**, / the elevator is too slow.
우선, 엘리베이터가 너무 느리다.

10 I don't like reading newspapers / because **they are boring**.
지루하기 때문에 나는 신문을 읽는 것을 좋아하지 않는다.

11 I upload them online / **to share with** my friends.
나는 친구들과 공유하기 위해서 그것들을 온라인으로 업로드한다.

12 I think / the ideal time to learn another language is **around six years old**.
나는 다른 언어를 배우기에 이상적인 시기는 6살 정도라고 생각한다.

13 People usually wear hats or caps / when **they go hiking**.
사람들은 주로 등산을 갈 때 모자를 쓴다.

14 I would like to travel to Africa / because of its **spectacular scenery**.
장관을 이루는 풍경 때문에 나는 아프리카로 여행을 가고 싶다.

15 I think / **global warming** is the biggest environmental issue.
나는 지구온난화가 가장 큰 환경문제라고 생각한다.

스피킹을 위한 문법 익히기

영어식 사고의 기초: 사고방식을 전환하라!

Course 1 영어식 순서대로 줄을 서보자 Track 2

p.81

01 ⓐ I ⓓ was ⓒ at the cafeteria ⓑ with my friends.
나는 나의 친구들과 함께 카페테리아에 있었다.

02 ⓒ She ⓑ looks ⓐ happy.
그녀는 행복해 보인다.

03 ⓑ My friend ⓐ mentioned ⓒ the exhibit.
내 친구는 그 전시회를 언급했다.

04 ⓐ He ⓒ became ⓑ the editor of the university newspaper.
그는 대학 신문사의 편집장이 되었다.

05 ⓑ I ⓐ respect ⓒ my math teacher.
나는 나의 수학 선생님을 존경한다.

06 ⓒ His ability to speak English ⓑ has improved ⓐ greatly.
그의 영어 말하기 실력은 대단히 향상되었다.

07 ⓒ I ⓐ gave ⓓ my mother ⓑ flowers.
나는 어머니께 꽃을 드렸다.

Course 2 못하는 것이 없다, 영어 패턴 5형제! Track 4

p.83

01 I **stayed at home**.

02 The food **smells bad**.

03 I **discussed a new topic**.

04 My friend **gave me the chocolate**.

05 I **consider it a good idea**.

06 He **taught me Chinese**.

07 The movie **made the audience happy**.

DAILY TEST Track 5

p.84

01 The café is on the third floor of the building.

02 The student seemed disappointed with her grades.

03 My sister will improve her computer skills this summer.

04 I taught an elementary student math.

05 I always called him captain.

06 I showed my friends a photo of my pet.

07 I asked my parents for advice about my decision.

08 She is a good listener and a fun person.

09 I take the subway because it is fast.

10 I attend fund-raising events for orphanages.

11 I think writing reports is the hardest part.

12 Modern apartments are better because they are more secure.

 동사, 이럴 때는 이렇게 쓰인다

Course 1 1분 1초 달라지는 의미, 시제가 결정한다! Track 7 p.87

01 She **plays** tennis every morning.

02 I **enjoyed** having pets in my childhood.

03 I **have lived** in Seoul for five years.

04 They **are planning** to visit the exhibit.

05 She **hikes** a mountain every weekend.

06 He **transferred** to another department.

07 He **has visited** many different countries.

08 I **bought** a new bag last week.

Course 2 동사는 수에 민감해 ~ Track 9 p.89

01 Every senior **attends** the graduation rehearsal.

02 She and her friend **spend** a lot of time at the library.

03 Both my sister and I **want** to get a dog.

04 She always **looks** sleepy in the morning.

05 Doing yoga every day **helps** me to stay healthy.

06 People **understand** his difficult situation.

07 The weather **affects** people's moods.

08 My company **offers** bonuses on holidays.

Course 3 동사의 영원한 동반자, 조동사! Track 11

p.91

01 I **would** enroll today if I had time.

02 The team **could** lose the game if they don't practice.

03 I **should** spend less time surfing the Internet.

04 I **will [am going to]** go to graduate school next year.

05 I **can [am able to]** work and study at the same time.

06 I **would** move to an apartment far from the campus.

07 I **should** explain to my boss why I was absent.

08 My favorite movie star **could** visit Korea next month.

DAILY TEST Track 12

p.92

01 Learning by experience **is the best way** to learn.

02 I **had cereal with milk** for breakfast yesterday morning.

03 My brother **is asking our parents** to move to the city.

04 My family and I **love eating out** on weekends.

05 I **could go to Canada next year** if my application is accepted.

06 My company **hired 150 employees** last year.

07 Children **can [are able to] learn useful lessons** from their mistakes.

08 A celebrity **was giving a speech** in the auditorium.

09 They **should cancel the field trip** for next week.

10 Parents **should help children complete** their studies.

11 I will [am going to] go to Florida.

12 I would read a lot of books and academic journals.

13 Schools should make a new rule concerning mobile phones.

14 Most desk jobs are boring and unhealthy.

15 My younger sister is funny and lively.

동사의 모양이 바뀌면 표현이 풍부해진다

Course 1 동사가 명사로 쓰인다구! Track 14 p.95

01 **Reading/To read** books is one of my hobbies.

02 I enjoy **going** on class field trips.

03 My plan is **to watch/watching** a concert next week.

04 She expected **to get** a higher score on her test.

05 **Eating/To eat** a good breakfast is important to me.

06 My goal is **to become[becoming]** a well-known chef.

07 I cannot afford **to upgrade** my computer.

08 The assignment is **to find/finding** role models for young people.

09 **Talking/To talk** in the library disturbs other students.

Course 2 동사가 낳은 팔방미인 부정사 Track 16 p.97

01 I have a big goal to reach.

02 He ran fast to catch the bus.

03 People don't get many chances to know their neighbors.

04 She stayed up last night to prepare for an exam.

05 I had an appointment to keep.

06 The man collected old textbooks to sell to the bookstore.

07 I save ten percent of my income to buy a house.

Course 3 동사에 꼬리가 붙으면 형용사가 된다! Track 18 p.99

01 Many people slept through the **boring** movie.

02 She was **annoyed** by the waiter.

03 The class watched the pianist **performing**.

04 She was **disappointed** with the result.

05 The **confused** students kept asking questions.

06 I saw him **playing** basketball.

07 My mom was angry about the **broken** window.

08 It is **pleasing** to learn a new language.

09 It is uncomfortable to watch **terrifying** scenes on TV.

DAILY TEST Track 19

p.100

01 His roommate has a lot of **clothes to wash**.

02 The presenter's **explanation was confusing**.

03 I jog early in the morning **to stay healthy**.

04 I consider **walking in the park** the best exercise.

05 He **tried to solve** the problem by himself.

06 **Photocopied booklets** were available at the museum.

07 My sister **wants to enroll** in an acting class.

08 I saw my **friends laughing**.

09 I got a part-time job **to pay my tuition**.

10 The company raised salaries **to motivate employees**.

11 I want to work for a company to gain experiences.

12 I think communication is the most important skill.

13 I want a job that allows me to use my creativity.

14 I love to eat delicious vegetable soup.

15 Donating money was the most important thing I've ever done.

4일 너무 유용해서 쓸모가 많은 형용사와 부사

Course 1 얼마나 많은지 말해볼까? Track 21

p.103

01 I donate **a little** money every month.

02 **Many** students have applied for the internship.

03 **Few** people enjoy reading long historical novels.

04 I didn't have **much** time to spend with my sister.

05 I think **few** people write letters by hand these days.

06 The store had **few** shoes for young children.

07 **Many** young people listen to pop music.

08 The article doesn't contain **much** information.

09 I don't have **much** time to complete the task.

10 I know **a little** about computer programming.

Course 2 형용사와 부사의 화려한 외출 Track 23 p.105

01 I was **too busy to** watch a movie with her.

02 The traffic was **so heavy that** I was late for class.

03 The music was **loud enough to** hurt my ears.

04 My brother is **too lazy to wake up** early in the morning.

05 He arrived **so early that** he had to wait for an hour.

06 The test was **easy enough to complete** in less than an hour.

07 She spoke **slowly enough to** be understood.

08 The weather was **so cold that** I stayed inside.

09 My friend studied **too little to pass** the exam.

10 She worked **hard enough to** get a promotion.

Course 3 표현력을 풍부하게 만드는 비교급과 최상급 Track 25 p.107

01 Taking public transportation is **cheaper** than driving a car.

02 He is **the tallest** player on the basketball team.

03 The doughnuts are **sweeter** than usual.

04 The violin is **the hardest** instrument to learn.

05 During final exams, my workload is **heavier** than normal.

06 My brother wanted to buy **the brightest** lamp possible for his desk.

07 When we met, I realized that she was **nicer** in person.

08 My roommate plays music **much louder** than I can handle.

09 I think people who have a pet are generally **happier**.

10 The tie should be **longer**.

DAILY TEST Track 26 p.108

01 I was **too tired to** take another step.

02 I have been to **a few fine restaurants** around my neighborhood.

03 The movie was **longer than** I thought.

04 I think **Chuseok is the biggest annual holiday** in Korea.

05 There are **few students in the library** during the vacation.

06 The restaurant **was large enough to** hold all the guests.

07 I think old people **are slower, but far wiser than** young people.

08 I have been to **a few countries** in Europe before.

09 She has **little money to spend** on luxuries.

10 Niagara Falls **is the most beautiful place** I have visited.

11 My first grade teacher was memorable because she was much kinder than my other teachers.

12 I will rest at my parents' house for a few weeks.

13 I prefer planes since they are the fastest way to travel.

14 Bulgogi is the most famous Korean food.

15 Toronto is the most memorable because it is very clean.

5일 주어를 뒤로 보내자!

Course 1 긴 주어 대신 앞에 선 가짜 주어 it! Track 28 p.111

01 **It is uncertain** when she will come.

02 **It is relaxing** to listen to music at the end of the day.

03 **It is difficult** to speak a foreign language fluently.

04 **It is unfortunate** that he lost his bag.

05 **It is surprising** that so many people enjoy hiking.

06 **It is unbelievable** that she passed the exam.

07 **It is nice** that they are getting married.

08 **It is tiring** to do housework.

Course 2 있을 때나 없을 때나 There is, There are ~ Track 30 p.113

01 **There is a book** she needs in the library.

02 **There are several books** she needs in the library.

03 **There is no book** she needs in the library.
There are no books she needs in the library.

04 **There is a big park** in my neighborhood.

05 **There are several big parks** in my neighborhood.

06 **There is no big park** in my neighborhood.
There are no big parks in my neighborhood.

07 **There is a black laptop** on the desk.

08 **There are two black laptops** on the desk.

09 **There is no black laptop** on the desk.
There are no black laptops on the desk.

DAILY TEST Track 31

p.114

01 **It is true that** family members affect us most in life.

02 **It is difficult to catch up** when I miss a class.

03 **There are two telephones** on the first floor.

04 **It is important to express** our feelings.

05 **There are no empty seats** during rush hour.
There is no empty seat during rush hour.

06 **It is scary to walk** the streets alone late at night.

07 **There was no one in the restaurant** when I got there.

08 **It is interesting to meet new people** at school.

09 **There are two people waiting** in front of the door.

10 **It is fun to watch** comedy shows on TV.

11 Yes, because it is easy to get information from the Internet.

12 There is a sofa and a table in my living room.

13 It is healthier to bring my own meals than to eat in the cafeteria.

14 I want to visit Greece because there are many historic places.

15 Yes, I think it is important for students to gain work experience.

6일 세련된 영어를 말할 수 있게 해주는 접속사

Course 1 접속사의 힘 - A냐 B냐, 그것이 문제로다! Track 33

p.117

01 My favorite hobbies are reading **and** cycling.

02 I am going to enroll in a Chinese **or** Japanese class next semester.

03 She is interested in **both** novels **and** poetry.

04 My parents want me to study **either** law **or** medicine.

05 The food at the cafeteria is **not only** tasty **but also** healthy.

06 **Either** she **or** I have to make an outline for the team project.

07 I like collecting stamps **and** old posters.

08 For breakfast, I usually have cereal **or** buttered toast.

09 I am planning to go to **both** France **and** Italy during my winter vacation.

10 Taking public transportation is **not only** convenient **but also** cheap.

Course 2 접속사의 힘 - 긴 문장, 명사절로 다시 태어나다 Track 35 p.119

01 He did not understand **why he** should arrive early.

02 She forgot **where the seminar** will be held.

03 I checked **when the tennis class** will begin in the sports center.

04 The group members are wondering **who their new leader** will be.

05 **That** the campus has a shuttle is a plus.

06 We talked about **what to prepare** for the event.

07 We had to decide **where to have dinner** for my mom's birthday party.

08 I can't remember **when I heard the song** for the first time.

09 I was worried about **how to pay** my tuition.

10 She did not know **that** it was my birthday.

Course 3 접속사의 힘 - 긴 문장, 형용사절로 다시 태어나다 Track 37 p.121

01 He is **the singer who won** an award last year.

02 I read **a book that became** a best seller.

03 She often visits **the bookstore which sells** used books.

04 I love going to **a mall which has** a great bookstore.

05 I look forward to **a day when I'll speak** English fluently.

06 I lost **the doll that** my grandmother made by herself.

07 We moved into **an apartment that has** three rooms.

08 I like taking a walk in **the park which has** beautiful scenery.

Course 4 접속사의 힘 - 긴 문장, 부사절로 다시 태어나다 Track 39 p.123

01 He was absent from class **because he fell off** his bicycle.

02 **Although I borrowed** the book, I did not get to read it.

03 **If I earn** enough money, I will travel abroad.

04 **Since the parking lot** was full, I parked on the street.

05 **Whenever she takes** a test, she gets nervous.

06 I feel comfortable **when I hang out with** my friends at my house.

07 I was frustrated **because I couldn't understand** the language.

08 **Although the neighborhood** is quiet, my brother has a hard time sleeping.

DAILY TEST Track 40

p.124

01 My mom didn't agree with **what I said**.

02 I like to go shopping on **either Friday or Saturday**.

03 I needed to explain to my friend **why I was so late**.

04 I got a part-time job **because my allowance isn't enough**.

05 **Although I waited for her for a long time**, she didn't show up.

06 **Whenever I visit him**, I find him reading.

07 Tomatoes are **not only delicious but also good for my health**.

08 She wants to know **when her sister will get married**.

09 **Since her leg is broken**, she has to stay in bed for months.

10 I like **both watching films and reading books**.

11 I go to bed too late and wake up tired.

12 I enjoy going to Internet cafés where I can relax by playing video games.

13 I will either go on a trip or work as an intern.

14 My main reason is that I am interested in psychology.

15 My hometown is where the best apples in Korea are grown.

스피킹 실전 대비하기 1

1일 [파트별 공략] Part 1

답변 표현 익히기 Quiz Track 3

p.131

1. I love Korean food. **For example[For instance]**, I like eating kimchi and bulgogi.
2. I often go to convenience stores at night. **That's because** they're open late.
3. I like making pasta. I enjoy making soup **as well**.
4. Eggs are delicious. **Furthermore**, they're easy to cook.
5. I can speak Chinese very well. **Actually[In fact]**, I grew up in Shanghai.
6. During my free time, I study Japanese. **Aside from that**, I work out at the gym.

실전 문제 공략하기

p.134

1 Track 4

당신의 전공에 대해 좋아하는 점은 무엇인가요?

I like marketing **because** I can **learn about various marketing strategies**.
I can **improve my communication and presentation skills** as well.
I believe that these skills will be **helpful in the future**.

어휘 various[vɛ́əriəs] 다양한 strategy[strǽtədʒi] 전략, 방법 improve[imprúːv] 향상시키다, 개선하다 presentation[prèzəntéiʃən] 발표, 설명 skill[skil] 능력, 기술

2 Track 5

당신은 보통 가방을 가지고 다니나요?

No, I usually **don't carry a bag**.
This is because I don't like carrying things.
I **only take my phone and wallet** when I go outside.

어휘 carry[kǽri] 가지고 다니다, 휴대하다 take[teik] 가지고 가다

2일 [파트별 공략] Part 2

답변 표현 익히기 Quiz Track 8 p.142

1. **There are many** places I want to visit, **but** Paris **comes to mind first**.
2. **There are several[a couple of] reasons why** people need to get enough rest.
3. I prefer to study alone **for a couple of[several] reasons**.
4. **Lastly[Finally]**, I shop online because it costs less.

실전 문제 공략하기 p.144

1 Track 9

Task Card

당신이 가장 좋아하는 영화에 대해 말하라.

제목이 무엇인지
그 영화가 무엇에 관한 것인지
언제 그것을 처음 보았는지
그리고 왜 그 영화를 좋아하는지 설명하라.

모범노트

- Iron Man 아이언맨
- Tony Stark, invents a special suit, fights enemies and saves the world
  토니 스타크, 특수한 옷을 발명한다, 적들과 싸우고 세상을 구한다
- a few years ago 몇 년 전에
- great special effects, awesome visuals 훌륭한 특수 효과, 멋진 영상들
- story is really exciting, never get bored 이야기가 매우 흥미진진하다, 절대 지루해지지 않는다

모범답변

My favorite film is *Iron Man*.
The film is about Tony Stark, who **invents a special suit** and becomes the hero, Iron Man.
In the film, Iron Man **fights his enemies and saves the world**.
I first saw this film with my friend **a few years ago**.
There are several reasons why I like this movie.
First of all, the movie has great special effects and awesome visuals.
Secondly, **the story is really exciting**, so I never get bored.

어휘 invent[invént] 발명하다 enemy[énəmi] 적 special effect 특수 효과 awesome[ɔ́:səm] 멋진, 굉장한 visual[víʒuəl] 영상, 시각 자료

2 Track 10

Task Card

흥미로운 이웃에 대해 말하라. 그/그녀가 누구인지 그/그녀를 얼마나 오래 알았는지 그/그녀가 어떤지 그리고 왜 그/그녀가 흥미롭다고 생각하는지 설명하라.

모범노트

- Mr. Song 송 씨
- lives next door 옆집에 사는

- for about a year 약 일 년 정도

- tall, short brown hair 키가 큰, 짧은 갈색 머리
- friendly and talkative 상냥하고 수다스러운

- sings and plays the guitar at the park 공원에서 노래를 하고 기타를 연주한다
- singing competition program on TV TV 노래 경연 프로그램
- people recognize him 사람들이 그를 알아본다

모범답변

I'd like to tell you about Mr. Song, who **lives next door**.

I've known him **for about a year**.

Mr. Song is tall and has **short brown hair**.

Plus, he is very **friendly and talkative**.

I think he's interesting **for a couple of reasons**.

First, he works in an office, but he also **sings and plays the guitar at the park**.

Second, he was on a singing competition program on TV, so some **people recognize him**.

어휘 talkative[tɔ́:kətiv] 수다스러운 recognize[rékəgnàiz] 알아보다

[파트별 공략] Part 3

답변 표현 익히기 Quiz Track 14

p.152

1. **It[That] depends on** the person, **but** I think most people try to be good.
2. **Therefore**, I usually arrive on time for my appointments.
3. **Although[Even though]** it's very crowded, I use public transportation.

4. **For these reasons, I think (that)** reading books is a good way to relax.

실전 문제 공략하기

p.154

1 Track 15

다른 연령대의 사람들은 다른 영화 장르를 선호하나요?

Yes, I think people of different ages **prefer different movie genres.**

To be specific, young people are usually fond of animation, sci-fi, and action films.

This is because they like exciting scenes and interesting characters in movies.

On the other hand, older people tend to prefer **documentaries and realistic dramas**.

They enjoy movies related to real life because they **feel more connected** to those types of movies.

어휘 genre[ʒɑ́:nrə] 장르 be fond of ~을 좋아하다 sci-fi[sáifài] 공상 과학 tend to ~하는 경향이 있다 realistic drama 사실극 related to ~과 관련된

2 Track 16

이웃들과 친하게 지내는 것의 이점은 무엇인가요?

There are many advantages of being close with our neighbors.

First, we can **ask our neighbors for help**.

For example, people sometimes ask their neighbors to get their mail while they're away.

Secondly, it keeps everyone safer.

For instance, neighbors who are close can **watch each other's houses** and report any crimes they see.

어휘 advantage[ædvǽntidʒ] 장점, 이익 ask for help 도움을 요청하다 be away 부재중이다, 떨어져 있다 report[ripɔ́:rt] 신고하다, 보고하다 crime[kraim] 범행, 범죄

 [주제별 공략] 도시와 동네, 패션과 쇼핑

주제별 표현 익히기 Quiz Track 18

p.159

1. It is stressful to drive in **a crowded city**.
2. My hometown **is located in** the southern part of Korea.
3. Jeonju is **famous for** bibimbap.
4. I always carry a small mirror to **check my appearance**.
5. Seoul is the **capital city** of South Korea.
6. I usually **go shopping** during the holidays.

5일 [주제별 공략] 음악과 미술, 음식과 건강

주제별 표현 익히기 Quiz Track 24

p.167

1. I went to a restaurant near my office **for lunch**.
2. Yelin **took a music class** when she was in middle school.
3. It is **a memorable song** because the lyrics are meaningful.
4. I think a balanced diet is important to **stay healthy**.
5. The only **musical instrument** I can play is the piano.
6. I prefer to **eat out** because it's much faster and more convenient.

6일 [주제별 공략] 미디어와 커뮤니케이션, 여행과 교통

주제별 표현 익히기 Quiz Track 30

p.175

1. It takes 15 minutes to **get to** the subway station.
2. I don't have a car, so I always use **public transportation**.
3. I am interested in learning **a foreign language**.
4. I was stuck in **a traffic jam** today.
5. I often experience **motion sickness** on airplanes.
6. He is planning to **take a trip to** Canada this summer.

스피킹 실전 대비하기 2

[주제별 공략] 특별 행사, 날씨와 자연

주제별 표현 익히기 Quiz Track 2

p.185

1. I think people who **have a pet** are generally happier.
2. It is my responsibility to **water the plant**.
3. My family usually **makes a reservation** for a hotel on holidays.
4. I like to spend **quality time** with my friends.
5. I baked a cake for **a housewarming party** last weekend.
6. I check **the weather forecast** every morning.

[주제별 공략] 역사와 전통, 사회

주제별 표현 익히기 Quiz Track 7

p.193

1. The temple was built **a long time ago**.
2. Gyeongbok Palace is **a historic place** that many tourists visit.
3. I think people who **break the law** should be punished.
4. Water pollution is an important **environmental issue** these days.
5. I get annoyed when a driver **makes a lot of noise** on the road.
6. Many restaurants in Andong serve **traditional food**.

[주제별 공략] 직업과 전공, 집과 건물

주제별 표현 익히기 Quiz Track 12

p.202

1. I want to **move to** the coast because of the beautiful scenery.
2. I **am majoring in** chemistry.

3. I prefer to **work in a team** rather than work alone.

4. I **work overtime** at least three times a week.

5. My apartment **consists of** two bedrooms and a living room.

6. **A heavy workload** can cause too much stress.

7. Doctors **make** a lot of **money** in my country.

8. I'm planning to go to **graduate school** next year.

 [주제별 공략] 여가시간과 취미, 스포츠와 활동

주제별 표현 익히기 Quiz Track 21

p.216

1. Dancing is a good way to **relieve stress**.

2. I try to **practice** guitar every day, but sometimes I can't.

3. I usually **surf the Internet** when I'm on the bus.

4. I **am interested in** collecting postcards from abroad.

5. My goal for this year is to **improve my health**.

6. I enjoy **indoor activities**, such as playing video games and watching movies.

7. We run on treadmills when we **go to the gym**.

8. I often **take a walk** in the park after eating lunch.

 [주제별 공략] 사람, 교육과 배움

주제별 표현 익히기 Quiz Track 30

p.230

1. I normally **spend time** watching TV dramas after work.

2. I was **a private tutor** when I was in college.

3. We should **be considerate of** other people's feelings.

4. **Meeting a variety of people** helps us understand others better.

5. My parents taught me to **have good manners**.

6. In the summer, I often **hang out with** my friends at the beach.

7. He **made an effort** to pass the exam.

8. I have an outgoing personality, so it's easy for me to **make friends**.

 [주제별 공략] 일상생활과 삶의 경험들, 과학과 기술

주제별 표현 익히기 Quiz Track 39

p.244

1. Taking the subway can **save time** during rush hour.
2. I try to do **household chores** on the weekends.
3. Actually, I **have been to** England several times.
4. I downloaded **a useful application** that has a subway map and a schedule.
5. Many teenagers **are addicted to** online computer games these days.
6. I'm going to see a musical **for the first time** this weekend.
7. Many people use **social media** to contact their friends.
8. I **make a schedule** for the month to use my time wisely.

ACTUAL TEST

p.258

PART 1

주제: 집

1. 당신은 아파트에 사나요, 아니면 주택에 사나요? Track 1

I live in an apartment.

To be specific, it has three bedrooms and a small living room.

I think the size of my apartment is just right for my family.

해석 저는 아파트에 삽니다.
구체적으로, 이곳에는 침실 세 개와 작은 거실 하나가 있습니다.
저는 아파트의 크기가 제 가족에게 딱 알맞다고 생각합니다.

어휘 right[rait] 알맞은, 맞는

2. 당신의 주택 또는 아파트에 대해 좋아하는 점은 무엇인가요? Track 2

I like my apartment **because of** its location.

It's in the center of the city, so it's very convenient to shop and go to restaurants.

Moreover, I can get to my office in ten minutes by bus.

해석 저는 위치 때문에 제 아파트를 좋아합니다.
그것은 도시의 중심부에 있어서, 쇼핑을 하고 식당에 가기에 매우 편리합니다.
게다가, 버스로 십분 안에 사무실에 도착할 수 있습니다.

어휘 location[loukéiʃən] 위치, 장소 convenient[kənvíːnjənt] 편리한, 간편한 get to ~에 도착하다

3. 당신의 주택 또는 아파트에 대해 좋아하지 않는 점은 무엇인가요? Track 3

I don't like the noise in my apartment.

The people who live upstairs have three kids, and they run around and scream.

In fact, I sometimes wake up at night **because of** them.

해석 저는 제 아파트에서의 소음을 좋아하지 않습니다.
위층에 사는 사람들에게 세 명의 아이들이 있는데, 그들은 이리저리 뛰어다니고 소리를 지릅니다.
사실은, 저는 그들 때문에 때때로 밤에 잠을 깹니다.

어휘 noise[nɔiz] 소음, 소란 upstairs[ʌpstɛ́ərz] 위층에 run around 이리저리 뛰어다니다 scream[skriːm] 소리를 지르다

주제: 쇼핑

4. 당신은 보통 어디에서 쇼핑을 하나요? Track 4

I usually shop at the department store near my house.

Since it sells a variety of products, I can get almost everything that I need there.

Also, I occasionally buy things online, **such as** clothes and electronics.

해석 저는 보통 집 근처에 있는 백화점에서 쇼핑을 합니다.
그곳은 다양한 상품을 판매하기 때문에, 그곳에서 제가 필요한 거의 모든 것을 살 수 있습니다.
또한, 저는 가끔 옷과 전자기기와 같은 것들을 온라인으로 삽니다.

어휘 department store 백화점 a variety of 다양한, 여러 가지의 occasionally[əkéiʒənəli] 가끔 electronics[ilektrániks] 전자기기

5. 당신은 옷을 살 때 색깔을 고려하나요? Track 5

I always consider colors when I buy clothes.

This is because I don't like wearing colorful clothes.

I only buy basic items in simple colors, **like** black, white, and gray.

These colors are easy to match with any accessories **as well**.

해석 저는 옷을 살 때 항상 색깔을 고려합니다.
이것은 제가 화려한 옷을 입는 것을 좋아하지 않기 때문입니다.
저는 검은색, 흰색, 회색과 같은 단순한 색깔의 기본 상품만을 삽니다.
이러한 색깔들은 또한 어떤 액세서리와도 맞추기 쉽습니다.

어휘 consider[kənsídər] 고려하다, 생각하다 colorful[kʌ́lərfəl] 화려한, 색채가 풍부한 match[mætʃ] 맞추다, 어울리다

6. 과거와 비교하여 오늘날 우리는 다르게 쇼핑하나요? Track 6

Yes, we do.

Now, many people shop online.

They generally compare the prices of goods and buy the cheapest item on the Internet.

In the past, **however**, people had to go to nearby stores in person to get things they wanted.

해석 네, 다르게 쇼핑합니다.
오늘날, 많은 사람들은 온라인으로 구매합니다.
그들은 일반적으로 인터넷에서 상품들의 가격을 비교하여 가장 싼 물품을 구매합니다.
그러나, 과거에는, 사람들은 원하는 물건들을 사기 위해서 가까운 가게에 직접 가야만 했습니다.

어휘 generally[dʒénərəli] 일반적으로 compare[kəmpɛ́ər] 비교하다 goods[gudz] 상품, 제품 in person 직접, 몸소

PART 2 Track 7

Task Card

당신이 자주 방문하는 웹사이트에 대해 말하라.

어떤 웹사이트인지
얼마나 자주 그 웹사이트를 방문하는지
그 웹사이트에서 보통 무엇을 하는지
그리고 왜 그 웹사이트를 방문하기를 좋아하는지 설명하라.

모범노트

- Facebook 페이스북
- share photos, send messages 사진을 공유한다, 메시지를 보낸다
- 3~4 times a day 하루에 서너 번
- upload photos, comment 사진을 업로드한다, 의견을 말한다
- easy to keep in touch with friends 친구들과 연락하고 지내기 쉬운
- fun and interesting photos 재밌고 흥미로운 사진들

모범답변

I'd like to tell you about Facebook, which is a famous social media website.
On this site, users share photos with their friends and send messages to them.
I visit this website three or four times a day when I'm on the subway or bus.
On Facebook, I usually upload my photos and comment on my friends' photos.
There are several reasons why I like to use this website.
First, it's easy to keep in touch with my old friends or friends who are studying abroad.
Second, there are a lot of fun and interesting photos on the website.

해석 저는 유명한 소셜 미디어 웹사이트인 페이스북에 대해 이야기하고 싶습니다.
이 사이트에서, 이용자들은 그들의 친구들과 사진을 공유하고 그들에게 메시지를 보냅니다.
저는 지하철이나 버스를 타고 있을 때, 이 웹사이트를 하루에 서너 번 방문합니다.
페이스북에서, 저는 보통 제 사진을 업로드하고 친구들의 사진에 대해 의견을 말합니다.
제가 이 웹사이트를 이용하기 좋아하는 몇 가지 이유가 있습니다.
첫째로, 제 오랜 친구들이나 해외에서 공부하고 있는 친구들과 연락하고 지내기가 쉽습니다.
둘째로, 이 웹사이트에는 재밌고 흥미로운 사진들이 많습니다.

어휘 share[ʃɛər] 공유하다, 나누다 upload[ʌ́plòud] 업로드하다 comment[kɑ́ment] 의견을 말하다 keep in touch with ~와 연락하고 지내다 abroad[əbrɔ́:d] 해외에서, 해외로

모범답변·해석·어휘

Hackers IELTS Speaking Basic

PART 3

1. 사람들은 인터넷이 믿을 만한 정보의 출처라고 생각하나요? Track 8

Yes, most people think that the Internet is a reliable source of information.

This is because online information is updated quickly with new information.

Plus, people leave comments to correct false information, so online information has become more and more reliable.

해석 네, 대부분의 사람들은 인터넷이 믿을 만한 정보의 출처라고 생각합니다.
이것은 온라인 정보가 새로운 정보를 바탕으로 빠르게 갱신되기 때문입니다.
게다가, 사람들이 잘못된 정보를 고치기 위해서 의견을 남겨서, 온라인 정보는 더욱더 믿을 만하게 되었습니다.

어휘 **reliable**[riláiəbl] 믿을 만한 **source**[sɔːrs] 출처, 근원 **update**[əpdéit] 갱신하다 **correct**[kərékt] 고치다, 정정하다
more and more 더욱더

2. 인터넷에 있는 유형과 신문에 있는 유형 중, 어떤 종류의 정보가 더 믿을 만한가요? Track 9

In my opinion, information in the newspaper is more reliable.

That's because reporters research thoroughly to check the facts for their articles.

They often interview experts to write their content **as well**.

This way, they provide reliable information for their readers.

해석 제 생각으로는, 신문에 있는 정보가 더 믿을 만합니다.
그것은 기자들이 그들의 기사에 실을 사실들을 확인하기 위해 철저하게 조사하기 때문입니다.
그들은 또한 그들의 기사를 작성하기 위해 종종 전문가들을 인터뷰합니다.
이런 식으로, 그들은 독자들에게 믿을 만한 정보를 제공합니다.

어휘 **thoroughly**[θə́ːrouli] 철저하게, 완벽하게 **expert**[ékspəːrt] 전문가 **content**[kάntent] 기사, 내용

3. 인터넷이 학생들에게 어떻게 영향을 주나요? Track 10

I think the Internet allows students to study more easily.

For instance, they can study at home by watching online lectures.

Also, when students don't know something, they can easily find the answer online.

On the other hand, the Internet distracts students from their studies.

Specifically, students can waste a lot of time **because** they watch videos on the Internet or play online games instead of studying.

해석 저는 인터넷이 학생들이 더 쉽게 공부할 수 있도록 해준다고 생각합니다.
예를 들어, 그들은 온라인 강의를 시청함으로써 집에서 공부할 수 있습니다.
또한, 학생들이 무언가를 모를 때, 그들은 온라인으로 쉽게 답을 찾을 수 있습니다.
다른 한편으로는, 인터넷은 학생들이 그들의 학업에 집중하지 못하게 합니다.
구체적으로, 학생들은 공부를 하는 대신에 인터넷에서 영상을 보거나 온라인 게임을 하기 때문에 많은 시간을 낭비할 수 있습니다.

어휘 **lecture**[léktʃər] 강의 **distract**[distrǽkt] 집중하지 못하게 하다, 주의를 흐트러뜨리다 **waste**[weist] 낭비하다, 헛되이 쓰다